EL ZOHAR

EL ZOHAR

Traducido, explicado
y comentado
Vol. II

Si este libro le ha interesado y desea que le mantengamos informado
de nuestras publicaciones, escríbanos indicándonos qué temas son de su interés
(Astrología, Autoayuda, Ciencias Ocultas, Artes Marciales, Naturismo,
Espiritualidad, Tradición...) y gustosamente le complaceremos.

Puede consultar nuestro catálogo en www.edicionesobelisco.com

Colección Cábala y Judaísmo

El Zohar
Vol. II

1.ª edición: junio de 2007

Título original: *Sefer ha Zohar*

Traducción: *Proyecto Amós*
Maquetación: *Natàlia Campillo*
Diseño de cubierta: *Enrique Iborra*

© 2007, Proyecto Amós
(Reservados todos los derechos)
© 2007, Ediciones Obelisco, S.L.
(Reservados los derechos para la presente edición)

Edita: Ediciones Obelisco S.L.
Pere IV, 78 (Edif. Pedro IV) 3.ª planta 5.ª puerta.
08005 Barcelona - España
Tel. 93 309 85 25 - Fax 93 309 85 23
E-mail: obelisco@edicionesobelisco.com

Paracas, 59, C1275 AFA Buenos Aires - Argentina
Tel. (541-14) 305 06 33 - Fax: (541-14) 304 78 20

ISBN: 978-84-9777-380-5
Depósito Legal: B-28.545-2007

Printed in Spain

Impreso en España en los talleres gráficos de Romanyà/Valls S.A.
Verdaguer, 1 - 08786 Capellades (Barcelona)

DEDICATORIA DE EL ZOHAR

A Jana Miriam, quien alcanzó a leer parte de estos textos y los amó con toda su alma. Para ella, que develó el misterioso modo de estudiar la Torá desde las profundidades de su ser y de entregarse a Dios sin reservas, y que se fue de este mundo en dirección a su amada Jerusalén Celestial con la paz interior y el sosiego que caracterizan a quienes tienen la certeza de haber cumplido su misión en su paso por la vida.

Quienes tuvimos el mérito y la suerte de conocerla sabemos que su luz espiritual y su sonrisa pura nos acompañarán e iluminarán hasta el reencuentro final.

Zijroná Librajá

¡Que su recuerdo sea una bendición!

SECCIÓN DE BERESHIT (II)

(29a) La siguiente explicación se refiere a la palabra **Bereshit**, la primera palabra hebrea de la Torá: **se nos enseña** que **cada vez que** la palabra **«Salomón»,** es decir, el nombre del rey de Israel, considerado el más sabio de todos los hombres y el autor del mismo libro bíblico, **aparece mencionado en el Cantar de los Cantares,** alude **al Rey que posee la paz** y refiere al aspecto masculino inferior –Zeir Anpín–. Y **cuando sólo** se menciona la palabra «Rey» sin otra apreciación o calificativo, entonces designa a **lo femenino** –Maljut–. **La palabra** «rey» **de lo bajo** está incluida **dentro de lo Alto y el misterio de esta palabra** que hace referencia a la unión de los dos aspectos o niveles femeninos –el superior y el inferior– es la siguiente: **hereda la de lo bajo a la de lo Alto,** y entonces **ambas son como una, es decir,** forman **la casa, tal como está escrito: «Con sabiduría se edificará la casa»** (Proverbios 24:3). Así, con Sabiduría, Jojmá, asociada al aspecto masculino y a la que se alude a través de la palabra Bereshit, se crean los dos aspectos femeninos, Ima y Maljut, los cuales son denominados «casa». Esto se encuentra sugerido por la letra hebrea Bet de la palabra Bereshit, cuya raíz idiomática es la misma que la de la palabra *bait,* casa, con la que comienza esta enseñanza y marca el punto de inicio y creación. Tal como se explicará más adelante, la palabra Bereshit puede dividirse en dos palabras: *Bait – Rosh:* casa y comienzo o principio.

Está escrito: «El rey Salomón se hizo un palanquín de madera del Líbano» (Cantares 3:9). Resulta importante aclarar que la época del reinado de Salomón se considera «de Luna llena», es decir, de completitud espiritual, donde se alcanzan niveles muy altos, lo cual se ve expresado siempre en el lenguaje de los sabios por la unión entre los aspectos masculino y femenino. Esto también está sugerido por la palabra hebrea *apirión*, palanquín, la cual igualmente alude a un palio nupcial. El «palanquín», que representa un palio o una casa, **designa la rectificación del mundo de lo bajo por el mundo de lo Alto.** Es decir, el aspecto femenino de Maljut es rectificado por el aspecto masculino, Zeir Anpín. **Porque antes de que el Santo, Bendito Sea, creara el mundo,** –en referencia en particular al Mundo de la Emanación, aunque en realidad también este proceso de creación debe ser entendido como el inicio de la Creación en su totalidad, ya que se trata de una concatenación de mundos, desde lo Alto hacia lo bajo– **Su Nombre se encontraba encerrado en Él,** es decir, Su Voluntad aún no había comenzado a revelarse, lo que equivale a decir que todas las sefirot y los Rostros aún se encontraban contenidos en Su seno, **y no existía nada** fuera de el Ein Sof, ya que el proceso de creación, como se ha dicho, aún no había comenzado. Resulta importante aclarar que la idea de «nombre» refiere a aquello que se manifiesta hacia el exterior, es decir, el nombre, por ejemplo, de una persona, es lo que la comunica con el mundo externo y los demás la denominan por su nombre. Si imagináramos una persona absolutamente sola en medio de una isla perdida, entonces su nombre resultaría innecesario ya que nadie fuera de ella, ningún «otro» podría «nombrarla». Por consiguiente, cuando se escribe que «Su Nombre se encontraba encerrado en Él», en realidad nos quieren decir que el proceso de creación de los mundos no había dado comienzo aún. **Hasta que surgió en Su Voluntad el crear el mundo. Entonces lo talló y lo modeló,** en referencia a los dos Rostros más elevados, los más ocultos, los denominados Atik y Arij Anpín, **pero** ese mundo conformado por ellos **no subsistía** ya que éstos no tenían en quien revestirse, es decir, no había nada por debajo de ellos. **Hasta que** Arij **se envolvió en una capa de esplendor,** el cual alude a Aba, el aspecto masculino superior, **y creó el mundo,** es decir, al aspecto femenino superior, Ima, el cual es denominado Mundo –Olam–. **E hizo surgir** luego **cedros superiores, gigantes,** en referencia a las Sefirot inferiores, o más específicamente, y tal como lo explican los sabios cabalistas, a las denominadas seis sefirot: Jesed, Gevurá, Tiferet, Netzaj, Hod, Iesod.

De la misma luz del resplandor supremo, es decir, de Aba, **estableció su carruaje sobre veintidós letras trazadas** del alfabeto hebreo, consideradas como las «vasijas» de los aspectos superiores, **y fueron** luego **grabadas** las vasijas del aspecto masculino inferior **por las Diez locuciones** que aparecen en el texto bíblico durante el proceso de la creación del mundo y las que son señaladas a través de la expresión «Y dijo...», y de este modo **se asentaron** las vasijas en su lugar correspondiente. **Tal como está escrito** que el rey Salomón se hizo un palanquín **«de madera del Líbano»** (*Ibíd.*). **Y está escrito: «Los cedros del Líbano que había plantado»** (Salmos 104:16). En los dos casos, tanto «la madera» como «lo cedros» se refieren a las seis sefirot nombradas del aspecto masculino inferior.

En el versículo: **«El rey Salomón se hizo»,** el cual se refiere a que el aspecto masculino inferior estableció a Maljut, el palanquín, *apirión,* la palabra «se» –*lo*– aparenta estar de más, ya que podría estar escrito que «el rey Salomón hizo...». Sin embargo, teniendo en cuenta que cada palabra bíblica posee su significado y su sentido, la explicación, que de algún modo resume el motivo por el cual el aspecto masculino estableció al aspecto femenino es la siguiente: «se hizo», **para sí mismo,** en referencia a la necesidad que tiene lo masculino de lo femenino para, tal como lo expresan los sabios cabalistas, «endulzar a los juicios» –*lematek* las gevurot– que se encuentran en el aspecto femenino, Nukva, a través de los jasadim –las bondades– que están contenidos en el aspecto masculino, Dujra. En resumen: nos enseñan que el aspecto masculino logra manifestarse y actuar sólo a través del aspecto femenino. Además, **«se hizo» para Su** propia **rectificación;** y también **para manifestar la Gloria suprema,** tal como hemos explicado acerca de la manifestación del aspecto masculino; y asimismo **«se hizo» para dar a conocer que**

9

Él es uno y que Su Nombre es uno, como está dicho: («El Eterno será uno y Su Nombre uno» (Zacarías 14:9)) y también está escrito: «Y sabrán que Tú, Tu Nombre es El Eterno solamente» (Salmos 83:19), lo cual alude a la unión de los dos aspectos: los masculino y lo femenino, como uno.

Se retorna al momento de la creación del Mundo de la Emanación: cuando llegó el momento de revelar Su Soberanía, El Creador golpeó con Su cetro y los Palacios y las sefirot supremas se dieron a conocer y pudieron ser de algún modo aprehendidos: observó hacia el lado de Arriba, el lado del Keter y lo estableció, observó hacia la derecha, el lado de la Jojmá y la estableció, observó hacia la izquierda, el lado de la Biná y la estableció, y descendió hacia lo Bajo, en dirección al Daat y lo estableció. Y así hacia las cuatro direcciones: el Jesed en el Sur, la Gevurá en el Norte, el Tiferet en el Este, y el Iesod en el Oeste, lo cual es relacionado por los sabios cabalistas con el modo del balanceo del Lulav durante la festividad de Sukot, la Fiesta de las Cabañas, práctica (suceso, evento) que encierra grandes misterios y rectificaciones espirituales. Entonces Su reino se extendió hacia Arriba, abajo, y hacia las cuatro direcciones, lo que hace referencia a las demás sefirot. Resulta importante aclarar que el acto divino de «observar» es interpretado por los sabios cabalistas como un modo de iluminar e influir. Es decir, al observar y al enviar estas iluminaciones, también se rectifica y se establece.

Todo lo detallado anteriormente fue para hacer un río supremo –Iesod– que descienda hacia lo bajo y le hizo un gran mar –Maljut–, como está dicho en el versículo: «Todos los ríos van al mar y el mar no se llena» (Eclesiastés 1:7) ya que el «gran mar», el Maljut, recibe la influencia y la abundancia espirituales de todas las sefirot superiores a ella a través del Iesod, pero nunca se llena, pues transfiere esta influencia espiritual en dirección a los mundos inferiores. Esto también explica la calificación de la sefirá de Maljut como que «no posee nada propio», ya que todo lo que posee proviene de los mundos superiores, tal como la luz de la Luna proviene del Sol.

Con mayor profundidad, aquí encontramos a los dos aspectos de lo femenino representados por las dos matriarcas Rajel y Lea. El aspecto de Rajel es el que el texto bíblico denomina «el principal de la casa» –*akeret habait*–, (Salmos 103:9) lo cual señala, por un lado, el gran amor que Jacob experimenta por ella, aun a pesar de que ella es estéril, y el concebir y el dar a luz se le presentan como una dificultad. Por su parte, el aspecto femenino denominado Lea es el que el versículo bíblico define como «la madre de los niños está alegre –«*em habanim smejá*»–, ya que ella concibe, da a luz, y es la madre de la mayoría de las tribus de Israel. Rajel principalmente recibe, mientras que Lea esencialmente da. Y estos dos modos en conjunto, el de proveer y el de absorber, se complementan y conforman la completa rectificación del Maljut. **Porque él,** el Maljut, **lo reúne todo y lo absorbe en su interior, tal como está dicho: «Yo soy la rosa** –*javatzelet*– **de Sharón, la rosa** –*shoshaná*– **de los valles»** (Cantar de los Cantares 2:1). Rashi, el exegeta bíblico clásico, señala que la flor llamada *jabatzelet* es una especie de rosa que crece junto a corrientes de agua y por esta razón es más bella que la rosa de los montes. **Y Sharón no es sino el lugar del gran mar,** el Maljut, **que absorbe todas las aguas del mundo que surgen** del Iesod **y las absorbe, e iluminan uno al otro** –el Iesod y el Maljut– **de los modos sabidos.**

Se retorna al tema del inicio: **Por ello está escrito** en el versículo **sobre esto: «Con sabiduría se edificará la casa»** (Proverbios 24:3), lo cual refiere al aspecto femenino superior e inferior rectificados por la Sabiduría. **Y esto es «la Casa»,** el Bait, la letra Bet de la palabra *Bereshit* con la que comienza la Torá, y que sugiere a las sefirot de Biná y Maljut que se transforman en una Casa por el Reshit, que es la Sabiduría, la sefirá de Jojmá, **pero la Casa de lo Alto,** la sefirá de Biná, **es gigante, es el asentamiento del Mundo** de Atzilut, mientras que la palabra «rey» sola, sin otra calificación, cuando aparece en el Cantar de los Cantares, **es la casa de lo bajo,** la sefirá de Maljut, y sobre ella está dicho: **«El rey se regocijará en Elohim»** (Salmos 63:12) **de lo Alto, uniéndola** y aferrándola **bajo su cabeza y acercándola con alegría para que todo devenga uno.**

Ahora se interpreta de otro modo el mismo versículo: **«El rey se regocijará en Elohim»** (Salmos 63:12) señala **la alegría** del Maljut por la luz que surge del aspecto masculino y que llega a ella, y que sigue un sendero disimulado y oculto, el Iesod, y que lo penetra ente dos luces que son una –es decir, dos sefirot que son consideradas como una: Netzaj y Hod. Y por esto se perfecciona el Mundo de Atzilut, asumiendo su existencia plena.

Una tercera explicación del mismo versículo: «El rey se regocijará en Elohim» (Salmos 63:12) significa que el mundo de lo bajo –Maljut– se alegra por la abundancia espiritual que recibe de el mundo de lo Alto, –Biná– profundo, que envía vida a todo. Estos son denominados vida del «rey», y es lo principal [29b] de la casa. Y esta casa –Ima– edifica la casa del mundo –Maljut–, y construye el mundo. Y esto es lo que está escrito en el versículo: «En el principio –Bereshit– creó Elokim»: Be–reshit, dos principios, ya que la letra Bet es de valor numérico dos: el principio de la Sabiduría que lo reúne todo a lo enviado por Ima en su seno y que forma el gran mar para absorber todo.

Este mar, cuando sus aguas están congeladas –porque las criaturas en el mundo de lo bajo no reúnen méritos suficientes en sus acciones y solidifican la influencia espiritual del Maljut, lo cual provoca que la abundancia espiritual no continúe descendiendo hacia los mundos inferiores, sino que se detenga en el Maljut–, de igual modo absorbe todas las aguas del mundo, en referencia a la abundancia que llega a él de las sefirot superiores, de la Biná, y las concentra en él sin transmitirlas hacia fuera. Las aguas fluyen y son absorbidas y quedan presas en él, sin continuar su camino hacia los mundos inferiores, y esta abundancia atrapada en el Maljut surge del interior de lo Alto, Ima, y la señal de ese misterio es lo que aparece escrito en el versículo: «Del vientre de Quién –Mi– ha surgido el hielo» (Job 38:29). Y es denominado «hielo» porque sus aguas se condensan, y a pesar de esto aspiran a otras aguas, pero no continúan su descenso.

Es interesante destacar que las aguas del Maljut, que representan la abundancia espiritual que llega a los hombres, se detienen precisamente por sus malas acciones, por la falta de mérito. En pocas palabras, el que las «aguas» o la abundancia espiritual lleguen a la persona, depende de la persona misma y de sus actos. Una mala acción, de acuerdo con los sabios cabalistas, no se reduce a un acto que puede afectar a la persona en el mundo físico y a la sociedad que lo rodea, sino que también lo priva a nivel espiritual, al detener la abundancia espiritual que debería llegarle pero que se congela en las alturas. Tal vez convenga asociar estos conceptos al relato talmúdico (Tratado de Taanit 19a) que sucede precisamente en tiempos de sequía, según el cual las personas de máximo mérito logran que llueva nuevamente.

Las aguas de este hielo del mar helado, no corren ni continúan fluyendo hacia los mundos inferiores, **salvo cuando el poder del Sur,** es decir, del Jesed, **llega hasta él y** el Jesed **lo aproxima hasta él** a la Gevurá, **y entonces** al producirse el encuentro y la unión de Jesed y Gevurá, la derecha y la izquierda, **las aguas condensadas en el lado Norte se descongelan y fluyen** hacia los mundos inferiores, **porque en el lado Norte,** el flanco de la Gevurá, **las aguas se congelan, y en el lado Sur,** el flanco del Jesed, **se descongelan y fluyen para abrevar a todos esos animales** –*jaiot hakodesh*– **del campo,** es decir, los entes espirituales de los tres mundos inferiores, tal **como está dicho** en el versículo: «**Abrevan a todos los animales de mi campo**» (Salmos 104:11). Es decir, el maljut «hace llover» su abundancia espiritual sobre «el campo». **Y estos** tres mundos inferiores **son apodados «Montes de Beter»** (Cantares de los Cantares 2:17), los **«Montes de la escisión»** (Ver: Génesis 15, texto en el que los animales son partidos o escindidos), porque en estos tres mundos inferiores ya se manifiesta la escisión y no la unidad absoluta que reina y caracteriza al Mundo de la Emanación o Atzilut; **y todos** los mundos **son irrigados cuando el dominio del Sur,** del Jesed, **se aproxima a ellos. Entonces las aguas fluyen. Y por el poder de esta fuerza suprema que fluye, todo está en** un estado de **grandeza y en** un estado de **alegría** en los mundos y entre los ángeles porque la abundancia vuelve a manar.

Cuando el Pensamiento –Aba– **asciende a la Voluntad** –Arij– **de lo más secreto de todo lo secreto,** para recibir Su iluminación espiritual, **sale de su seno un río,** el cual es asociado con la sefi-

ná, **y cuando se aproximan uno al otro,** lo masculino y lo
o, Aba e Ima, lo hacen **a través de un sendero que no es**
ndido ni en lo Alto ni en lo bajo ya que la unión del Padre y
la Madre es permanente y, por consiguiente, no se pueden distinguir
por separado, **y entonces aquí,** en la palabra Bereshit, que alude a
Aba, **es el comienzo,** el Reshit, **de todo,** el inicio de Atzilut y todos
los mundos que surgirán después. **Y la letra Bet es el rey no especi-**
ficado, en alusión a la Biná que sirve por casa al Padre, y a partir **de**
este Reshit, es decir, de las luces que recibe Ima de Aba, **se perfec-**
ciona y rectifica, y entonces **el uno se parece al otro** debido a la gran
unión y apego permanentes.

(Y con este poder, es decir, el de las luces espirituales que recibió
Ima de Aba), **«creó Elohim los Cielos»** (Génesis 1:1), o en otras
palabras, Ima creó a Zeir Anpín, el cual es denominado «Cielos»,
e hizo surgir una voz –Kol, que está asociado con el Zeir Anpín,
mientras que el Dibur, la palabra o la expresión, se relaciona con el
Maljut– **desde Su interior,** tal como si se tratase de un nacimiento,
y ésta es denominada «la voz del cuerno –*shofar*–**».** También el
shofar es relacionado por los sabios cabalistas con la sefirá de Biná.
De modo que «creó Elohim los Cielos», que es Zeir Anpín, que
es **la voz del** *shofar,* y El, los Cielos, dominan por la vida del Rey
supremo a la Tierra. **Y la señal de esto** aparece en el versículo:
«El hijo de Ishai vivía sobre la Tierra» (1 Samuel, 20:31), **porque**
la vida depende del hijo de Ishai y a través de ésta gobierna
todo, y la Tierra se nutre por su mediación, tal como está escrito:
«Y la Tierra» (*Ibíd.*). Y esta **«y»** –la letra Vav– **que se agrega** a la palabra hebrea *et* del primer versículo de la Torá, **indica que domina a**
través del suministro de **alimento a la Tierra.** Es decir, Zeir Anpín
no sólo forma al Maljut, también lo gobierna y lo nutre a través del
«alimento».

La expresión del primer versículo «...creó Elohim *et* los Cielos»
(*Ibíd.*), **de arriba,** es decir, la primera vez que aparece, **antes que fi-**
gure la expresión «y la Tierra», **es el poder de la totalidad de las**

veintidós letras del abecedario hebreo, de la Alef a la Tav, que hizo surgir *et* –Alef, Tav– este Elohim, asociado con la Biná, y que le dio a los Cielos, al Zeir Anpín, así como está dicho: «Ved al rey Salomón con la corona que le ciñó su madre el día de su boda» (Cantar de los Cantares 3:11), es decir, «los Cielos», para que se incluyan uno a otro y se unan uno con el otro, para mantenerse como uno en esta «vida del rey», el rey sin otro calificativo, para que de él se nutran los Cielos.

«Y –*et*– la Tierra» (Génesis 1:1) viene a señalar la unión de lo masculino y lo femenino grabados en la impronta de las veintidós letras del abecedario hebreo, es decir, y la «vida del rey» que es vertida desde los Cielos, porque los Cielos las vierten a estas abundancias espirituales para otorgar existencia a la Tierra y a todos sus habitantes. Por lo tanto, el misterio de Elohim supremo –Ima– hace y establece los Cielos y Tierra, los aspectos masculino y femenino inferiores, para otorgarles existencia y los hace surgir como uno mediante el poder supremo, el de Aba, comienzo de todo. Es importante destacar que el Nombre Elokim existe también en el nivel del Maljut, y es denominado «Elokim Inferior», y hay otro Nombre Elokim en Biná, la Madre Suprema, denominado «Elokim Superior». Y se enseña aquí que el «Elokim Supremo» es el que creó los Cielos y la Tierra. Y si bien está escrito «comienzo de todo», es fundamental aclarar que se refiere al mismo nivel, pero no al mismo momento, ya que primero hizo a Zeir Anpín y después a Nukva, e inmediatamente después los dos se hicieron como uno.

De este modo el misterio de lo Alto desciende a lo bajo, al mundo inmediatamente inferior, el Mundo de la Creación, y este último Rostro del Mundo de Atzilut hace los Cielos y la Tierra de lo bajo. Y el misterio de todo es la letra Bet de la palabra *bereshit*, que son estos dos mundos –Ima y Maljut– que a su vez crean los mundos inferiores: éste el mundo de lo Alto, Ima– y éste el mundo de lo bajo –Maljut–, éste similar a éste. Éste creó los Cielos y la Tierra, y éste creó los Cielos y la Tierra, el primero del Mundo de Atzilut y el segundo del Mundo de Beriá, lo cual también es sugerido por la letra Bet. Y sobre esto fue enseñado que son dos mundos: éste

genera dos mundos y éste genera dos mundos, todo mediante el poder del Principio supremo: Aba – Reshit.

Cuando desde **lo Alto desciende** una gota espiritual **sobre lo bajo,** es decir; del Zaín Anpín, el aspecto masculino, al Maljut, el aspecto femenino, **y** su Iesod **se colma a través de un grado** superior **que se posa sobre ella, similar a ese sendero de lo alto cerrado, disimulado y secreto, salvo** que uno, el masculino superior, es **un sendero** –*shvil*– **estrecho** por el que corre la influencia espiritual de modo permanente, **y uno,** el masculino inferior, **es temporal** –*oraj*–, ya que en este nivel, la unión de lo masculino y lo femenino sucede solamente en Shabat y no de un modo permanente. **El de lo bajo es** un camino **temporal, tal como está dicho: «El camino de los justos es como una luz destellante»** (Proverbios 4:18). **Pero el de lo Alto es un sendero estrecho** por el que corre la influencia espiritual de modo permanente, **tal como está escrito: «El ave de presa no conoce el sendero»** (Job 28:7), lo cual marca la imposibilidad de aprehender la unión espiritual a este nivel. **Y el misterio de todo** está sugerido en el versículo: **«El que abre un camino en el mar y un sendero en las aguas turbulentas»** (Isaías 43:16), y también **está escrito: «En el mar fue tu camino y tus sendas en las muchas aguas»** (Salmos 77:20).

El mundo superior –Ima–, **cuando es colmado y fecundado** por las luces –de Aba–, **los** Treinta y **dos senderos de sabiduría, como una mujer que queda preñada por un hombre, da a luz dos hijos como uno,** Zeir Anpín y Nukva, **masculino y femenino, que son los Cielos y la Tierra, como su modo supremo.** Es decir, cuando Zeir Anpín y Nukva se ubican «cara a cara», en toda su estatura, son como el Padre y la Madre.

Cabe agregar acerca de los «dos hijos como uno, masculino y femenino», que dentro del marco del cumplimiento de los preceptos bíblicos, los sabios determinan que el cumplimiento de «crecer y multiplicarse» sólo se logra cuando la pareja da a luz a un niño y a una niña. Es decir, aunque una persona tuviere, por ejemplo, cinco hijos, pero todos varones, el precepto aún no sería considerado cumplido.

De las aguas de los Cielos se nutre la Tierra y sus aguas brotan hacia ella. Sólo que las aguas superiores son masculinas y las inferiores femeninas, y las inferiores son nutridas por lo masculino y, además, otra diferencia, es que las aguas inferiores llaman a las aguas superiores, es decir, primero se despierta el aspecto femenino y éste llama y convoca al masculino, como una mujer que se abre para recibir al hombre y vierte sus aguas con el fin de recibir las aguas del hombre y hacer simiente, que en este caso se refiere a las almas. Y lo femenino es nutrido por lo masculino, tal como está escrito: «Y la Tierra» (Génesis 1:1), con el agregado de la letra Vav, tal como fue dicho.

Está escrito: «Levantad vuestros ojos hacia las alturas y ved Quién –Mi– ha creado Esto» (Isaías 40:26). El mismo libro de El Zohar nos enseña en otra sección (Pekudei 130) que en cada generación vive un justo en el mundo, capaz de levantar sus ojos y ver «Quién ha creado Esto». Las veintidós letras del alfabeto hebreo fueron grabadas [30a] en la obra de todo: en la obra de lo Alto, el Mundo de la Emanación, y en la obra de lo bajo, los tres Mundos restantes: Creación, Formación y Acción. Es decir, en todo lo existente, en todos los niveles, primero son grabadas las letras y a partir de éstas se tallan los mundos. Después de lo cual esas letras fueron trazadas y grabadas en el primer versículo del Génesis porque, si bien, una vez que el Pueblo de Israel fue creado llegó el momento de entregarle la Torá, miles de años antes de ser entregada, concretamente en el Monte de Sinaí, la Torá ya existía a un nivel espiritual; por eso primero se explica a un nivel general –las letras fueron trazadas– y luego a un nivel concreto: primero la repetición de la letra Bet, asociada con lo femenino, en las iniciales de *bereshit bará* –En el principio creó–, y después la repetición de la letra Alef, asociada con lo masculino, en las iniciales de *Elohim et* –Dios los Cielos y la Tierra–. En el lenguaje de los sabios cabalistas, la Biná creó a Zeir Anpín y Nukva con el poder de Aba. Es decir, la Bet del comienzo creó ciertamente, como fue dicho, mediante el poder de lo Alto. En el mismo contexto cabe aclarar que la Bet es femenina, Ima, mientras que la Alef es masculina, Aba. **De la misma manera que la Bet creó ciertamente mediante el poder supremo, así la Alef hizo surgir** de sí todas **las letras.** Y lo que está escrito **«los Cielos»** (Génesis 1:1), se refiere a **la totalidad de las veintidós letras** del abecedario hebreo **y la letra He,** que tal como los sabios cabalistas lo enseñan se corresponde con la segunda letra del Nombre del Tetragrama –Ima– **engendró a los Cielos para darles vida y arraigarlos.**

Acerca del final del primer versículo de la Torá: «Y –*et*– la Tierra» (*ibid*), cabe explicar lo siguiente: «Y» –la letra Vav– asociada con el Zeir Anpín, el aspecto masculino, **hizo surgir la Tierra,** el Maljut, asociada con el aspecto femenino, **con el fin de proporcionarle nutrición, rectificarla y satisfacer las necesidades que le corresponden** para poder nutrir a los mundos inferiores. Otra explicación: **«Y –*et*– la Tierra», porque la** letra Vav **toma a** la palabra *et*, **que comprende las veintidós letras** del alfabeto hebreo **y nutre a la Tierra, y la Tierra las reúne en ella, tal como está escrito** en el versículo: **«Todos los ríos van hacia el mar...»** (Eclesiastés 1:7), **y este es el misterio de** la expresión: **«Y –*et*– la Tierra»,** es decir, **que la Tierra reúne todo en su seno, las acepta, es decir,** tal como está escrito **«la Tierra»,** lo cual significa: **tomó la Tierra:** el Maljut toma la abundancia espiritual que recibe. Y dijo además: la expresión *ve–et*, es decir, la letra Vav por un lado y la expresión *et* por otro, **refieren a los Cielos y a Tierra como uno. «*Et* los Cielos»** (Ibíd.): **es el misterio de los Cielos y de la Tierra como uno,** cuando están unidos, **y lo recibe para nutrirlos** a los mundos inferiores.

Cuando llega el momento de ser aprehendido el Maljut, lo cual se logra cuando una luz superior golpea de arriba hacia abajo, y entonces el Maljut recibe influencia de los mundos superiores y se rectifica, **frecuenta un palacio de humo,** lo cual es asociado con los mensajeros del Rigor, y esto es lo dicho: **en la Tierra frecuentan,** cada día, **cuando un fuego ardiente corre** desde Zeir Anpín en Nukva a través del corte o *nesirá* y entonces **se despierta** el Zeir Anpín **desde la izquierda; la aferra** y mitiga los juicios de ella **y hace elevar al humo** que representa lo que se desprende del lado del Rigor, tal como está escrito: «El monte Sinaí –el Maljut– era todo humo porque El Eterno –el Zeir Anpín– había descendido entre fuego –Gevurá–» (Éxodo 19:18). Es decir: el Monte Sinaí está asociado con el Maljut y se eleva como un humo, y El Eterno con el Zeir Anpín: **este es el fuego** –Gevurot– **y este es el humo** –el Maljut–. **Y otra prueba: y está escrito: «La montaña humeaba»** (Éxodo 20:18), **desde dentro del fuego. Porque cuando descendió** el fuego, **se unieron uno con el otro, el humo con el fuego. Y entonces en el lado izquierdo se encuentra todo** y se transforma en el flanco predominante, **y este es el misterio** del versículo: **«También mi mano ha fundado la Tierra»** (Isaías 48:13), en referencia a la mano izquierda que fundó «la Tierra», el Maljut, **«y mi derecha extendió los Cielos»** (*Ibíd.*), es decir, todo esto **por el poder de la derecha suprema,** Aba, **porque de este modo se hicieron los Cielos, que son masculino, y lo masculino procede del lado de la derecha, mientras que lo femenino del lado de la izquierda,** del flanco de la Madre.

«Levantad vuestros ojos hacia las alturas y ved Quién –Mi– ha creado Esto» (Isaías 40:26). **Hasta ahora,** el nivel de Aba y antes de comenzar con el de Ima, **se elevaron las palabras sobre las que no cabe preguntar,** ya que se trata de misterios inaccesibles, **como en lo Alto, porque la Sabiduría,** el aspecto masculino, **se estableció a partir de la Nada,** el Ain, a través del Arij Anpin, ya que nada puede ser aprehendido allí, ni siquiera una letra, razón por la cual está asociado con el ápice de la primera letra Iud del Nombre del Tetragrama, **y no se presta a cuestionamiento** alguno, **porque es cerrada y profunda, y nadie puede tomar contacto con la existencia de ella.** Aunque **cuando la luz profunda se desplegó** de Ima, **su claridad dio lugar al cuestionamiento,** no así a la explicación o a la respuesta, **si bien,** en comparación con los mundos inferiores, **está** más **cerrada** y oculta **de todo lo de abajo, y fue denominada de una manera interrogativa:** *Mi* – ¿Quién?: **«¿Quién ha creado Esto?»** (*Ibíd.*). Es decir, Quién es la que no puede ser aprehendida. **Y es el misterio de lo dicho** y escrito en el versículo: **«¿Del vientre de Quién ha salido el hielo?»** (Job 38:29). **Del vientre de Quién**

19

–*Mi*– ciertamente salió el hielo, de eso que se presta al cuestionamiento. Y no se debe interrogar a su respecto: qué está Arriba y qué está abajo, sino preguntar acerca del lugar del que salieron Zein Anpín y Nukva, para conocerlos a ellos y no para conocerla a Ima, pues no es posible, porque tiene existencia para ser interrogada y no para ser conocida su esencia.

«En el principio» –*Bereshit*–, B–reshit (Génesis 1:1), es una palabra hebrea en la que la letra Bet representa a la Madre, y el término Reshit, comienzo o principio, al Padre. Y entonces se pregunta: ¿Acaso diremos que «**Reshit**», sin la letra Bet, **es una locución,** es decir, una de las Diez locuciones a través de las cuales el mundo fue creado (Tratado de Rosh Hashaná 32a), **o diremos que** en realidad la palabra **Bereshit** completa **es una locución?** En otras palabras, cuando los sabios talmúdicos afirman que Bereshit es también una locución, ¿acaso se refieren a que también la letra Bet está incluida en la misma, o sólo la palabra Reshit? Esto es muy difícil de entender, ya que al incluir al Padre, este nivel debería ser oculto y cerrado, y también se prohíbe formularle cualquier pregunta, lo cual no sucede con las Diez locuciones, que precisamente son parte del proceso de revelación y descubrimiento. Sobre esto se explica a modo de respuesta: **sino que hasta que no surgieron y se expandieron** del Padre **sus huestes,** que son la Madre, Zeir Anpín y Maljut, **y todo estaba oculto en él,** entonces el Padre **era** denominado **Bereshit y era** también **una locución** que se prestaba a las preguntas. **Una vez que surgieron y se expandieron de él sus huestes,** entonces **es denominado Reshit** y no Bereshit, **y es una locución independiente** y separada de las otras nueve locuciones y, por consiguiente, sus características son diferentes: acerca de las nueve cabe preguntar, mientras que sobre esta locución en particular está prohibido. Mas sobre *Quién* –Mi– asociado con Ima, **recae la pregunta sobre la creación de** *Esto –Ele–,* coligado con lo masculino inferior, aunque no existe la posibilidad de responder. **Después, cuando se expandió** el Zeir Anpín y sus diez sefirot, **y se estableció** el Maljut, Mi **se transformó en un mar** –Iam–, es decir, surgió la sefirá de Maljut, denominada mar, y por esta razón Maljut es llamada Iam Suf, ya que es el Sof, el final y la última de todas las sefirot, comenzando desde el Keter hacia abajo, **y creó en lo bajo** en los mundos inferiores. **Y todo** en los mundos inferiores, exactamente en el Mundo de la Creación, **se realiza concretamente como ese modelo de lo Alto,** el de los mundos superiores, el del Mundo de Atzilut, **éste** modelo **en paralelo con éste** otro, **y éste como el modelo de éste.** Es decir, cinco Rostros en los dos niveles, Atzilut y Briá, cada uno compuesto por luces, vasijas, vestimentas y palacios; **y ambas,** Ima y Maljut, son aludidas por la letra inicial de la palabra *Bereshit,* **la Bet,** de «En el principio», ya que ambas son casas –bait– para sus respectivos aspectos masculinos.

Está escrito en el versículo en alusión a la unión de Aba e Ima: **«Estando el rey junto a la mesa»** (Cantar de los Cantares 1:12), **«junto a la mesa» con el fin de establecerse** e influir espiritualmente **en el Maljut de lo bajo, por el misterio de esa unificación y el placer de ese Amor del Edén supremo, a través del sendero escondido y disimulado que no se deja conocer,** ya que su apego es total por tratarse de Aba e Ima, **y se colma de este** Amor como si una mujer quedase embarazada, **y desborda en los ríos conocidos.** Y entonces **«mi nardo dio su aroma»** (*Ibíd.*): **se trata del Rey inferior que creó el mundo en lo bajo según la forma de lo Alto, y que hace elevar el buen aroma supremo con el fin de regir y actuar y expresar su poder, y rige e ilumina en este mundo con la luz sublime.**

De dos modos fue creado el mundo, relacionado con el Maljut: **con** la conducción de **la derecha,** la cual está identificada con la conducción divina de bondad –jesed– **y con** la conducción de **la izquierda,** identificada a su vez con la conducción divina de rigor, o como también lo expresan los sabios cabalistas: con el color blanco y con el color rojo respectivamente. **A través de los seis días supremos,** que son las seis sefirot inferiores: Jesed, Gevurá, Tiferet, Netzaj, Hod y Iesod, **los seis días** de la semana y sus obras **fueron hechos con el fin de iluminar** y hacer el bien a los mundos inferiores, **como está dicho** literalmente: **«Porque seis días** –ki sheshet– **hizo El Eterno los Cielos y la Tierra»** (Éxodo 31:17). Es decir, no está escrito «porque *en* seis días» sino «porque seis días», lo cual alude a que los actos de los seis días de la semana fueron hechos por El Eterno a través de las seis sefirot y el Maljut, denominados «Cielos y Tierra» respectivamente. Es fundamental aclarar que existe un paralelismo estricto entre cada día de la semana y cada sefirá, es decir, el día domingo con el Jesed, el día lunes con la Gevurá, etc. **Y estos** días de lo Alto, en particular las sefirot de Jesed y de Gevurá, identificados con las manos del aspecto femenino superior, **se abrieron caminos e hicieron sesenta pozos y orificios en el gran Abismo**, para que el aspecto femenino pueda recibir abundancia espiritual del aspecto masculino. **Estos pozos y orificios conducen las aguas de los ríos hasta el corazón del Abismo. Y sobre esto se ha enseñado que los pozos fueron creados por los seis días del principio, y fueron establecidos para** hacer **la paz** y lograr el perfeccionamiento **del mundo,** porque cuando los dos aspectos se unen, lo Masculino y lo Femenino, entonces reina la paz.

«La Tierra estaba *tohu* **y** *bohu*» (Génesis 1:2). **La base de la vasija** en la que se encuentra la tinta **y de la cual absorbe la pluma,** (hay comentaristas que lo asocian con el veneno espiritual) **se encontraba al comienzo,** antes del Mundo del Tikún, **y no lograba subsistir** ya que no era éste el objetivo de la Creación. Es decir, el mundo o el Maljut se encontraba como en la base de la vasija y allí se generaba el *tohu* y el *bohu,* en referencia al tiempo de la Ruptura de las vasijas. Y está escrito en el versículo **«estaba», en pasado,** es decir, antes del momento del Tikún estaba *tohu* y *bohu,* lo cual también es conocido como el Mundo de Puntos o Nekudim; **pero después** de la Ruptura de las vasijas, al comenzar a dirigirse la Creación hacia el estado de Rectificación, **tomó existencia** y se estableció **con el Nombre de Cuarenta y dos letras,** en referencia a los Treinta y dos senderos de Sabiduría y las Diez sefirot, un total de 42, **a través de las cuales fue grabado el mundo y tomó existencia, y todos** los Nombres de Cuarenta y dos letras de cada mundo **constituyen la corona del Nombre santo,** el Tetragrama. **Cuando se asocian** los aspectos masculino y femenino inferiores, **se elevan [30b] hacia lo Alto** por intermedio de **las letras,**

y descienden luego **hacia lo bajo, coronadas con coronas,** en referencia a la abundancia espiritual que reciben de los niveles superiores –mojín– **por los cuatro flancos del mundo.** Entonces **el mundo** –los aspectos masculino y femenino– **pudo existir** gracias a la influencia recibida **y estos** mojín **cobran existencia gracias a las acciones** y a los actos de los hombres **del mundo.** Es importante aclarar que esta influencia espiritual suprema que reciben –mojín– puede encontrarse en dos niveles: el nivel de grandeza o el nivel de pequeñez, lo cual depende de las acciones de los hombres. Y cuando esta influencia suprema se marcha y empequeñece, entonces las fuerza malignas se aferran a la persona y la dañan.

Como **las uñas están unidas** y apegadas a los dedos, del mismo modo las klipot se hallaban adheridas a los Siete reyes de Edóm, y **en estos se encontraban,** es decir, en estos niveles inferiores pero no en los de Aba e Ima, donde estas fuerzas malignas no tienen ningún tipo de influencia. Y ahora comienza el proceso de esclarecimiento espiritual. ¿De qué modo se llevó a cabo? **En el sello de un anillo** relacionado con el aspecto femenino superior, **entraron** como en un proceso de embarazo **y salieron** más tarde como en un proceso de nacimiento, y se ubicaron **letra y letra** por separado, **y el mundo** poco a poco **se creaba. Ingresaron dentro del sello** también las luces, **se combinaron** a través de variadas composiciones de letras, rectificándose aún más, **y al salir el mundo asumió existencia** puesto que las luces comenzaron a tener dominio y gobierno dentro de las vasijas.

Para intentar comprender el siguiente pasaje conviene aclarar que siempre las fuerzas del Mal intentan imitar a las fuerzas del Bien y de la Santidad. Además, siempre el Mal debe generar un equilibrio con el Bien, para que exista también la posibilidad del libre albedrío y la elección personal. Y como en los pasajes anteriores aprendimos el modo de activar de las fuerzas de santidad, las cuales se ajustan al plan y al objetivo de la Creación, ahora se describe cómo actúan las fuerzas que se oponen a esta Santidad. **Con la vara de la Gran Serpiente** las klipot que se encontraban dentro de las vasijas de los Siete reyes **golpearon** hasta que las vasijas se rompieron y descendieron al sitio que en un futuro habrían de ocupar los tres Mundos inferiores, **e ingresaron bajo las fisuras del polvo** que alude al Mundo de la Creación, **mil quinientos codos. Después** del descenso de las vasijas, **el Gran Abismo se elevó en la oscuridad, mientras que la oscuridad lo cubría a todo** el descenso de las vasijas, porque las klipot siempre se nutren de la parte más baja de todos los niveles, de su Maljut. **Hasta que surgió una luz** de los niveles supremos al fortalecerse el lado de la Santidad **e irrumpió en la oscuridad** y la desplazó, –ya que las klipot no pueden soportar la luz–, **surgió e iluminó** las vasijas rotas que habían caído, y de este modo ellas comenzaron nuevamente a elevarse desde el Mundo de la Creación hacia el Mundo de la Emanación, **tal como está escrito: «Él descubre las profundidades de las tinieblas y hace que la sombra de la muerte salga a la luz»** (Job 12:22). Es decir, la luz de la Santidad que surgió descubrió las profundidades de la oscuridad, de las klipot, que pretendían ejercer dominio, y se reveló el poder del Bien. En pocas palabras, las «profundidades» citadas en el versículo se refieren a luces de santidad que se encontraban ocultas por las klipot denominadas *tzalmavet,* y que las rodeaban por completo.

Las aguas asociadas con el Jesed y la Gevurá **fueron sopesadas en la Balanza,** es decir, en el Daat que sopesa y decide acerca de la influencia espiritual que debe otorgarse a Zun para su rectificación, y finalmente recibieron **mil quinientas** medidas de luz. **A través de los dedos,** más exactamente **con tres** dedos, los cuales aluden a los cinco dedos de cada mano y a los cinco jasadim y gevurot, **asperjaban la Balanza, la mitad,** los Jasadim, **para otorgar existencia** al aspecto masculino inferior **y la otra mitad,** las Gevurot, **ingresó en lo Bajo: estos ascendían y estos descendían. Cuando ascendieron a** los platillos de la Balanza que son como palmas de **la mano, la Balanza volvió a encontrar su equilibrio y no se inclinaba ni a la derecha ni a la izquierda,** ya que los jasadim y las gevurot fueron calculados de modo exacto, **como está escrito** y sugerido en el versículo: **«Quien ha medido las aguas en el hueco de su mano»** (Isaías 40:12).

Todo lo referente a las luces a partir de las cuales se formaron los tres mundos inferiores, **permanecía en la Tierra, oculto y no revelado.** Y en ese estado, antes de que los tres mundos inferiores aparecieran, **el poder y la fuerza** de las gevurot **y las aguas** de los Jasadim **estaban congeladas en su interior** debido al Rigor que había en ellos, y se mantenían en estado de potencia, y **no podían propagarse ni expandirse** para actuar y ejercer su influencia. **Hasta que iluminó sobre ellos una Luz superior y la Luz golpeó en las** aguas que se encontraban **absorbidas** y heladas y como consecuencia de esto **se descongeló** y se liberó **su poder** y su rigor, **como está escrito: «Y dijo Elohim: Sea la luz y fue la luz»** (Génesis 1:3), formándose los tres mundos inferiores a partir de Ima. El Padre «decía» y la Madre, Elokim, «hizo» y ejecutó. **Esta es la Luz suprema primaria superior** de Jesed **que existía anteriormente,** en el Pensamiento de la Creación, **y de aquí,** de este acto de «deshielo», **surgen todas las fuerzas y los poderes** para la conducción del mundo, **y la Tierra** –el Maljut– **se rectificó** –lit: se perfumó– **y luego hizo surgir su fuerza:** los tres Mundos inferiores. Después, **cuando iluminó y descendió** esta Luz del Jesed, **se expandió su luz de un confín del mundo al otro confín.** Pero al percibir El Eterno **a los** futuros **pecadores del mundo,** quienes no merecían deleitarse con esta Luz, **fue resguardada y se ocultó** para los justos del Mundo Venidero, **y no salió sino por senderos ocultos que no fueron revelados** y que alcanzan solamente para otorgar subsistencia al mundo. Pero en un futuro esta Luz –*Or haganuz*– se revelará por completo y brillará.

Acerca del versículo: **«Y vio Elohim que la luz era buena»** (*Ibíd.* 4), los sabios **nos enseñan: todo sueño cuyo cumplimiento se apoya sobre** la interpretación positiva que surge de la expresión bíblica del versículo: **«que era buena»,** es decir, cuando el sueño le es interpretado al hombre de modo positivo y para bien, **es un signo de paz para** este hombre **en lo Alto y en lo bajo,** ya que no hay sobre él acusadores en lo Alto ni posee enemigos en lo bajo. Si la persona **observó letras** en su sueño, tal como es la costumbre de **cada uno y uno,** las cuales se corresponden con su conducta y con sus actos –puesto que existen letras que son consideradas positivas y letras asociadas con el mal–, sobre esto cabe decir y enseñar lo siguiente: **quien ve la letra** hebrea **Tet, es bueno para él** ya que la misma, de valor numérico 9, remite a la novena sefirá, Iesod, en la que fue guardada la Luz primordial: *Or Haganuz*, **y es bueno para su sueño** ya que el mismo incluso no requiere ser interpretado para bien, pues es bueno en esencia. **Porque la Torá abre con ella,** es decir, utiliza esta letra por primera vez en la expresión hebrea: **«era buena»** –ki tov–, (Talmud, Tratado de Bava Kama 55a) y esto es una señal de que su alma **ilumina de un confín del mundo al otro confín** a través del *Or Haganuz*. La letra **Tet** enuncia lo bueno –Tov– y para el que la ve en sueños **es** y representa **algo bueno.** Es importante destacar que la primera vez que aparece la letra hebrea Tet en la Torá es como inicial de la palabra hebrea *tov*, bueno, tal como se explica en el Talmud (Tratado de Bava Kama 55a). **El bien es la luz en su perfección.**

Además, como ya fue mencionado, se enseña también que la letra **Tet es la novena de todo** el abecedario hebreo, asociada también con la sefirá de Iesod, y tal lo dicho y explicado, **es la letra que se ilumina desde lo Alto, el Principio, y está incluida en él. Nace en el ocultamiento del punto, misterio de la letra Iud, que es un punto,** en particular referencia a la primera letra Iud del Nombre del Tetragrama. **La letra Vav surge de su poder,** del de la letra Iud, **con la que se forman los Cielos cuando se oculta** la Tet **en un punto y se resguarda en el interior** del Maljut en el misterio de la unificación, y entonces **la letra Bet se ilumina,** es decir, después que el Maljut recibe la abundancia espiritual.

De él, del Fundamento del aspecto Masculino superior, **surgen** dos Rostros de **lo Alto y lo bajo: el de lo Alto,** Lea, de modo **disimulado** y **el de lo bajo,** Rajel, de modo **revelado por el misterio de las dos** letras Hei que integran el Nombre del Tetragrama, **y existen gracias al poder de lo Alto:** del Iesod de Aba. **Y esto es el bien** –tov–, **y estas tres letras** –Tet, Vav, Bet– **se incluyen luego en el Justo del mundo,** el Iesod del aspecto masculino inferior, **que incluye a todo lo de lo Alto y lo de lo bajo,** es decir, la luz del Iesod de

Aba de lo Alto y la luz del Maljut de lo bajo, **como está dicho: «Dice del justo que es bueno»** (Isaías 3:10), **porque la Luz suprema,** el *Or Haganuz,* denominada «bien», **está incluida en él, tal como está escrito: «Bueno es El Eterno para todo y su misericordia está en todas sus obras»** (Salmos 145:9). Es decir, la Luz primordial ilumina desde el Tetragrama al Fundamento, el cual es denominado «kol», «todo», y con esta influencia espiritual que recibe proyecta su abundancia hacia las criaturas inferiores, tal como **está escrito** en el versículo recientemente citado **«para todo» y ésta es la explicación menos específica, y es tal que puede iluminar a todo a través de un día,** el Jesed, **supremo entre todos,** que ilumina a todos los otros días. **Hasta aquí las palabras de modo general** y sin especificar su contenido, el cual saldrá a la luz y será comprendido al final de los tiempos. Ahora se comienza a explicar el mismo versículo de modo diferente:

Para comprender la siguiente enseñanza es importante aclarar que la letra Bet de la primera palabra Bereshit, de acuerdo al idioma hebreo, puede ser leída como: «a través del Reshit…»: **«En** –a través de– **el principio** *–reshit–* **creó Elohim»** (Génesis 1:1) lo cual **es el misterio de** lo escrito en el versículo: **«De lo primero** *–reshit–* **que amaséis, ofreceréis una torta como ofrenda»** (Números 15.20), precepto asociado en la Sabiduría suprema –Jojmá–. Es decir: la palabra Bereshit se **refiere a la Sabiduría suprema que es el Principio** *–Reshit,* sin tomar en cuenta a la letra Bet, tal como aparece en el versículo citado –reshit– del libro de Números. De un modo maravilloso y sorprendente –ésta es la razón por la cual se cita en el Midrash Raba (1:4) que el mundo fue creado por el misterio del mérito del cumplimiento del precepto de separar la masa –jalá–. La masa misma, por su parte, refiere a lo que sucede dentro del vientre materno. Cabe preguntar, entonces, ¿por qué aparece la letra Bet antes que la palabra reshit, considerando que ella representa al aspecto femenino? Los sabios cabalistas explican que el motivo es porque el Padre es oculto y guardado, mientras que la Madre es más revelada y descubierta. Además, se nos enseña que **la** letra **Bet** de la palabra *bereshit,* en el principio, **es el Maljut, la Casa del mundo,** el Zeir Anpín, **para ser regada por el río que la penetra, según el misterio de lo escrito** en el versículo: **«Y salía del Edén un río para regar el jardín»** (Génesis 2:10). Este **río,** el Iesod, **lo recoge todo de la profundidad suprema,** la Biná, **y sus aguas jamás cesan de fluir y de regar el jardín,** el Maljut. **Esta profundidad suprema es el Primer Templo, Bereshit,** notrikón de Bait Rishón, Primer Templo, –además de estar aludido por la primera letra Bet, la cual aparece de mayor tamaño en el original hebreo–, la primera casa para la Sabiduría, **en el que las letras estaban encerradas en un estrecho sendero** –*shvil dakik*– **que se mantenía escondido en su antro. Del centro de esta profundidad surgen dos poderes,** los dos aspectos masculino y femenino, como si tratara de un nacimiento, **tal como está escrito** y sugerido que la Biná dio a luz a los dos Rostros asociados con los aspectos masculino y femenino inferiores: **«los Cielos»,** y **no está escrito «Cielos» sino «los Cielos»,** con una letra Hei, para indicar que el Rostro del aspecto masculino inferior denominado Cielos salió **desde el interior de esa profundidad cerrada ante todo;** y el hecho que está escrito **«y la Tierra»,** con el agregado de la letra Hei, alude a **este ocultamiento que hizo surgir a esa Tierra,** el Maljut, **pero estaba incluida en los Cielos,** como dentro de una mujer grávida, **y surgieron como uno, unidos por un lado, uno al otro,** como si se tratara de dos personas unidas y con un solo rostro.

Cuando iluminó el comienzo de todo, Aba e Ima, **los Cielos la tomaron** a Maljut **y la colocaron en su lugar,** ubicando al aspecto femenino detrás del masculino, **como está escrito: «Y la** –*veet*– **Tierra»:** *veet,* la Vav que incluye a todas las letras que son *et,* de la primera a la última, desde la Alef hasta la Tav. **Cuando la Tierra regresó a su lugar** y se ubicó cara a cara gracias a la Nesirá o corte espiritual, **y fue separada (31a) del lado** trasero **de los Cielos, estaba sorprendida** –*tohu*– **y protestaba** –*bohu*–, debido a que los Juicios prevalecieron en ella, queriendo **apegarse a los Cielos como uno, como al principio, porque ella veía que los Cielos se iluminaban** gracias a los Jasadim **mientras ella se oscurecía** ya que se fortificaban en ella los Juicios, los dinim. **Hasta que una luz supre-ma hizo su aparición sobre ella y la iluminó y volvió a su lugar para observar los Cielos cara a cara,** de acuerdo con el misterio de la unificación, **y entonces la Tierra fue restaurada y perfumada,** lo cual señala al apaciguamiento de su Rigor.

Una luz surgió en el lado derecho y la oscuridad en el lado izquierdo, y después separó entre ellos, –el Zeir Anpín y la Nukva– a través de la Nesirá, **para que puedan incluirse la una en la otra** cara a cara, **tal como está escrito: «Y separó Elohim la luz de la oscuridad»** (Génesis 1:4). Es decir, Ima provocó la distinción y el corte espiritual. **Y si dices que se trata de una separación concreta** para que cada uno de estos aspectos, el masculino y el femenino inferiores, iluminara por separado, **no es así, sino,** por el contrario, fue para intensificar la posterior unión, y por eso se aclara que **el día proviene del flanco de la luz, que es el derecho, y la noche del flanco de la oscuridad, que es el izquierdo. Y cuando surgieron juntos,** apegados por sus espaldas, **los separó, y la separación fue de su lado,** la espalda de Zeir Anpín, **para que se pudieran ver cara a cara y juntarse uno al otro, para que todo sea uno. Él fue llamado** por la Madre **«día» y se llamó día, y ella,** el Maljut, **fue llamada «noche», tal como está dicho: «Y llamó Elohim** –la Madre– **a la luz día y a la oscuridad llamó noche»** (*Ibíd.* 5). **¿Qué significa «y a la oscuridad»?** Es la oscuridad que se aferra a la noche y carece de toda luz propia, **y aunque procede del lado del fuego, que es** el misterio de la **«oscuridad»** –*joshej,* oscuridad, en hebreo, es una palabra esencialmente relacionada con el concepto de privación y carencia (Génesis 22:16)–, de todos modos, su estado no es perpetuo, **sino que ella permanece oscura hasta ser iluminada por el lado del día** pues el día ilumina a la noche, pero la noche no ilumina por sus propios medios **hasta ese tiempo sobre el que está escrito: «Y la noche iluminará como el día, la oscuridad será como la luz»** (Salmos 139:12). Es decir, el versículo alude a un tiempo en el que el Rigor será dulcificado por la Bondad, y los dos, unidos, iluminarán en conjunto.

Rabí Elazar, si bien estaba exponiendo los misterios de la Nesirá, se adelantó y explicó un versículo de los Salmos: «La voz de El Eterno sobre las aguas, el Dios de la Gloria hace retumbar el trueno, El Eterno está sobre las aguas abundantes» (Salmos 29:3). Y a continuación se subdivide y se analiza parte a parte: «La voz de El Eterno» es la voz suprema, Ima, encargada de las aguas de abundancia espiritual que fluyen de grado en grado, de sefirá en sefirá, hasta reunirse en un lugar, en un único conjunto. Esta voz suprema envía esas aguas por diversos caminos, cada una y una según su camino, es decir, ya sea el Jesed revestido de Jesed o revestido de Gevurá, cada uno a su vasija correspondiente, como ese jardinero encargado sobre las aguas que las dirige a cada sitio y sitio de acuerdo con su propia necesidad, ya que no todo lugar requiere de la misma cantidad de agua, y todo tal como corresponde. Y así la voz de El Eterno, Ima, es la encargada de distribuir las aguas de abundancia.

Ahora bien, acerca de lo escrito: «El Dios de la Gloria hace retumbar el trueno», es tal como está dicho: «Pero el trueno de sus rigores, ¿quién lo puede comprender?» (Job 26:14). Es el lado que proviene del Rigor y surge de él, en referencia al Maljut que proviene del lado de la Gevurá. Otra explicación: «El Dios de la Gloria hace retumbar el trueno»: es la derecha de la que surge la izquierda, lo cual remite a un Rigor ciertamente aplacado.

La continuación del versículo indica que «El Eterno está sobre las aguas abundantes», lo cual debe ser comprendido del siguiente modo: «El Eterno» es la Sabiduría suprema denominada Iud, la primera letra del Tetragrama, que encierra y contiene a todo el Nombre. Ella está «sobre las aguas abundantes»: sobre esa profundidad cerrada de la que ha surgido el agua de los jasadim, es decir, de la Jojmá, en dirección a la Biná, tal como está dicho: «Tu sendero –shvil– está sobre aguas abundantes» (Salmos 77:20).

Rabí Shimón explicó esta división de las aguas que representan la abundancia espiritual, abrió el versículo y dijo: está escrito, «Los anillos estarán frente a la moldura, como muescas para las estacas» (Éxodo 25:27). ¿Qué es esta moldura –*misgueret*–? Es un lugar cerrado –*sagur*–, en referencia al Iesod de Ima, que no se abre sino por mediación de un sendero –*shvil*– estrecho, que le es conocido a Ella al penetrarla y guardarse en ella. Y debido a él, el Iesod de Aba, se colma de abundancia y se marcan cincuenta portones para encender velas, que representan a las sefirot. Y debido a que es un lugar secreto y cerrado se denomina «moldura» –*misgueret*– y esto es el Mundo Venidero, el cual también es asociado por los sabios cabalistas con Ima. Y ese Mundo Venidero se denomina «moldura».

Y acerca de lo escrito que «Los anillos estarán...», esos se refieren a el misterio de los anillos supremos entrelazados unos con otros, es decir, las sefirot, las cuales forman como una cadena: el agua –Jesed– del viento –Tiferet–, el viento del fuego –Gevurá–, y el fuego del agua. Todos están unidos uno con el otro y emergen el uno del otro como esos anillos de una cadena, de la cual se desprende un eslabón de otro. Y todos miran hacia esa moldura, el Iesod de Ima, para recibir de Ella la abundancia, y en la que se reúne esa luz suprema que llega del Iesod de Aba para abrevarlos, y se aferran a ella.

El versículo continúa: «Como muescas para las estacas» (*Ibíd.*): esos anillos supremos son como muescas y lugares para las estacas, que a su vez son la raíz de los ángeles Mijael, Gabriel y Uriel, que son quienes portan el carruaje de lo Bajo, el Maljut, porque una procede del lado del fuego, asociado con Gabriel, una del lado del agua, asociado con Mijael, otra del lado del viento, asociado con Uriel, y así todos, es decir, todos los ángeles que se encuentran bajo sus órdenes, para formar el carruaje del Arca, el Maljut. Y por esto, debido a que los ángeles del Mundo de la Creación están enraizados en el Mundo de la Emanación, quien se aproxime y desee ascender, se aproximará por medio de estas «estacas», los ángeles mencionados, y no por lo que está situado más adentro, tal como lo enseñan los sabios del Talmud: «Vete, vete», le dicen al nazareo –*nazir*–, aléjate, «da vueltas a la viña pero no te aproximes» (Tratado de Shabat 13a), con excepción de esos justos que merecen servir en el interior. A ellos se les acuerda el permiso de entrar, servir y acercarse, y sobre esto, sobre aquellos a quienes no se les permite acercarse a tan elevados niveles espirituales, **está escrito: «El extraño que se aproxime morirá»** (Números 1:51). En pocas palabras, la proximidad permitida es directamente proporcional al nivel espiritual de la persona.

La letra **Bet de** la palabra **Bereshit,** la primera de todas las letras, en el original hebreo, es más **grande** en tamaño que las demás letras de la Torá. **Rabí Iosei,** considerando que la palabra Bereshit también puede ser dividida en *Bará Shit,* –creó seis–, **le preguntó** a Rabí Shimón y **dijo: esos seis días del principio que estudiamos** al comienzo del Génesis, **¿en qué consisten** y dónde se ubican sus raíces espirituales? **Le dijo** Rabí Shimón a modo de respuesta: **es como está escrito: «Estos** son **los cedros del Líbano que Él ha plantado»** (Salmos 104:16). **Así como estos cedros,** las seis sefirot del Zeir Anpín, **provienen del Líbano,** de la Jojmá, **así también los seis días surgen de «En el principio»,** la Jojmá. **Y estos seis días supremos el versículo los explica, tal como está escrito: «Tuya es, El Eterno, la Grandeza** –Jesed–, **el Rigor** –Gevurá– **y la Belleza** –Tiferet–, la Victoria –Netzaj– y la Gloria –Hod–, porque todo –Iesod– lo que está en los Cielos y en la Tierra Te pertenece» (1 Crónicas 29:11). La expresión **«porque todo»** mencionada en el versículo anterior **designa al Justo;** la expresión **«en los Cielos» es la Belleza;** y la expresión **«y en la Tierra» es la Comunidad de Israel,** que es el Maljut. Es decir, el Iesod vincula al Tiferet con el Maljut, **y como es traducido** al arameo: **«...que une los Cielos y la Tierra», es decir, que el Fundamento del mundo denominado «Todo» está unido a la Belleza denominada «Cielos» y a la Tierra [31b] denominada «Comunidad de Israel».**

Y por ello está escrito en referencia a estos seis días: **«En el principio»** –*bereshit*–, **Bet Reshit,** y no *Reshit* solamente, porque en esta palabra se sugiere y se incluye a la Jojmá, **porque ella,** la Jojmá, **es la segunda en la cuenta,** la segunda sefirá. **Y** de todos modos, a pesar de ser la segunda, **se denomina** *reshit* –principio– y se considera el principio de las sefirot **porque,** como **esa corona suprema** –el Keter, el Uno– **permanece oculta,** entonces resulta imposible denominarla «primera» y por consiguiente ella, la Sabiduría, **es** considerada **la primera** de las sefirot. **Y como** el Keter **no entra en la cuenta** de las sefirot por su inmenso ocultamiento, **la segunda** sefirá **es** considerada **el principio. Por eso** está escrito *Bet Reshit* en referencia a la Jojmá: la Bet, de valor numérico dos, señala que es la segunda sefirá, aunque la primera en comenzar a revelar la Luz de la divinidad.

Además encontramos otra explicación acerca de la letra *Bet* de la palabra Bereshit: **como la Sabiduría suprema es el principio** de la revelación, Reshit, en el Mundo de la Emanación, de lo Alto hacia lo bajo, **la Sabiduría de lo bajo**, el Maljut, **también es** considerada el **principio** del Mundo de la Emanación pero desde abajo hacia lo Alto, es decir, la palabra Bereshit encierra el misterio de dos comienzos o principios, la Jojmá y el Maljut, **y por eso no debemos separar la** letra **Bet de** *reshit* ni denominar a los primeros seis días de la creación simplemente como *Reshit* ya que esto también daría a entender erróneamente que el Maljut no participó en el proceso de la creación del mundo sino solamente la Jojmá. En pocas palabras, la letra Bet, de valor numérico dos, remite a estos dos niveles de Sabiduría, el de lo Alto y el de lo bajo, y por eso la Torá comienza con la palabra hebrea Bereshit y no Reshit.

El término *Bereshit* –En el principio– **ha sido denominado** y considerado como **una «locución»** entre las Diez Locuciones a partir de las cuales El Eterno creó el mundo, **y así es,** pues esta palabra está asociada con la Jojmá, la primera iluminación del Creador a partir de la cual comenzó el proceso divino de creación. **Y los seis días surgen de ella,** de esta locución, y pasan a través de las seis sefirot de Zeir Anpín, **y están incluidos en ella** –*bereshit* –*bara shit*, es decir «creó seis»–

Y estos seis días de la Creación que se sucedieron a continuación **son denominados de la misma manera que estos otros** superiores y principales: las seis sefirot del Zeir Anpín.

Y la expresión: **«creó Elohim», es como está escrito: «Un río** –Jojmá– **sale del Edén** –Keter– **para regar el jardín** –Biná–» (Géne-

33

sis 2:10). Es decir, el Keter, que es oculto, a través de la Jojmá, creó la Biná. Ahora bien: **¿qué** significa **regar el jardín?** ¿Acaso no debería estar escrito más exactamente «crear» el jardín? Mas debido a que el versículo habla en tiempo presente –sale del Edén– no puede referirse a un instante puntual de creación sino que señala la influencia espiritual permanente. Y todo esto **para irrigarlo, otorgarle existencia y velar por todas sus necesidades** de modo constante, es decir, por todo lo que la Biná requiere para sustentar también a los mundos inferiores.

El Nombre **«Elohim» es el Dios Viviente,** ya que ella, la Biná, recibe vida de la Sabiduría, lo cual le sirve a ella misma y, asimismo para otorgar vida a los mundos inferiores, **porque el significado** del versículo: **«En el principio creó Elohim»** (*ibid* 1:1) **es ciertamente a través de ese río,** el Iesod de Aba, a través del cual se crea la Biná, **para que todo surja,** en referencia a los dos aspectos masculino y femenino inferiores, **y todo sea irrigado** con aguas de abundancia espiritual.

Y precisamente esto es el misterio de lo escrito a continuación: **«los** –*et*– **Cielos»: la unión de lo masculino y lo femenino** inferior **como corresponde,** cara a cara, **después de esto,** del establecimiento del Maljut por intermedio de la Biná, **a través del cual,** del Maljut, **fue creado el mundo en lo bajo,** es decir, los tres mundos inferiores –el Mundo de Creación, el Mundo de Formación y el Mundo de Acción–, **y por su mediación,** la de la Biná, **se confiere poder a todo.** Más aun: **«los** –*et*– **Cielos»** significa que los Cielos hicieron **surgir** y establecieron **el** *et,* el Maljut, **por el poder del misterio de Elohim Viviente, después** que el Principio, la Jojmá, **la hizo surgir** a la Biná.

Debido a que ella, la Biná, **hizo surgir todo,** los dos aspectos inferiores, **y todo se estableció en su lugar como uno, el último anillo,** el Maljut, **devino en principio,** desde abajo hacia arriba, **y a través de ese principio hizo surgir luces supremas e hizo correr un río,** el Fundamento, **y el agua comenzó a fluir para que la reciban** a la abundancia espiritual **en lo bajo,** en los mundos inferiores. **Y por eso** está escrito que **ciertamente con «el principio»** –*beres*-

hit– «creó Elohim»: la Biná **creo con él,** es decir, a través del Maljut que también es considerado un principio, **al mundo de lo Bajo,** es decir, a los tres mundos inferiores, y **con él hizo surgir las luces** que iluminan en los heijalot de los tres mundos inferiores, **y con él le dio poder a todo.**

Rabí Iehuda dijo y enseñó que **sobre esto fue escrito:** « **¿Se vanagloriará el hacha ante aquel que la maneja?»** (Isaías 10:15). Es decir, ¿acaso puede el hacha dejar de reconocer la existencia de quien la porta en su mano y adjudicarse ella misma los actos que realiza? **¿Quién merece** realmente **la alabanza? ¿No es el artesano,** el que maneja el instrumento y la herramienta? **También es con este «principio»,** el Maljut, **Elohim de lo Alto,** la Biná, **creó los Cielos** y la Tierra, en referencia a los tres mundos inferiores. **¿A quién pertenece la alabanza? A Elohim es** a quien pertenece, a la Biná y no al Maljut, ya que éste último es como el hacha en manos del artesano.

Rabí Iosei dijo y preguntó acerca de **eso que está escrito** en el versículo: «¿Qué nación grande hay **que tenga Elohim tan cercanos a ella?»** (Deuteronomio 4:7). **¿Cercanos? ¿En plural? ¡«Cercano» debe decir** para señalar al único Dios! **Pero** en realidad el versículo refiere al misterio de los tres aspectos que se encuentran encerrados en ese Nombre: **el Elohim supremo,** la Biná, **el Elohim del Temor de Itzjak,** relacionado con la Gevurá, **y el último Elohim,** que es el Maljut, **y por ello** el término «cercanos» aplicado a Elohim está escrito en plural **y éstas son las varias formas de Rigor que surgen de una,** la Sabiduría Suprema, **y son todas una** en su raíz, en el Keter, nivel en el que sólo existe la piedad y la misericordia, y por lo tanto, y a pesar de asociarse al Rigor, estos aspectos se encuentran «cercanos» al pueblo.

Añadido – *Tosefta*

A continuación se explica de qué modo las diez sefirot están sugeridas en el primer versículo de la Torá: **«En el principio creó»** alude a **la Corona** –Keter– y a **la Sabiduría** –Jojmá– lo cual enseña que la Sabiduría actuó gracias al poder oculto del Keter; el Nombre **«Elohim»** **alude al Entendimiento** –Biná–; el término **«los...» –«***et***»– aluden a la Grandeza** –Gedulá–, el Jesed, **y al Rigor** –Gevurá–; **«los Cielos» es la Belleza** –Tiferet– debido a que los Cielos incluyen al agua y al fuego en su punto de armonía y equilibrio; la expresión **«y los»** –«*veet*»– **alude a la Victoria** –Netzaj–, **al Esplendor** –Hod– **y al Fundamento** –Iesod–, **y «la Tierra» alude al Reino** –Maljut–.

(Fin del añadido)

El relato bíblico de la creación continúa refiriéndose ahora a la luz: **«Y dijo Elohim: sea la luz, y fue la luz»** (Génesis 1:3). Sin embargo no debemos olvidar que las luminarias son creadas el cuarto día. Por lo tanto, cabe preguntar acerca de la diferencia entre la primera luz y la que habría de surgir precisamente de las futuras luminarias. El Zohar lo explica: **ésta,** la primera luz creada, **es la luz que el Santo, Bendito Sea, creó al principio,** el *Or Haganuz,* **y es la** raíz de la **luz de los ojos.** Y tres fueron los justos que tuvieron el mérito de contactar con esta Luz Suprema, que tal como se señala **es la luz que le mostró El Santo, Bendito Sea, al Primer Hombre, y gracias a ella él veía de un extremo del mundo al otro. Y** también **es la luz que El Santo, Bendito Sea, le mostró a David,** el rey, **y él** entonces **alabó y dijo: « ¡Cuán grande es tu bondad que has reservado para aquellos que te temen!»** (Salmos 31:20), ya que, como se ha enseñado, el *Or Haganuz* fue guardado y reservado para los temerosos y los justos. **Y es la luz que el Santo, Bendito Sea, le mostró a Moisés, con la que observó** la Tierra de Israel **desde Guilad hasta Dan,** tal como lo enseña el libro del Deuteronomio (34:1). **Pero cuando el Santo, Bendito Sea, observó el advenimiento de tres generaciones de pecadores, que son** las tres cáscaras o klipot malignas que se oponen a cada uno de los justos anteriores, **que son la generación de Enosh,** la klipá del Mundo de la Formación que se opone a Adán, **la generación del Diluvio,** la klipá del Mundo de la Creación que se opone a Moisés, **y la generación de la División,** la de la Torre de Babel, la klipá del Mundo de la Acción, Lilit, que se opone al rey David, entonces **la** guardó para que ellas no la utilizasen ni se beneficiasen de ella; y posteriormente se la entregó El Santo, Bendito Sea, a Moisés, y la utilizó durante los tres meses que le restaban desde el día de su concepción, ya que nació a los seis meses y un día, y tal como lo enseñan los sabios (Tratado de Nidá 30b), durante este periodo hay una vela que ilumina sobre la cabeza del feto y le permite observar el mundo desde un extremo al otro, y por el hecho de nacer prematuro, le faltaba esta luz que le fue entregada por el Creador, tal como está dicho sobre Moisés: «Y fue escondido durante tres meses» (Éxodo 2:2), lenguaje que nuevamente hace referencia a lo oculto y lo reservado. Cuando después de tres meses lo encontró Batia, la hija del Faraón y lo entró delante del Faraón, el Santo, Bendito Sea, la tomó de él para que el malvado monarca no se pudiese aprovechar de esta luz, hasta que Moisés ascendió y se ubicó sobre el Monte de Sinaí para recibir la Torá y le devolvió a él esa luz, y la usó durante todos los días de su vida. Y no podían los hijos de Israel aproximarse a él hasta que colocó un velo sobre su rostro, tal como está dicho: «Temían aproximarse a él» (Éxodo 34:30). Y se envolvió en ella, en esta luz, como en un manto –*talit*–, tal como está escrito: «La luz lo envuelve como un manto –*kasalmá*–» (Salmos 104:2). Resulta interesante destacar que la expresión hebrea *kasalmá*, «como un manto», está formada por las letras «*kol Moshé*»: «*kol*», todo, refiere al Fundamento, y *Moshé*, Moisés, al líder de Israel.

Se retorna al versículo: «Sea la luz, y fue la luz» (Génesis 1:3), y se enseña: todo aquello acerca de lo que se dice «Y fue» –*vaiehi*– existe en este mundo y en el Mundo venidero, tal como el *Or Haganuz* fue primeramente creado para este mundo, pero finalmente fue guardado para el Mundo Venidero. Y tal vez cabe agregar que, tal como los sabios nos enseñan, el *Or Haganuz* fue guardado en la misma Torá, entonces una persona que la estudia de modo profundo e ingresa en el Pardés, logra también en este mundo ponerse en contacto con esa luz y aprehenderla. Rabí Itzjak dijo y agregó: la luz que el Santo, Bendito Sea, creó en la obra de Creación, irradiaba su luz de un extremo del mundo hasta el otro, lo cual alude a la luz que fue irradiada desde Ima hasta el Maljut, **y fue escondida** no únicamente para que los malvados no disfruten de ella. Si no **¿por qué fue escondida? Para que no puedan gozar de ella los pecadores del mundo,** en referencia a las klipot que ejercen dominio sobre los transgresores del mundo y se nutren de esta luz, **y los mundos del Mal** –Sitra Ajra– **no gocen de ella a través de estos** malvados. **Y fue reservada para los justos: para el justo precisamente [32a], tal como está escrito: «La luz está sembrada para el justo y la alegría para los rectos de corazón»** (Salmos 97:11). **Y entonces,** cuando esta luz se revele en el Mundo Venidero **se perfumarán** y rectificarán **los mundos y serán todos uno. Pero hasta el día que sea el Mundo Venidero,** tiempo en el que el mundo se liberará y se purificará del mal impuro provocado por la Serpiente primordial al comienzo de los tiempos, **ella,** el *Or Haganuz,* **permanecerá reservada y guardada.**

Esta luz a la que hacemos referencia y que está asociada con el Jesed, **surgió del centro de la oscuridad,** relacionada con la Biná, el aspecto femenino superior –ya que en ella se despierta el Rigor–, en dirección al Maljut, la **que fue tallada por los golpes** de la luz **del más oculto de todo** Rostro: Arij Anpin. **Hasta que esa luz que fue guardada** en ella, en la Biná, **es tallada en un sendero** –shvil– **oculto para** dirigirse hacia **la oscuridad de lo bajo,** el Maljut, **y la luz reposa en ella.** Ahora bien: **¿quién es la oscuridad de lo bajo? Es la que se denomina noche,** el Maljut, **y sobre lo que está escrito: «Y a la oscuridad llamó noche»** (Génesis 1:5), ya que las Guevurot se despiertan en este lapso de tiempo relacionado con el Maljut y también porque en ella se encuentran los Dinim. **Y sobre esto aprendimos: ¿qué es** y qué significa **lo que está escrito** en el libro de Job: **«Él descubre las profundidades desde la oscuridad»** (12:22)? **Rabí Iosei dice: si dijeras que se descubre de la oscuridad oculta,** de la Biná, **he aquí que nosotros vemos que están ocultas todas las coronas supremas y** también se denominan «profundidades». Es decir, siempre el grado o el nivel espiritual inferior se encuentra oculto en el nivel inmediatamente superior. **¿Qué es** entonces lo que señala el término **«descubre»?** No otra cosa **sino que todos esos**

grados **ocultos supremos no se revelan más que del centro de esa oscuridad** y por medio del Maljut, **que es el misterio de la noche,** y que se ocupa de llevar a cabo y hacer pasar de la potencia al acto todos los actos de las sefirot superiores.

Ven y observa: todas esas profundidades cerradas que surgen del seno del Pensamiento, Ima, y que la Voz, Zeir Anpín, **las toma, no son reveladas hasta que la palabra,** el Maljut, **las pone al descubierto** para que influyan y actúen sobre los mundos inferiores. Ahora bien: **¿qué es «la palabra»** –*milá*–? **Es el enunciado** –*dibur*–. **Y este enunciado,** el Maljut, **se denomina Shabat.** Es decir, el Maljut es la última de las sefirot y la encargada de transformar el estado de potencia en acto, y lo mismo sucede en la relación entre la voz –*kol*– y el enunciado –*dibur*–: el enunciado transforma en acto, en palabras, a la voz, la cual remite a un estado de mayor ocultamiento y profundidad; **y siendo que el Shabat se denomina «enunciado»,** pero de santidad, **el «enunciado» de los días de la semana,** es decir, el acto de pronunciar palabras relacionadas con estos días que, en comparación con el Shabat, son días carentes de santidad, **es prohibido en Shabat** ya que esto otorga fuerza a los encargados espirituales de los días de la semana y atenta contra el Maljut, **(y así hacía Rabí Shimón: cuando vio que su madre conversaba mucho en Shabat, entonces le dijo: «Madre, calla, es Shabat y está prohibido** conversar en demasía ya que rápidamente la persona es arrastrada por estas fuerzas y habla acerca de temas absolutamente de santidad) (Véase Midrash, Vaikrá Raba, capítulo 34). También los sabios cabalistas explican que el rezo de los días de la semana es innecesario durante el Shabat, ya que en el séptimo día el mundo se eleva al nivel del Maljut, independientemente de la plegaria de los hombres; **porque este enunciado debe ejercer su dominio** en Shabat, ya que el Maljut y el Shabat se encuentran esencialmente asociados, **y ningún otro** debe ejercer su dominio incitando a la persona a hablar vanidades en este día sagrado.

Ahora, nuevamente, se retoma la enseñanza que indica que el Maljut revela las luces de la Biná. **Y ese enunciado,** el Maljut, **que** proviene del lado de la oscuridad, las gevurot de Ima, revela las profundidades en su mismo seno. Es decir, la luz surge de la propia oscuridad. Y el significado de lo escrito en el versículo citado anteriormente: «desde la oscuridad», refiere a esa luz que proviene del lado de la oscuridad, tal como está escrito «desde» la oscuridad precisamente.

Dijo Rabí Itzjak a Rabí Shimón: siendo así que la luz se revela cuando la oscuridad se unifica con ella, es decir, cuando se produce la unificación entre el Maljut y el Zeir Anpín, ¿qué significa lo escrito: «Y separó Elohim la luz de la oscuridad» (Génesis 1:4)? Es decir, ¿por qué se establece una separación cuando en realidad lo que se debe generar es la unión y la unificación? Le dijo Rabí Shimón a modo de explicación: la luz hizo surgir al día –el Jesed al Zeir Anpín– y la oscuridad hizo surgir la noche –la Gevurá al Maljut– y en este momento existía entre ellos separación y se encontraban espalda contra espalda. Después de la Nesirá las unió como una, cara a cara, y fueron una, tal como está escrito: «Y fue tarde y fue mañana, un día» (ibid 5), es decir, un día que incluye a la noche y al día, y donde la noche y el día se denominan «uno». Y eso que está escrito: «Y separó Elohim la luz de la oscuridad», se refiere al tiempo del exilio en el que se encuentra la escisión y en el que los aspectos masculino y femenino se dan la espalda –a excepción de los momentos del rezo, cuando se produce esta cercanía– por la influencia de las fuerzas del Mal que gobiernan, afectan, e impiden la unión.

Rabí Itzjak dijo acerca del mismo tema de la unión de los dos aspectos: hasta aquí, hasta el momento de la unión, lo masculino se encontraba en la luz y lo femenino en la oscuridad. Después fueron unidos como uno, para ser uno. Pero entonces, si se unifican ¿en qué se distinguen, que se reconoce entre la luz y la oscuridad? La respuesta es muy simple: fueron separados en sus respectivos grados, ya que se trata de dos Rostros, uno masculino y el otro femenino, y de todos modos ambos son considerados como uno cuando se unen, porque he aquí que no hay luz sino en la oscuridad y no hay oscuridad sino en la luz. Es decir, lo masculino necesita de lo femenino y viceversa. **Y a pesar de ser uno** durante su unión, **se distinguen por sus tonalidades,** pues el aspecto masculino es de tonalidad blanca, y el aspecto femenino de tonalidad roja, **y de todos modos son uno,** ya que el Jesed del aspecto masculino pasa de la potencia al acto a través de la Gevurá del aspecto femenino, **tal como está escrito: «Un día»** –*ejad*– (Génesis 1:5). Y en el lenguaje de los sabios cabalistas, las letras Alef y Jet de la palabra *ejad* se corresponden con el aspecto masculino, Zeir Anpin, y la Dalet corresponde al Maljut, el aspecto femenino. Y en conjunto: *ejad*, uno.

Rabí Shimón dijo: por causa del precepto del **pacto** de la circuncisión –*brit*– **fue creado el mundo y existe,** es decir, el pacto de la circuncisión es uno de los motivos debido a los cuales el mundo fue creado y, gracias a este precepto, también el mundo subsiste, **tal como está escrito: «Si no hubiese hecho un pacto con el día y la noche, no hubiese dado las leyes a los Cielos y a la Tierra»** (Jeremías 33:25). **¿Quién es el pacto? Es el justo, el fundamento del mundo, que es el misterio del** cuarto mandamiento de las Primeras Tablas de la Ley: **«Recordad** al Shabat» (Éxodo 20), lo cual está relacionado con el aspecto masculino –*zajor*, recordad, y *zajar*, masculino, comparten la misma raíz idiomática–, mientras que el cuarto mandamiento de las Segundas Tablas de la Ley: «Guardad al Shabat» (Deuteronomio 6), está asociado con el aspecto femenino. **Y debido a esto el mundo existe por el** cumplimiento del **pacto** de la circuncisión, el cual se encuentra enraizado en el Iesod y el Maljut, unión **del día,** lo masculino, **y de la noche,** lo femenino, **como uno, tal como está escrito: «Si no hubiese hecho un pacto con el día y la noche, no hubiese dado las leyes a los Cielos y a la Tierra»** (Jeremías 33:25) en referencia a **las «leyes de los Cielos»** –en hebreo, la palabra ley, *jok*, está asociada con la nutrición– **que fluyen y surgen del supremo Edén,** Ima, nutriendo y aportando abundancia espiritual, gracias a la cual el mundo subsiste.

Es importante destacar que utilizando el modelo del precepto del pacto de la circuncisión, el *brit milá,* El Zohar nos enseña que la abundancia espiritual llega al mundo y le otorga existencia concreta dependiendo del correcto cumplimiento de los preceptos de la Torá. Para definirlo de algún modo, se enseña la «técnica espiritual» que la persona debe utilizar para lograr todos sus objetivos, tanto materiales como espirituales. Por consiguiente, la tarea del hombre justo es precisamente lograr que la máxima abundancia espiritual colme al mundo a través de su entrega y su completa dedicación a los mandatos divinos. Sobra aclarar que cuando esto no sucede, entonces el mundo se ve afectado en todos sus niveles, lo cual provoca carencia, enfermedades, y todos los males que presenciamos y que están enraizados en la interrupción del fluir de tal abundancia espiritual.

Tosefta – Añadido

Hemos aprendido en el Talmud (Shabat 137b): **quien circuncida** –*mal*– **sin descubrir el prepucio** –*periá*–, **es como si no hubiese efectuado la circuncisión. Porque son dos grados** diferentes: **la circuncisión** está asociada con el Maljut **y el descubrimiento del prepucio** con el Fundamento de Zeir Anpín, y estos dos grados corresponden con los mandatos de **Recordar y Guardar** el Shabat, y son denominados como **el Justo y la Justicia,** y encierran el misterio de **lo Masculino y lo Femenino. El signo del pacto**, la *periá,* es Iosef –José–, asociado con el Fundamento; **y el pacto** y el corte mismo **es Rajel** –Raquel–, asociado con el Maljut, **y es necesario unir entre ellos. ¿Y cómo los une** y de qué modo provoca esta unificación espiritual? **Cuando él corta y descubre,** realizando el precepto de la circuncisión en su modo completo, **y quien corta pero no descubre** el prepucio **es como si hubiera hecho entre ellos una separación.**

(Fin del añadido)

Rabí Shimón **abrió** su explicación y **dijo: «De la voz de los arqueros, entre los abrevaderos, allí celebrarán la justicia de El Eterno...»** (Jueces 5:11). A continuación comienza el análisis: **«De la voz de los arqueros»** es la voz de Jacob, ya que en la Torá se asocia al tercer patriarca con la voz, tal y como lo enseña el versículo del Génesis (27:22), la cual a su vez representa el misterio de la sefirá de Tiferet; «**los arqueros**» –*mejatzetzim*–, palabra hebrea que comparte raíz con «jetzi», medio, asociada con el Tiferet, **como está dicho** acerca de Goliat, quien se ubicó entre los dos campamentos y los dividía: «**el hombre medió** –*jatzi*–» (1 Samuel 17:4). Resulta evidente que también esto alude a la sefirá de Tiferet, la cual media entre el Jesed y la Gevurá. También sobre Jacob, el tercer patriarca, nos enseña la Torá que «era un hombre íntegro que habitaba en tiendas», sobre lo cual preguntan los sabios: ¿habitaba en tiendas? ¿Acaso no le era suficiente con morar en una sola tienda? A lo que responden: «tiendas», en plural, se refieren a la tienda de su abuelo, Abraham, el cual es identificado con el Jesed, y la tienda de su padre Itzjak, quien es asociado de modo esencial con la Gevurá. Es decir, Jacob reunía ambos aspectos. «**Entre los abrevaderos**», porque él, Jacob, el Tiferet, **se asienta entre aquellos,** Jesed y Gevurá, **que extraen agua,** es decir, atraen abundancia espiritual **de lo Alto, y él toma de dos flancos y las integra en su seno,** lo cual marca la integridad de la conducción divina, conformada por el equilibrio y la armonía que se alcanza en el Tiferet entre el Jesed y la Gevurá. «**Allí celebrarán la justicia de El Eterno**»: allí, en el Tiferet, **es el lugar de la fe** relacionado con el Maljut, **al que hay que apegarse.**

Otra explicación: «**Allí celebrarán la justicia de El Eterno**»: allí **se nutren la justicia de El Eterno,** las sefirot de Netzaj y Hod, **y aspiran** y absorben del Tiferet la abundancia espiritual. «**La justicia de aquel que expande** en Israel»: **es el justo del mundo,** en referencia al Iesod, el Fundamento, **que es el Pacto sagrado, y él extrae y toma** en su interior **todo** la abundancia del resto de las sefirot, **y después expande en el gran mar,** que es el Maljut, **estas aguas supremas** que representan a la abundancia que recibió del Tiferet. «**En Israel**» (*Ibíd.*): **porque** los miembros de **Israel heredaron este pacto,** es decir, el precepto de la circuncisión, de Abraham, **y el Santo, Bendito Sea, se las entregó por herencia eterna. Y siendo que Israel abandonó esto**, el Pacto, **practicando la circuncisión pero sin descubrir el prepucio** –*periá*–, esto generó una separación entre el Maljut –donde se encuentra «el corte», la *milá*– y el Iesod –donde se encuentra el acto de descubrir el prepucio, la *periá*–. Y entonces ¿qué está escrito acerca de este tiempo? **«Entonces descendieron hacia las puertas, pueblo de El Eterno»** (*Ibíd.*): es decir, **«descendieron hacia las puertas»: esas son las puertas de la justicia.** Dicho de otro modo, durante el tiempo que el pueblo cumplía correctamente el precepto de la circuncisión, lograban hacer descender una gran influencia espiritual desde lo Alto, desde el Iesod, pero cuando descuidaron la circuncisión descendieron al nivel del Maljut o, más exactamente, fuera del límite del mismo, aludido a través de sus puertas. Tal como continúa explicando: **ellos se sentaban al lado de la puerta y no entraban en su interior. Y sobre ese tiempo [32b] está escrito: «Abandonaron a El Eterno...»** (Jueces 2:12), en referencia al acto de descubrir el prepucio –la *periá*–, **hasta la llegada de Débora, que los llevó a ser generosos al respecto,** al hacerlos retornar al cumplimiento de esta segunda parte de la circuncisión, la *periá,* **como está escrito: «Por haberse puesto al frente los caudillos** –*bifroa praot*– en Israel, por haberse ofrecido voluntariamente el pueblo, Load a El Eterno» (*Ibíd.* 5:2), lo cual señala el descubrimiento del prepucio de modo voluntario; **y sobre esto está escrito: «Aquellos que esparcían carecían de fuerza en Israel»** (*Ibíd.* 7). Es decir: **«Aquellos que esparcían carecían de fuerza»: es la fuerza mencionada,** el Iesod, el cual se debilitó debido al abandono del precepto, y entonces disminuyó su entrega de abundancia a la Presencia Divina y, de este modo, también el Pueblo de Israel se vio afectado. Es importante aclarar que la palabra hebrea *prazón* es interpretada como *lefazer,* esparcir.

Otra explicación basada en una nueva interpretación de la misma palabra, ahora como *paruz,* descubierto, revelado: **«Aquellos que esparcían** –revelaban– **carecían de fuerza»:** refiere al **pacto sagrado, que no descubrían** el prepucio –*periá*–, hasta que Débora dijo: **«Hasta que me incorporé, Débora, pues me incorporé** como **una madre en Israel»** (*Ibíd.*). Ahora bien: ¿qué significa **«madre»** y por qué se autodenomina de este modo? No significa **sino** que al lograr que el Pueblo de Israel vuelva a cumplir el precepto de la circuncisión de un modo completo e íntegro **yo he hecho descender aguas su-**

periores de lo Alto, de Ima, **para dar consistencia a los mundos.** Y la finalización del versículo: **«...en Israel»** (*Ibíd.*), **sin otro calificativo, indica en lo Alto,** es decir, que se atrae la influencia espiritual de lo Alto, de Ima, y de este modo se influye **en lo bajo,** a los hombres. **Así viene a mostrar que el mundo no existe sino sobre este pacto** del precepto de la circuncisión. **Y el misterio de todo** lo dicho se encuentra encerrado en el versículo: **«El justo es el fundamento del mundo»** (Proverbios 10:25), tal como **está escrito,** lo que hace referencia a que el mundo existe gracias a la influencia y sustento que le llega a través del Iesod.

Tres tipos de influencia espiritual –*mojín*– relacionados con Jojmá, Biná y Daat, **surgen del uno,** Ima, en dirección a Zeir Anpín; **uno,** Zeir Anpín, **existe en tres,** los tres anteriores: Jojmá, Biná y Daat; Zeir Anpín, con el fin de recibir esta influencia, asciende y **entra entre dos,** el Padre y la Madre; **dos,** el Padre y la Madre, **nutren a uno,** Zeir Anpín, **y uno,** Zeir Anpín, **nutre a muchos aspectos,** es decir, al influir sobre el aspecto femenino, Nukva, éste a su vez genera abundancia en los mundos inferiores, **y entonces,** gracias a esta influencia, **todo es uno,** en referencia a los dos aspectos masculino y femenino inferiores, **tal como está escrito: «Y fue la tarde y la mañana, un día»** (Génesis 1:1). **«Día», cuando la tarde y la mañana se incluyen como uno, es decir,** todo de acuerdo con **el misterio del pacto** de la circuncisión compuesto por sus dos etapas, tal como se ha explicado, **día y noche, y en él,** gracias al pacto, **todo es uno.**

El relato bíblico continúa: **«Y dijo Elohim: haya un firmamento en el medio de las aguas y separe las aguas de las aguas»** (Génesis 1:6). **Rabí Iehuda dijo** al respecto: **en lo Alto se encuentran siete firmamentos,** las sefirot de Jojmá, Gevurá, Tiferet, Netzaj, Hod, Iesod, y el Maljut, y son denominadas «firmamento», *rekiim*, ya que esta raíz hebrea señala la luz espiritual que expanden e irradian (Éxodo 39:3), mientras que las tres sefirot superiores no son denominadas «firmamentos» debido a su enorme ocultamiento; **y todos existen gracias a la santidad suprema** que les llega desde los mundos superiores, **y el Nombre santo,** tal como se denomina al Maljut, **por ellos se rectifica,** es decir, por la influencia de estas sefirot. Y **este firmamento,** el Iesod de Maljut, **está en medio de las aguas,** ya que este aspecto es el que recibe las «aguas» desde Arriba y las pasa hacia abajo. **Este firmamento existe** y se encuentra ubicado **sobre otras jaiot,** las cuatro jaiot de los tres mundos inferiores, **y él crea separación entre las aguas de lo Alto,** de Atzilut, y **las aguas de lo bajo,** los tres mundos inferiores. Es decir, los hombres, a través de su despertar espiritual, elevan «aguas femeninas» al Iesod de Maljut, y de este modo él también recibe desde lo Alto para transmitir abundancia espiritual a los mundos inferiores. **Y las** aguas **de lo bajo,** «las aguas femeninas», **convocan** y despiertan a las aguas superiores, «las aguas masculinas» (Salmos 42:8), **y de este firmamento ellas,** las criaturas de los mundos inferiores, **beben. Este es el que separa entre ellos,** el Mundo de Atzilut de los otros tres mundos, **ya que todas las aguas se incluyen en él, y después las hace descender hacia las jaiot** de los tres mundos inferiores **y ellas aspiran** y toman **de allí** su vitalidad.

Está escrito: «**Un jardín cerrado eres, hermana mía, esposa, una fuente cerrada, un manantial sellado**» (Cantar de los Cantares 4:12), versículo que indica que sólo el dueño puede entrar en este jardín y allegarse a sus aguas, ya que el mismo se encuentra cerrado para los ajenos y los extraños. Los sabios interpretan este versículo también en referencia al comportamiento recatado que caracteriza a una mujer que se guía por las leyes de la Torá. «**Un jardín cerrado eres**», en referencia a al Iesod de Nukva, el cual requiere de protección contra las fuerzas malignas –jitzonim– que intentan nutrirse de los niveles inferiores, **porque todo** lo que pertenezca a los mundos superiores, sus luces y su abundancia espiritual, **está incluido en él:** «ajotí kalá», *kol,* refiere precisamente a que todo está incluido en ella. Y sobre lo escrito: «**una fuente cerrada**», es porque ese río, proveniente del Iesod de Zeir Anpín, **fluye y surge** con todo el poder de su influencia espiritual suprema **y penetra en él,** en el Iesod de Nukva; **y en él,** en este Iesod, **recoge pero no hace surgir** las luces de allí debido a las transgresiones de los hombres, lo cual se expresa a través de que **las aguas se condensan y se mantienen en su seno.** Es decir, se trata de «un jardín cerrado». ¿**Cuál es el motivo** por el cual se condensan y congelan las aguas? **Porque el** frío **viento del Norte,** asociado con la Gevurá, **sopla sobre estas aguas y se condensan,** de acuerdo con el misterio del Tzimtzum, **y no salen hacia fuera, hasta convertirse en hielo.** Es decir, se despierta el lado del rigor, los juicios, debido a las transgresiones de los hombres, y entonces toda la abundancia espiritual se detiene y no continúa descendiendo hacia los mundos inferiores. **De no ser por el lado Sur,** que representa a la Bondad, al Jesed, **que quiebra el poder de ese hielo,** apaciguando al poder del juicio y el rigor, **nunca surgiría de allí agua alguna** para transmitir su abundancia espiritual a los mundos inferiores.

Y si los pecados y las transgresiones de los hombres aún aumentan, **el aspecto del firmamento superior,** el Iesod de Zeir Anpín, **se asemeja al de ese hielo que se condensa y reúne en sí todas esas aguas,** como lo descrito acerca del aspecto femenino. **Tal es el** caso del **supremo que se encuentra más alto** aún, el Iesod de Ima, **que recoge todas esas aguas** que recibe del Padre y nos traspasa al Zeir Anpín, **y crea separacón entre las aguas de lo Alto y las aguas de lo Bajo,** impidiendo que la abundancia espiritual descienda. Sin embargo, resulta fundamental aclarar que todo este proceso se revierte cuando los hombres se arrepienten de sus malos actos y retornan al camino verdadero –*teshuvá*–. **Y eso sobre lo que dijimos: «Haya un firmamento en medio de las aguas»** (Génesis 1:6), lo que hace referencia al Iesod de Zeir Anpín que se ubica **en el medio** de las aguas, **no es así** ya que no divide entre los jasadim y las gevurot sino que los incluye. **Sino que «haya...» está escrito** en el versículo, es decir, se refiere a **el que «fue» a partir de él,** el Iesod de Maljut, que es **el que se ubica en medio de las aguas,** divide y crea separación entre ellas, **y es el que está por encima de las cabezas de las** *jaiot* del Mundo de la Creación y divide entre la abundancia del Mundo de la Emanación y la que debe pasar al Mundo de la Creación.

Rabí Itzjak dijo y enseñó: existe una membrana en medio de las entrañas del hombre que divide lo bajo –el hígado y los intestinos– **de lo alto** –el corazón y los pulmones–, y esta membrana comienza junto al ombligo y asciende en diagonal hasta el pecho, **y aspira** vitalidad **de arriba,** de los miembros superiores, los que se encuentran en el pecho, **y lo entrega abajo,** a los miembros inferiores del cuerpo. En pocas palabras: el hombre es un mundo en miniatura y con rigurosa exactitud puede ser comparado con el mundo en su totalidad. **Así, de este modo, el firmamento,** el Iesod de Nukva, **se encuentra en el medio,** entre el Mundo de la Emanación y el Mundo de la Creación, **y se ubica sobre estas jaiot de lo bajo, creando separación entre las aguas superiores,** la abundancia del Mundo de Atzilut, **y las inferiores,** la abundancia del Mundo de Briá. **Ven y observa: estas** últimas **aguas,** la abundancia espiritual del Mundo de Atzilut, **concibieron y dieron a luz a la oscuridad,** la abundancia espiritual de Beriá, la cual, en comparación con el Mundo de Atzilut es oscuridad espiritual, **y sobre este misterio está escrito: «Que separe el velo** –*parojet*– **para vosotros el lugar Santo, del Santo de los Santos»** (Éxodo 26:33). Es decir, si bien se trata de dos sitios santos, dentro de la Santidad también existen grados: lo Santo y lo Santo de los Santos. Y lo mismo sucede cuando se comparan el Mundo de la Creación y el Mundo de la Emanación.

Rabí Aba abrió su enseñanza a partir del siguiente versículo: **«El que establece sus aposentos en las aguas»** (Salmos 104:3). **«En las aguas»: estas son las aguas en lo más alto,** la influencia espiritual proveniente de Aba e Ima, **y a través de las cuales** el Zeir Anpín **rectifica la casa,** el Maljut, **tal como está dicho: «Con sabiduría se edificará la casa y con entendimiento se establecerá»** (Proverbios 24.3).

El versículo con el que abrió la disertación Rabí Aba continúa: **«El que pone las nubes por Su carruaje»** (Salmos 104:3), pasaje en el que **Rabí Ieisa Sava divide** la palabra **«nubes»** –*avim*– en *av* –oscuridad– y *iam* –mar–. Es decir, **la nube, que es la oscuridad,** o más exactamente la nube oscura, que se encuentra **a la izquierda,** el lado de la Gevurá, que **se ubica sobre este mar,** el Maljut, la cual es construida a partir de la Gevurá. Significa: el Zeir Anpín pone al

Maljut por su carruaje. Continúa el versículo: **«El que avanza sobre las alas del viento»** (*Ibíd.*): **es el espíritu del Santuario de lo Alto, según el misterio** de los **«dos querubines de oro»** (Éxodo 25:18), lo que remite a los dos ángeles sobre los que marcha el Maljut: Metatrón y Sandal. Y así **está escrito: «Se montó a un querubín y voló, flotando sobre las alas del viento»** (Salmos 18:11). **«Se montó a un querubín»:** se refiere a que el Maljut primero se monta sobre un solo querubín, Sandal, el cual provoca el ascenso de las «aguas femeninas», **y después se reveló sobre «las alas del viento»,** en referencia a Matatrón, quien despierta a las «aguas masculinas»; **y hasta que éste, Sandal, no despierta** el ascenso de las «aguas femeninas», **no se revela** el Maljut **en éste,** en Matatrón, el cual provoca el descenso de las «aguas masculinas», ya que éste es el orden del modelo y el servicio espiritual: primero se hace ascender a las «aguas femeninas» y a través de esto se logra provocar el descenso de las «aguas masculinas».

Rabí Iosei dijo: está escrito «Y pone las aguas por medida» (Job 28:25), lo cual, de acuerdo con el sentido llano del versículo, alude a que El Eterno determina exactamente la cantidad de agua que debe caer en el mundo. Aquí, en la enseñanza de Rabí Iosei, señala a la Biná, que mide y limita el Jesed que llega a cada sefirá. **Es concretamente con medida como las estableció** y determinó **cuando llegaron hacia ella** proveniente de Aba. **Y éstas son las que establecen el mundo,** en referencia al aspecto masculino y femenino inferiores, **cuando llegan del lado del rigor,** el lado de Ima, quien establece los límites. **Rabí Aba dijo: así decían nuestros** sabios **antepasados cuando llegaban a este sitio** de la Biblia, a este versículo, que habla de las aguas y alude al misterio de la enseñanza de Rabí Akiva antes de entrar al Pardés junto a los tres sabios: **«Los labios de los sabios se movían,** haciendo unificaciones espirituales superiores, **pero no pronunciaban palabra alguna por temor a ser castigados»,** tal como les sucedió a los tres sabios que entraron con Rabí Akiva a los misterios del Pardés.

Rabí Elazar dijo acerca de la primera letra del abecedario hebreo, la Alef, que está compuesta por dos letras Iud, una arriba y otra abajo, separadas como las «aguas masculinas» y las «aguas femeninas» por el firmamento, la letra Vav. Otros comentaristas interpretan a las dos letras Iud como dos brazos, y a la letra Vav como el cuerpo, lo cual alude a un Rostro completo. El siguiente texto relata la formación del Rostro de Zeir Anpín, encontrándose aún en el vientre de Ima: **la primera de las letras** del alfabeto **sobrevolaba sobre el nudo puro,** el Iesod de Ima, **y fue coronada desde lo bajo y desde lo alto, y se elevó** el agua femenina **[33a] y descendió** el agua masculina de Aba, **y las aguas se inscribieron en su trazo y se establecieron en su lugar, incluyéndose una en otra. Y así todas las letras se incluyeron la una con la otra, y se coronaron una con la otra, hasta que sobre ellas se construyó la edificación y el fundamento. Y una vez que todas fueron constituidas y coronadas, las aguas de lo Alto se mezclaron con las aguas de lo bajo e hicieron surgir a la casa del mundo,** el Maljut. **Por ello la** letra *Bet* –casa, *bait*– **aparece en el principio** de la Torá. **Y las aguas ascendían y descendían hasta que este firmamento devino y puso separación entre ellas:** la santidad del Mundo de la Emanación y la santidad del Mundo de la Creación.

Continuando con lo sucedido el segundo día de la Creación se enseña que **la discrepancia sucedió durante el segundo día,** que se corresponde con la Gevurá, ya que en este día prevalecieron las fuerzas del rigor y quisieron establecer la conducción del mundo por su mediación, para que el hombre temiera y no pecara; pero el Jesed se opuso pues quería que, por el contrario, los hombres recibieran una gran abundancia espiritual que les facilitara su servicio al Creador. ¿Y dónde se manifiestan los poderes del rigor en este día? **Porque en él fue creado el** *Guehenóm,* el Infierno, **que es un fuego devorador, tal como está dicho: «Es un fuego que devora»** (Deuteronomio 4:24), **y que está dispuesto para morar sobre la cabeza de los pecadores** después de morir. **Rabí Iehuda dijo y enseñó: «De aquí que toda discrepancia que es en el Nombre de los Cielos, finalmente persistirá». Porque aquí,** durante el segundo día de la Creación, cuando discreparon el Jesed y la Gevurá acerca de la dirección y conducción del mundo, **se trató de una discrepancia en el Nombre de los Cielos,** ya que ambos atributos buscaban el modo más apropiado para que los hombres sirvieran a Dios, **y** he aquí que **los Cielos con ello,** es decir, con ambos, **existieron tras esto.** Es decir, compuestos de agua –Jesed– y fuego –Gevurá– combinados, **tal como está escrito: «Y llamó Elohim al firmamento, Cielos...»** (Génesis 1:8), pues en realidad los dos atributos son necesarios para la correcta dirección del mundo.

Se vuelve al tema del firmamento que crea separación entre las aguas, y se agrega que **la interrupción de los escalones** y grados, es decir, los Rostros superiores, **su existencia y su permanencia, dependen de la medida** de la abundancia espiritual que reciben del Ein Sof, **tal como aprendimos: «Que un velo** –*parojet*– **separe para vosotros el lugar Santo, del Santo de los Santos»** (Éxodo 26:33), **precisamente, pues éste es un firmamento que divide dentro del medio,** entre los Rostros superiores y los inferiores, para que la abundancia pase de uno al otro en su medida exacta.

Ven y observa: está escrito después, durante el tercero de los días de la Creación: **«Júntense las aguas que están debajo de los Cielos en un lugar»** (Génesis 1:9), en referencia a los Jasadim que se encontraban dispersos, **bajo los Cielos concretamente,** es decir, bajo el Tiferet denominado Cielos. **«En un lugar»: en un lugar que se denomina «uno», el Maljut, y es el mar de lo bajo que completa al uno,** *ejad,* ya que el Zeir Anpín está compuesto por nueve sefirot, sugeridas por las letras Alef y Jet de Ejad, cuyo valor numérico suma nueve, pero al agregársele el Maljut se completan las diez sefirot, tal como está dicho: **y sin él no habría uno. Y** se aprende de lo escrito **«Júntense las aguas», que en este** lugar que es el Maljut **se agrupan todas las aguas** de los Jasadim, **como está dicho: «Todos los ríos van al mar...»** (Eclesiastés 1:7).

Rabí Ieisa dijo a modo de discrepancia con la enseñanza anterior: **«en un lugar»: este es el lugar sobre el que está escrito: «Mi**

pacto de paz no se quebrantará» (Isaías 54:10), relacionado con el
Iesod y no con el Maljut, **porque él recoge todo** lo que le llega de
abundancia espiritual de las sefirot superiores **y lo arroja al mar,**
al Maljut, y está escrito «un lugar» para aludir a la unión de los dos
aspectos, momento en el que se produce el traspaso de influencia
espiritual; **y por su intervención se rectifica la Tierra,** el Maljut, al
recibir toda la abundancia, así como la Tierra recibe el agua de lluvia,
tal como está escrito: «descúbrase lo seco» (Génesis 1:9): **ésta es
la Tierra, como está dicho: «Y Elohim llamó a lo seco Tierra»** (Génesis 1:10). Y **¿por qué se denomina** al Maljut con el apelativo de **«lo
seco»? Rabí Itzjak dijo: es como está escrito** en el versículo: **«Pan
de la pobreza»** (Deuteronomio 16:3). **«Pan de la pobreza»** –*oni* sin
la letra *Vav*– **y porque ella** –la Tierra, el Maljut– **es** equiparada a **un
pan de pobreza, es llamada «lo seco»,** ya que aún no ha recibido la
abundancia espiritual, y sólo después de que Iesod influya sobre ella
se «enriquece» **y absorbe en su seno todas las aguas del mundo.**
También es importante remarcar que no sólo porque no ha recibido
abundancia es considerada «pobre», ya que ella misma, el Maljut, de
modo esencial, es carente y falta de todo, lo cual está aludido en el
modo en que aparece escrita la palabra hebrea *oni,* de modo incompleto. **Y ella permanecía seca, hasta que «un lugar», el Iesod, la
colmó, y entonces las aguas comenzaron a correr de sus fuentes**
en dirección a los tres mundos inferiores.

Otro modo por el cual el Maljut puede recibir la influencia espiritual y también influir con ella en los mundos inferiores aparece
sugerido en la descripción bíblica: **«Y a la reunión** –*mikve*– **de las
aguas llamó mares»** (Génesis 1:10). ¿A qué se refiere? A que el Maljut **es el depósito de las aguas de lo Alto, donde todas las aguas se
reúnen,** en referencia a la abundancia espiritual que recibe, **y desde
allí fluyen y surgen** en dirección a los mundos inferiores.

Dijo Rabí Jia a modo de discrepancia con la enseñanza anterior: **la «reunión de las aguas» se refiere al justo,** el Iesod, **porque
cuando** la Torá **llega** al versículo relativo **a la reunión de las aguas,
está escrito: «Y vio Elohim que era bueno»** (*Ibíd.* 10), y «bueno»
se refiere al Iesod, **y está escrito** en un segundo versículo bíblico,

a modo de segunda demostración: «Dice del justo que es bueno» (Isaías 3:10).

Rabí Iosei dijo también a modo de discrepancia con Rabí Jia: **Israel es una reunión** –*mikve*–, en referencia al Tiferet, asociado con Israel, el cual es considerado el lugar verdadero de reunión de la abundancia espiritual, mientras que el Iesod es solamente un lugar de paso y transmisión, **como está escrito** en el versículo: «**La reunión** –*mikve*– **de El Eterno es Israel**» (Jeremías 17:13).

Rabí Jia dijo buscando reforzar su enseñanza: **refiere al justo, tal como está escrito: «La llamó mares»** (Génesis 1:10), en plural, lo cual remite al Iesod del aspecto masculino y al Iesod del aspecto femenino: **porque los torrentes** de la Biná, **los arroyos** de la Jojmá **y los ríos** de las seis sefirot inferiores **son todos captados por el** justo **y él es la fuente de todo y él recoge todo, y por eso** lo llamó «**mares**», en plural, lo cual señala a una gran y variada abundancia que llega al Iesod. **Y por eso** está escrito sobre cada día de la Creación: «**Y vio Elohim que era bueno**» (*Ibíd.*), en referencia al Iesod, **y está escrito: «Dice del justo que es bueno»** (Isaías 3:10).

Ahora bien: si bien es cierto que sobre cada día de la Creación aparece la expresión bíblica «Y vio Elohim que era bueno», sobre el segundo día, la misma es mencionada justo al completarse la obra de este día, en el tercer día. ¿Por qué, entonces, no aparece escrita esta expresión durante el segundo día? **Siendo que** el justo, el Iesod, **se inscribe** y es considerado el signo de la unión, si hubiese sido mencionado durante el segundo día, se habría podido llegar a considerar que esto **constituye una separación entre el primer día** –Jesed– **y el tercero** –Tiferet–, y que cada uno de estos días se une al Maljut a través del Iesod de modo independiente, lo cual es un error, ya que el Tiferet se une al Maljut gracias a la influencia del Jesed: **y por esto no está dicho «que era bueno» respecto a el** día segundo, **porque al tercer día la Tierra produjo frutos por el poder de ese justo,** el Iesod, al unirse con el Tiferet, **tal como está escrito** en el tercer día: «**Elohim dijo: produzca la Tierra hierba verde, hierba que dé semilla, árbol de fruto** que dé fruto según su especie» (Génesis 1:11). **¿Quién es el «árbol de fruto»? Es el Árbol del conocimiento del**

bien y del mal, en referencia al Maljut, compuesto por rigor –*din*– y misericordia –*rajamim*–, **que produce ramas y frutos** en alusión a las almas; y acerca de la especificación: **«que de fruto», es el justo, el Fundamento del mundo,** el cual influye sobre el Maljut para que de frutos, es decir, almas.

Ahora bien: ¿Qué significa **«según su especie»? Porque todos los hombres que tienen un espíritu de santidad, de esa rama, de ese árbol,** el Maljut, **tienen la marca de «su especie»,** y poseen una marca por la cual se reconoce que son de la especie del Iesod. **¿Y cuál es** la marca que lo determina y lo pone de manifiesto? **Es el pacto sagrado, y el pacto de paz,** en referencia al descubrimiento del prepucio –*periá*–, **y los hombres de fe,** es decir, los que provienen del Maljut llamada Fe, que encierra el misterio del «corte» o *milá,* todo lo cual demuestra que son de **«su especie»,** es decir, **«en su especie» entran y no se separan de ella. Y es el justo cuando «da fruta»,** y ese árbol concibe y hace surgir ese fruto **«según su especie»,** es decir, **según la especie de aquel que «da fruto»,** el Iesod, **para que sea similar a él. ¡Bienaventurada es la porción de quien se asemeja a su Madre,** el Maljut, **y a su Padre,** Zeir Anpín! Esto hace referencia a los dos aspectos, el masculino y el femenino inferior, semejanza que se logra a través de las dos partes del pacto de la circuncisión: el corte y el descubrimiento del prepucio.

Y por eso la marca sagrada, la circuncisión, tal como lo indica la Torá, es realizada **en el octavo día** del nacimiento del niño, **para que se parezca a su madre,** el Maljut, la octava sefirá a partir de la Biná. **Y cuando se realiza el descubrimiento del prepucio** –*periá*–, **y entonces se revela la marca sagrada, es para que se parezca a su Padre,** el Iesod de Zeir Anpín. **Y por ello el «árbol de fruto» es la Madre, el «que dé fruto» es el pacto sagrado, el Padre,** el Iesod de Zeir Anpin, **«según su especie», de modo que** el niño **se asemeje a él y adopte su marca,** es decir, que la raíz del alma de su padre se encuentre grabada en su hijo.

También, acerca de la expresión **«que su semilla está en él sobre la Tierra»** (*Ibíd.*), cabe preguntar: ¿por qué está escrito **«su semilla** –*zaró*– **está en él»,** con la letra Vav? **¡«Una semilla** –*zera*– **está en** él» debería estar escrito, ya que esta semilla es recibida por el Iesod y no nace en él! ¿Qué significa «que su semilla está en él»? No otra cosa, sino que es una semilla con la Vav que está en él. Es decir, la palabra *zaró* debe ser subdividida del siguiente modo y entonces nos quedan tres partes: «*zera* –Vav– *está en él*», lo cual significa que a través del Iesod, –la letra Vav– la abundancia de Zeir Anpín –*zera*– está en él –Maljut–, tal como está especificado: «sobre la Tierra», y así es ciertamente, ya que esa semilla influye sobre la Tierra. Bienaventurada es la porción de Israel, que son santos y se asemejan a los santos, que se parecen a sus padres espirituales, Zein Anpín y Maljut, a través de la *milá* y la *periá*, tal como ciertamente está escrito en el versículo: «Y Tu pueblo, todos son justos» (Isaías 6:21). Todos son ciertamente justos porque es de ellos que surgen sus almas y es a ellos a quienes se asemejan. Bienaventurados son en este mundo y en el Mundo Venidero.

[33b] Rabí Jia dijo: está escrito en el versículo: «El que hace la Tierra con Su poder» (Jeremías 10:12). Sobre el tiempo verbal de ese versículo, expresado en presente, se pregunta: ¿Qué significa que «hace la Tierra con Su poder»? «Hizo la Tierra» debería ser escrito, en tiempo pasado, en referencia a la Creación del mundo. Sino que «hace» ciertamente de modo permanente, y rectifica el Santo, Bendito Sea, a esa Tierra, el Maljut, en cada momento. Es el Santo, Bendito Sea, en lo Alto. Y lo que aclara el versículo: «con Su poder», se refiere al justo, es decir, a través del Iesod, y la continuación del texto bíblico: «El que establece el universo con su saber» (*Ibíd.*): este universo –*tevel*– es la Tierra de lo bajo. Es decir, al corregir al Maljut, El Eterno también prepara y dispone la conducción de nuestro mundo, el inferior. Y la aclaración «con su saber»: refiere a la justicia –*tzedek*–, al Maljut, que es denominada «sabiduría de lo bajo», y a través de la cual es conducido el mundo, tal como está escrito: «Él juzga al universo con justicia» (Salmos 9:9). En resumen: «Hace la Tierra» es El Santo, Bendito Sea, en referencia al Zein Anpín, porque es Él Quien rectifica la Tierra, el Maljut, y rectifica sus caminos que le hacen llegar la abundancia espiritual. ¿Y a través

de quién actúa el Zeín Anpín? **Con su «poder», tal como fue dicho** en referencia al Iesod.

Es fundamental destacar la importancia del texto anterior, en el cual se enfatiza que la creación del mundo es permanente. Es decir, sin la influencia constante, en cada instante concretamente, de la Divinidad, el mundo y todo lo que contiene volvería inmediatamente al caos original, o simplemente dejaría de existir. Se nos invita a meditar sobre ello y a tomar conciencia de la «creación permanente», lo único que nos puede conducir a alcanzar una fe completa y consumada.

Rabí Iehuda dijo manifestando su opinión sobre lo anterior nos enseña que lo escrito «que hace la Tierra con su poder» señala que la Sabiduría hace la Tierra, el Maljut, con su poder, la Biná, que es la raíz de las veintidós letras del abecedario hebreo a través de las cuales el mundo fue creado: **en** el libro de **las «letras inscritas» de Rabí Elazar,** el libro que este sabio escribió, se enseña que **hay combinaciones de letras, veintidós** en total, es decir, la combinación de las veintidós letras del abecedario hebreo cuya raíz se encuentra en la Biná, 231 composiciones de letras denominadas «portales», y que fueron utilizadas para crear el mundo, **combinadas como una, dos letras: una** letra de las veintidós que **asciende** en una combinación **y una desciende.** Un ejemplo de esto sería la combinación denominada At Bash, sistema en el que la primera letra, la Alef y la última letra, la Tav, una asciende y la otra desciende, y lo mismo con las demás letras del abecedario. **Y la que asciende** en una determinada combinación **desciende** en otra, **y la que desciende, asciende. Y la señal de esto es** lo que está escrito *aj* –Alef, Jaf final–, *baj* –Bet, Jaf final–, *el* –Alef, Lamed– (texto que encierra misterios muy profundos en Isaías 45:24). En resumen: en veinte combinaciones –*Aj* veces *Baj* letras–, la del medio es la combinación Alef Lamed, la cual refiere al Iesod, denominado Kel Jai, y al estar ubicado en el medio es el que separa las diez combinaciones superiores de las diez combinaciones inferiores, tal como el firmamento divide entre las aguas superiores y las aguas inferiores.

Rabí Iosei, por su parte, dijo al respecto de la combinación del medio, Alef Lamed, que no se refiere al Iesod sino al Tiferet, denominada *mishkal*, es decir, el eje de la balanza se mantiene en el medio, y la señal de esto la encontramos en el versículo: «No cometáis iniquidad en el juicio, en la medida, ni en el peso –*mishkal*–» (Levítico 19:35). Hay equilibrio –*mishkal*– cuando el eje se mantiene en el centro, y el misterio de esto está encerrado en el concepto del «Siclo –*shekel*– del santuario» (Éxodo 30:13) que está escrito y mencionado en el versículo. Y los platillos de la balanza –Netzaj y Hod– existen y se equilibran. ¿Quién es la balanza? Tal como está dicho: «Una balanza justa» (Levítico 19:36), en referencia al Netzaj y al Hod que son la balanza del Maljut que sopesa los jasadim que corresponde ser traspasados, y todos se mantienen en su equilibrio –*mishkal*– gracias al «siclo –*shekel*– del santuario»: el Tiferet. Rabí Iehuda, por su parte, dijo a modo de discrepancia: «con el siclo del santuario»: es el espíritu de santidad –*ruaj hakodesh*– en referencia al Maljut, y en su opinión, el Maljut es quien sopesa la abundancia que corresponde que llegue a los mundos inferiores.

Rabí Itzjak dijo y enseñó que está escrito: «Por la palabra de El Eterno fueron hechos los Cielos, y con el soplo de Su boca todas sus huestes» (Salmos 33:6). Y a continuación explica el versículo citado: «Por la palabra de El Eterno fueron hechos los Cielos»: estos son los Cielos de lo bajo, asociados con el Tiferet de los mundos inferiores, que fueron hechos por la palabra de los Cielos de lo Alto, del Mundo de Atzilut, gracias al soplo que hace surgir la voz, hasta que la abundancia del Tiferet llega a ese río, el Iesod, que corre y surge, y cuyas aguas nunca cesan, y que luego alcanzan al Maljut, encargado de continuar la influencia sobre los mundos inferiores. Y lo que está determinado que «y por el soplo de Su boca todas sus huestes», se refiere a que todos los seres de lo bajo, es decir, todos los ángeles, los serafim, los ofanim, y las almas de Israel, que se encuentran en los tres mundos inferiores, existen por el soplo, que es masculino y que influye a través del aspecto femenino. Y sobre lo escrito: «Desde Su alta morada irriga las montañas, del fruto de

Sus obras se sacia la Tierra» (Salmos 104:13), se pregunta: «**Desde Su alta morada irriga las montañas**»: ¿Quién es esta «alta morada»? **Tal como fue dicho** anteriormente (32b), **porque está escrito: «Establece en las aguas Su morada»** (*Ibíd.* 3) en referencia al Zeir Anpín que rectifica al Maljut, la cual, a su vez, irriga a los heijalot de los tres mundos inferiores; y sobre lo escrito que «**del fruto de Sus obras se sacia la Tierra**» (*Ibíd.* 13) **se refiere al misterio de ese río que fluye y surge en lo bajo,** el Iesod, el cual entrega su abundancia espiritual Maljut, la Tierra, **tal como está escrito: «Hizo fruto cuya semilla está en él...»** (Génesis 1.11), **tal lo dicho.**

Acerca del versículo de la obra de Creación: «**Haya luminarias en el firmamento de los Cielos para iluminar la Tierra**» (*Ibíd.* 14), notamos que la expresión «**Haya luminarias**» –*meorot*– aparece **carente** en el original hebreo, es decir, sin la letra Vav, lo cual señala que le falta la influencia espiritual del Zeir Anpín. **Rabí Jizkia dice** al respecto que se trata de «**luminarias**», es decir, la lumbrera menor, el Maljut, **cuando mora en ella el poder del juicio,** y está **absorbida por el juicio** que se aferra a ella. **Rabí Iosei dice** y enseña a modo de discrepancia que la expresión «**Haya luminarias**», **en lo bajo designa a la Luna,** asociada al Maljut, la cual recibe influencia espiritual del Iesod, gracias al servicio espiritual de los hombres, y **de la que depende** también **la difteria de los niños pequeños del mundo** cuando los hombres desvían su camino, **y de la que dependen las maldiciones,** o más específicamente, la maldita Lilit la cual provoca estos males y estas enfermedades; **porque ella,** el Maljut, **es la más pequeña de todas las luces,** las sefirot, **y a veces** incluso **oscurece y no recibe** ninguna **luz,** y entonces se transforma en un punto y con toda facilidad las cáscaras o klipot pueden nutrirse de ella.

Sobre la expresión «**en el firmamento de los Cielos**» (*Ibíd.*) se aclara que **es el firmamento,** el Iesod, **que comprende a todos, porque toma todas las luces y alumbra a la luz que no ilumina** con luz propia, el Maljut, **(y ella depende de él debido a que se le apegó esa maldición y de él dependen abajo todas las otras especies debido a la poca luz). Rabí Itzjak dijo,** en discrepancia con lo enseñado anteriormente por Rabí Iosei, que el Maljut recibe únicamente su luz del Iesod, que en realidad el Maljut recibe la influencia espiritual de todas las sefirot superiores, aunque a través del Iesod, quien **hace surgir ese firmamento que no ilumina,** el Maljut, el cual carece de luz propia, lo cual es sugerido por el modo carente en el que es escrito en el texto bíblico, **y que es denominado «Reino de los Cielos»,** porque recibe luz del Zair Anpín denominado «Cielos», **y «Tierra de Israel»,** ya que también el Zeir Anpín es llamado «Israel», **y «Tierra de la vida».** Y el motivo por el cual está escrito **«los Cielos»,** –*hashamaim*–, con la letra Hei, y no «Cielos», **es** para señalar a **aquel que ilumina a ese firmamento, y por esta razón,** cuando el Maljut no recibe luz, la palabra **«luminarias»** –meorot– **es carente:** le falta la letra Vav. **¿Por qué? Porque esa** palabra **sin la Vav, es la muerte para el mundo.** Otra explicación de la carencia de la letra Vav: **«Haya luminarias»,** carente, porque **todo depende de ella, incluyendo a Lilit en el mundo,** para determinar la ley espiritual que indica que si los hombres pecan, entonces la luz no llega al Maljut y los mundos inferiores son afectados. ¿De dónde lo aprendemos? **«El pequeño y el grande están allí»** (Job 3:19), en referencia a Lilit y a Maljut respectivamente, **y está escrito: «Es allí** –en el Maljut– **solamente que El Eterno es magnífico para nosotros»** (Isaías 33:21), **y sobre esto,** es decir, sobre que Lilit forma parte de la conducción del mundo, que depende del Maljut, y que sirve para castigar a los hombres, **está escrito: «Es allí solamente que Lilit tendrá su morada y encontrará reposo»** (*Ibíd.* 34:14). En resumen: por eso está escrita la palabra *meorot* de modo carente, sin la letra Vav, para indicarnos que cuando los hombres pecan, inmediatamente se crea un lugar del que vienen a nutrirse las klipot, y esto conlleva el mal en los mundos inferiores. Y es importante destacar que estos males no provienen del santo Maljut, pues en él todo es bueno, sino de las klipot que se apegan y se aferran a lo más bajo de todos los niveles del Maljut.

Rabí Elazar dijo a modo de discrepancia: **«Que haya luminarias»** –meorot–, **es un lente que no ilumina por sí mismo,** tal como el Maljut es definido, sino por mediación de las luces supremas que lo iluminan, como una lámpara que toma la luz de la vela que ilumina, aunque no se trata de una luz propia.

Está escrito en el libro de Josué: «He aquí el Arca del pacto del Señor de toda la Tierra» (3:11). Ahora se explica el versículo: «He aquí el Arca» es el lente que no ilumina, pues el Arca está asociada con el Maljut, mientras que «el pacto», relacionado con el Iesod, es el lente que ilumina. Otra explicación: «He aquí el Arca» es la palabra «luminarias» escrita defectuosamente y asociada con el Maljut, mientras que el Arca es el receptáculo en el que se introduce en su interior la Torá escrita. Por su parte «el pacto» es el Sol que la ilumina, al Maljut, y ella también es y forma parte de un pacto cuando se encuentra junto a él y es iluminada por él, lo cual se expresa precisamente: «El Arca del pacto». Y lo que está escrito que es el «Señor de toda la Tierra» (Ibíd.) se refiere a «al pacto» que es el Señor de toda la Tierra: el Iesod es el señor del Maljut. Y debido a que esa Arca es el «Señor», gracias al Sol que la ilumina y que ilumina el mundo entero, así también es denominada «Señor» [34a] y de él toma su nombre. Y es denominada esa Arca, el Maljut, «Señor» –Adón– según el misterio de las letras Alef, Dalet, Iud, Nun, de la misma manera que decimos Justo –Tzadik– en referencia al Iesod y Justicia –Tzedek– en referencia al Maljut, así también Señor –Adón– en referencia al Iesod y Mi Señor –Adonai– en referencia al Maljut, el uno depende del otro: el Maljut depende del Iesod.

Ven y observa: las estrellas, que son el misterio de los jasadim, y las constelaciones, que son el misterio de las gevurot, existen por el pacto, el Iesod, que es denominado «el firmamento de los Cielos», porque están inscritas sobre él y grabadas sobre él las estrellas y las constelaciones, y de él dependen para poder emitir luz al Maljut. Rabí Ieisa Sava solía decir así a modo de interpretación del versículo: «Que haya luminarias», el Maljut, que está suspendida en el firmamento de los Cielos, es decir, de él depende, y se refiere a la Luna que está suspendida en él, debido a que está escrito después: «Y fueron por luminarias», en este caso escrita la palabra de modo completo, y ciertamente he aquí que se refiere a el Sol, el Tiferet, cuya luz es íntegra. Es decir, el Maljut se dispone a recibir la luz del Tiferet a través del Iesod, de acuerdo con el misterio de la unificación. Y le expresión del versículo «y por estaciones», es porque la santidad de los tiempos sagrados y las festividades, los comienzos de los meses y los Shabat, de ellos dependen y devienen, de la unificación del Iesod y el Maljut, porque la luz con la que el Iesod ilumina al Maljut es la luz que ilumina durante los tiempos sagrados de Israel, y todo lo relacionado con la santidad del tiempo depende de la suprema obra original, en relación a la Biná, a la que se une el Nombre Santo, y el acoplamiento espiritual aquí sugerido a partir de la Biná es todo.

Hay siete estrellas en el Maljut en correspondencia con los siete firmamentos y todas dirigen al mundo, al Maljut, y el mundo de lo Alto, la Biná, se encuentra sobre ellas. Hay dos Rostros denominados mundos: el mundo de lo Alto, la Biná, y el mundo de lo bajo, el Maljut: el de lo Bajo es semejante al de lo Alto, es decir, el Maljut dirige a los tres mundos de lo bajo tal como la Biná dirige al mundo de Atzilut, como está escrito en hebreo de modo literal: «Desde el mundo y hasta el mundo» (1 Crónicas 16:36): la Biná, a través del Tiferet, transmite la abundancia espiritual al Maljut. Existe también un rey de lo Alto que es la Biná y un rey de lo bajo que es el Maljut. Se analiza: Está escrito: «El Eterno reina» (Salmos 10:16), «El Eterno reinó» (Éxodo 15:18), «El Eterno reinará para siempre»: «El Eterno reina» en lo Alto, en referencia a Arij Anpin, el cual se encuentra por encima de todos los Rostros; «El Eterno reinó» en el medio, en referencia al Padre y a la Madre, quienes se encuentran entre Arij Anpín, y Zeir Anpín y Nukva. «El Eterno reinará» en lo bajo, en alusión a Zeir Anpín y Maljut.

Rabí Aja dijo a modo de discrepancia: Las palabras «El Eterno reina» es el mundo de lo Alto que es el Mundo Venidero, en referencia a la Biná; «El Eterno reinó» es el Tiferet de Israel que es el Zeir Anpín, y «El Eterno reinará» es el Arca del pacto: el Maljut.

En otro momento llegó David y los invirtió de abajo hacia arriba, y dijo: «El Eterno reina para siempre –*olam vaed*–» (Salmos 10:16), es decir, **«El eterno reina»** en lo bajo, el Maljut; *«olam»* en el medio, el Tiferet; *«vaed»* en lo Alto, en la Biná, porque allí es el lugar de unión de todas las luces, existencia y perfección de todo. Además se explica que el rey en lo Alto reinará en lo bajo en un futuro, cuando todos reconozcan su reinado.

Rabí Aba dijo: todas esas luminarias, las estrellas y las constelaciones, todas se reúnen en el firmamento de los Cielos, el Iesod, para «iluminar la Tierra» (Génesis 1:17), para alumbrar sobre la Tierra: el Maljut. ¿Quién es este firmamento que ilumina la Tierra? Es necesario decir que es el río, el Iesod, que fluye y surge del Edén, Ima, como está escrito: «Y salía del Edén un río para regar el jardín» (Génesis 2:10). En resumen, todo este fluir espiritual busca regar el «jardín», el Maljut.

Ven y observa: cuando la Luna ejerce dominio, en referencia al Maljut, y es iluminada por ese río que fluye y brota, el Iesod, todos esos Cielos de lo bajo y sus huestes, todos aumentan su luz. Y las estrellas que están encargadas sobre la Tierra, todas gobiernan y hacen brotar plantas y árboles, y el mundo se multiplica en todo. E incluso las aguas y los peces del mar, todos sobremanera se multiplican, y muchos guardianes de justicia sobrevuelan el mundo, porque todos se regocijan con enorme poder. ¿A qué se parece esto? A cuando el regocijo se encuentra en la casa del Rey, incluso esos guardianes de los portones, e incluso los guardianes de las mujeres, todos se regocijan y sobrevuelan el mundo y debido a su excesivo regocijo pueden provocar daños. Y entonces los niños pequeños del mundo requieren protección.

Rabí Aja dijo y enseñó acerca del versículo: «Elohim los ubicó en el firmamento de los Cielos» (Génesis 1:17). Y cuando todos los jasadim y las gevurot **residen en él,** en el Iesod, **entonces** el Zeir Anpín y Nukva **uno se regocija con el otro** de acuerdo con el misterio de la unificación, **y entonces la Luna reduce su luz en presencia del Sol, y todo lo que toma es para iluminarla** a la Tierra, al Maljut, **como está escrito: «Para iluminar la Tierra»** (*Ibíd.*).

Rabí Itzjak dijo: está escrito: **«La luz de la Luna,** el Maljut, **será como la luz del Sol,** el Zeir Anpín, **y la luz del Sol será siete veces más fuerte que la luz de los siete días»** (Isaías 30:26), en referencia a siete sefirot. ¿Cuáles son los siete días? Estos son los siete días del principio.

Rabí Iehuda dijo: estos son los siete días de la inauguración del Tabernáculo, tiempo de la futura llegada del Mesías: **ciertamente los** días **de inauguración,** cuando cada día de la semana iluminará con su propia luz, **porque en ese** lapso de **tiempo el mundo se endulzará,** se rectificará, **y recobrará su perfección, y la Luna,** el Maljut, al igual que durante los días del rey Salomón o antes de la caída del Primer Hombre, y **no será afectada por la malvada Serpiente,** de la que está escrito: **«El murmurador separa al Creador»** (Proverbios 16:28), ya que esa es la misión de de la Serpiente: separar entre el Zeir Anpín y la Nukva, tal como lo sugiere el relato bíblico de Adán y Eva, lo cual provoca la interrupción de la abundancia espiritual en los mundos inferiores. **¿Y cuando será esto** que la Luna será rectificada? **En el tiempo sobre el que está escrito** en el versículo: **«Se anulará la muerte para siempre»** (Isaías 25:8). **Y tal como está escrito** también: **«En ese día El Eterno será Uno y Su Nombre Uno»** (Zacarías 14:9), tiempo en el que la unificación entre Zeir Anpín y Nukva será completa.

Acerca del quinto día de la Creación escribe la Torá: **«Que en las aguas proliferen seres vivos** –*nefesh jaiá*–**»** (Génesis 1:20). **Rabí Elazar dijo: estas son las aguas,** las femeninas, **de lo bajo,** del Maljut, **que dan a luz especies** de ángeles **similares a las de lo Alto,** de Ima, sólo que **éstos superiores** pertenecen al Mundo de Atzilut **y éstos inferiores** a los tres mundos inferiores. **Rabí Jia dijo: las aguas de lo Alto hacen surgir «seres vivos».** ¿Y quién son estos «seres vivos»? **Es el alma del Primer Hombre** que surge de Ima, **como está dicho: «Y fue el hombre un ser viviente** –*nefesh jaiá*–» (*Ibíd.* 2:7).

A continuación El Zohar se refiere a dos niveles de ángeles, enviados por El Eterno: 1. aquellos que cumplen con su misión, modifican su forma y se presentan ante los hombres con cuerpo físico. 2. aquellos que no se presentan de un modo «físico» y que jamás modifican su forma. Sobre lo escrito: **«Y que aves vuelen sobre la Tierra»** *(Ibíd.):* **son los mensajeros de lo alto,** los ángeles denominados ishim, cercanos a los hombres, **que se aparecen a los hombres con aspecto humano,** lo cual **surge de lo escrito: «vuelen sobre la Tierra»** que significa: revístanse con vestimentas «físicas» en la Tierra. **Porque existen otros** ángeles **que no se aparecen sino sólo en espíritu, concretamente, de acuerdo con la** capacidad de aprehensión de la **mente de** cada uno de **los hombres [34b]. Y por ello no está escrito sobre éstos «según su especie»,** a diferencia de esos **otros sobre los que está escrito: «todas las aves aladas según su especie»** (*Ibíd.* 21), **porque éstos,** los primeros, sobre los que está dicho «según su especie», **no cambian** ni modifican **jamás de especie, a diferencia de los otros sobre los que no está escrito «según su especie»** ya que ellos sí modifican sus formas espirituales. **Y si dijeras** que en realidad viene a enseñar que **hay entre ellos especies diferentes una de otra,** y que no se refiere esta expresión a la posibilidad de modificar y transformar sus formas sino a que existen distintos tipos de ángeles y seres espirituales, unos asociados al aspecto del agua, el Jesed, otros al fuego, la Gevurá, etc,, **ciertamente así es que hay entre ellos que son diferentes éstos de aquéllos,** pero esto no se aprende de la expresión «según su especie» sino **por lo que está escrito** en el versículo: **«y de allí** –a partir del Mundo de Beriá– **se separa»** (*Ibíd.* 2:10) y comienzan a aparecer ángeles de diferentes niveles y distintas especies, lo cual no sucede en el Mundo de Atzilut.

Se continúa explicando el relato bíblico: **«Y Dios creó los enormes animales acuáticos** –taninim– **gigantes del mar»** (*Ibíd.* 1:21), es decir, **éstos son el Leviatán y su pareja,** que son el misterio de los cuatro ángeles: Uriel, Refael, Mijael y Gabriel, los encargados de los cuatro campamentos de ángeles de la Shejiná, ya que cada uno tiene su contraparte femenina. **«Y todos los seres vivos que reptan»** *(Ibíd.)*, **es el alma de ese ser vivo** –*jaiá*– encargado del juicio y asociado con el Maljut, **que repta** y ejerce su dominio **por las cuatro direcciones del mundo. ¿Y quién es ese ser vivo** –*jaiá*– **que repta? He aquí que diremos que es Lilit,** asociada con los rigurosos juicios que gobiernan durante las horas de la noche. Y el sentido de la continuación del versículo: **«...con los que se colmaron las aguas según sus especies»** *(Ibíd.*) se refiere a que **las aguas** de los Jasadim **los generan. Porque cuando llega el** viento del **Sur,** y se despierta el Jesed, **las aguas** que se congelaron debido al viento del Norte asociado con la Gevurá, **se descongelan y fluyen en todas las direcciones, y las naves del mar,** es decir, los ángeles, **pueden recorrer y atravesarlas** para cumplir sus encargos espirituales, **como está escrito: «Allí andan las naves, ese Leviatán que Tú has creado para jugar en él»** (Salmos 104:26).

Se retorna al versículo del Génesis: **«Y todas las aves aladas de todas las especies»** (1:21), **como está dicho: «Porque las aves de los Cielos llevarán la voz** –lo que hace referencia a los ángeles que sobrevuelan el mundo atendiendo las acciones de los hombres, elevando sus voces hacia lo alto y prestando sus testimonios en las alturas– **y el poseedor de alas difundirá la palabra»** –en referencia a Matatrón, el encargado de todos los ángeles (Eclesiastés 10:20).

Rabí Iosei dijo a modo de discrepancia con la enseñanza anterior acerca de los tipos y categorías de ángeles: **todos poseen seis alas, y no cambian jamás, y por eso está escrito: «Según su especie». ¿Qué significa «según su especie»? Según la especie de lo Alto** y no otra, es decir, nunca se presentan con forma humana. **Y estos vuelan y sobrevuelan el mundo con seis** alas, **observan las acciones de los hombres y las hacen ascender a lo Alto, y sobre esto está escrito: «No maldigas al rey, ni aún en tus pensamientos...»** *(Ibíd.*), porque los ángeles atestiguarán contra ti en lo Alto.

Rabí Jizkia dijo: Está escrito aquí: «Y Dios creó los enormes animales acuáticos gigantes del mar y todos los seres vivos **que reptan** –*haromeset*–» (Génesis 1:21), sin embargo, ¡**«que proliferan** –*hashoretzet*– **debería estar** escrito»! (*Ibíd.* 20). Es decir, pregunta acerca del cambio en la utilización del lenguaje, lo cual nunca en la Torá es una mera casualidad o una simple modificación lingüística. **Sino que se dice** y se traduce la palabra hebrea **«repta»** al idioma arameo por **«noche»,** y **sobre esto** está escrito: «**En ella,** durante la noche, **reptan todos los animales del bosque»** (Salmos 104:20), **porque todos** los espíritus que buscan aplicar justicia **ejercen su gobierno cuando ella,** el Maljut, **gobierna, e irrumpen en cántico en las tres guardias en las que se divide la noche, y pronuncian cánticos y no callan,** ya que fueron creados solamente para cantar, **y sobre éstos está escrito: «Los que recordáis a El Eterno, no calléis»** (Isaías 62:6).

Rabí Shimón se incorporó y dijo acerca del sexto día y de la creación del Hombre: **estuve observando** y meditando acerca de la creación de Adán y Eva: **cuando el Santo, Bendito Sea, quiso crear al hombre, todos** los seres **comenzaron a temblar en lo Alto y en lo bajo,** ya que entonces, a partir de esta creación, lo principal de la Presencia Divina moraría en los mundos inferiores **y el sexto día,** en referencia a la sexta sefirá, Iesod, a través de la cual suben las aguas femeninas desde los mundos inferiores, **ascendía gradualmente hasta que ascendió hasta la suprema Voluntad,** Ima, **y** entonces **iluminó la primera de todas las fuentes luces,** Ima, para generar la unificación de Zein Anpín con Nukva que había ascendido. **Y abrió** Ima **la puerta del Este,** el Tiferet, **pues de allí surge la luz** de Ima, **y el Sur,** el Jesed, **mostró el poder de su luz que había heredado del principio, y fue fortificada por el** flanco **y por la luz del Este. El Este fortaleció al Norte,** la Gevurá, **y el Norte se despertó y se desplegó y llamó al Oeste con gran poder,** es decir, al Maljut, **para que se aproximara y participara con él,** el Zeir Anpín, **y entonces el Oeste ascendió en el Norte y se unió a él. Después el Sur llegó y se unió al Oeste, y lo rodean el Sur y el Norte, que son los**

límites del Jardín. Entonces el Este se aproximó al Oeste, y el Oeste rebosaba de alegría, y solicitó de todos los Rostros y dijo: «Hagamos al hombre a nuestra imagen, conforme a nuestra semejanza» (Génesis 1:26), es decir, que cada uno otorgara su porción para la creación del hombre, **para que sea** creado **de ese modo: de las cuatro direcciones, lo Alto y lo Bajo. El Este se unió al Oeste y lo hizo surgir** entonces el Maljut al alma del Primer Hombre. **Y sobre esto aprendimos** en el Midrash Raba (14:8): **Adán emergió del lugar del Templo,** en referencia al Maljut.

Además: las palabras **«Hagamos al hombre»** significan que **el Santo, Bendito Sea, dijo a los** seres **de lo Bajo,** como alguien que se aconseja con otro, en relación a los Rostros pertenecientes a los tres mundos inferiores, entidades espirituales **que provienen del lado de lo Alto, el misterio de ese Nombre** –Mem Hei– **que asciende** al valor numérico de «hombre» –Adam–. Además se agrega que **«Adam» proviene del supremo y oculto misterio,** en referencia a la Sabiduría –Jojmá–, palabra hebrea que también puede ser dividida en dos: *koaj ma,* el poder de Ma; también **Adam,** conforma el **misterio de las letras** que sugiere al Mundo de Atzilut, **ya que** el nombre **Adám contiene a lo Alto y contiene a lo bajo: Adam: la Alef** sugiere a lo de **Arriba Arriba,** lo más elevado, lo Maravilloso –pele–; **la Mem cerrada,** lo cual alude a Ima, **ya que es una Mem** similar a la del texto hebreo de *«milmarbé hamisrá»,* es decir «Lo dilatado de su imperio» (Isaías 9:6), versículo en el que la letra Mem aparece cerrada; y la letra **Dalet de Abajo** sugiere al Maljut **porque es cerrada en el Oeste, y esto** es que el hombre **incluye a lo Alto y a lo bajo, fue instaurado desde Arriba y fue instaurado desde abajo. Cuando esas letras descendieron a lo bajo,** lo hicieron **todas como una, en su forma completa** para incluirse en el hombre del mundo inferior, en la cual **se encuentra** de modo conjunto lo **masculino y lo femenino.**

Y también se relata que al ser creado el hombre **lo femenino estaba adherido a su lado,** o más precisamente, a su espalda, ya que el hombre fue creado en un comienzo con dos caras, la masculina y la femenina, **hasta que** El Eterno **hizo caer sobre él** –Adán– **un sue-ño, y quedó dormido, y se encontraba recostado en el lugar del Templo,** el cual corresponde con el Gan Eden **en lo bajo.** Y el Santo, Bendito Sea, lo cortó y dividió, separando de él al aspecto femenino, **y la preparó** y la adornó **como se prepara a una novia y se la trajo** y presentó a Adán para que pudiesen mirarse por primera vez cara a cara, ya que hasta ahora, si bien estaban unidos, no podían mirar-se a los ojos, **tal como está escrito: «Tomó uno de sus costados y cerró la carne en su lugar»** (Génesis 2:21). Es decir: **«Tomó uno de sus costados»: «tomó uno» precisamente,** en hebreo exactamente *«ajat»,* «una», lo cual indica que había otra mujer: Lilit. **En los libros de los antiguos** sabios **encontramos,** tal como también se señala se-guidamente en El Zohar (Levítico 19a), que el «otro costado», el que no fue tomado, **era Lilit,** denominada también «la primera Eva», **la primera que estuvo junto a él** en el momento de la Creación **y con-cibió de él** y así absorbió ella los poderes negativos que se apegaron a él cuando fue creado su cuerpo. **Pero ella no era una ayuda para él,** ya que no hacía ascender «aguas femeninas» durante el acoplamien-to, **como está escrito: «Pero para Adán no encontró ayuda frente a él»** (*Ibíd.* 20). **¿Qué significa ayuda?** Un respaldo –*semej*–, lo cual también sugiere que la letra hebrea Samej no aparece en la Torá hasta la creación de la mujer, lo que indica que el hombre, hasta ese momen-to, no tenía en quién apoyarse, **hasta ese momento sobre el que está escrito: «No es bueno que el hombre esté solo, le haré una ayuda para él»** (*ibid* 18), lo cual señala que ahora sí se une a «la segunda Eva», quien se transforma en su apoyo del lado de la santidad. **Ven y observa: Adán fue el último de todo** lo creado durante los seis días de la Creación del mundo, **porque correspondía que llegue a un mundo completo,** pues el hombre es lo principal de la Creación y co-rrespondía que entrara cuando ya todo estaba en su lugar adecuado.

Además Rabí Shimón dijo y enseñó: **está escrito** en el relato bíblico de la creación del mundo: **«y todo arbusto del campo to-davía no estaba en la Tierra y toda hierba del campo todavía no había brotado, pues El Eterno Dios no había enviado llu-**

via sobre la Tierra...» (*ibid* 4). Ahora se explica: «Y todo arbusto del campo» éstos [35a] son los grandes árboles, en relación a los Rostros inferiores, después de ser plantados cara a cara por El Eterno, pero antes de que fueran separados y colocados de frente eran pequeños.

Ven y observa: Adán y Eva, uno al lado del otro fueron creados o, más exactamente, de espaldas, tal lo explicado. ¿Por qué no fueron creados cara a cara? Porque está escrito: «pues El Eterno Dios no había enviado lluvia sobre la Tierra...» (*ibid*), en referencia a la abundancia espiritual de Aba e Ima que aún no había llegado al Maljut para rectificarla, y la unión de los aspectos masculino y femenino inferiores no se encontraba establecida del modo como debía ser sino de espaldas, lo cual provocó que también Adán y Eva se ubicasen de este modo. Pero cuando se rectificó ésta de lo bajo, Eva, separándose de Adán a través del corte o *nesirá*, y se volvieron cara a cara, entonces tal y de acuerdo con este modelo, sucedió en lo Alto. Es decir, se establece una correspondencia esencial entre estos aspectos masculino y femenino inferiores y Adán y Eva. Ahora bien: ¿de dónde sabemos que los mundos superiores dependen de los inferiores? Del Tabernáculo, tal como está escrito: «El Tabernáculo fue erigido» (Éxodo 40:17) y no está escrito que Moisés lo erigió, porque otro Tabernáculo, el de lo Alto, fue erigido al mismo tiempo que éste, el Tabernáculo de la Shejiná, y hasta que en lo bajo no fue establecido, no fue establecido en lo Alto. Es decir, lo que sucede en lo Alto depende directamente de los actos de los hombres. Lo mismo aquí: cuando fue establecido en lo bajo y formada Eva, fue establecido en lo Alto su correspondencia con el Maljut. Y como hasta ahora no fue establecido en lo Alto el Maljut de un modo separado del Zeir Anpín, Adán y Eva no pudieron ser creados cara a cara, y el texto lo prueba: «pues El Eterno Dios no había enviado lluvia sobre la Tierra...» (Génesis 2:5) y por esto «no había hombre» (*ibid*), porque no estaba rectificado cara a cara sino de espaldas, lo masculino y lo femenino.

Y cuando Eva fue completada a través de la Nesirá, el corte, Adán fue completado. Y antes de esto no estaba completo porque un hombre no puede estarlo sin una mujer, y el misterio de esto es que hasta aquí no se encontraba la letra Samej en la sección correspondiente en la Torá, sino que solamente es mencionada con respecto a los ríos, lo cual también es explicado en detalle por el Midrash (Bereshit Raba 17:9). Y a pesar de que los compañeros dijeron que la letra Samej señala que Eva fue creada junto con el Satán, pero de todos modos la Samej es e implica principalmente la ayuda, la de lo femenino a lo masculino, y esto representó una ayuda en lo Alto, gracias a la cual se volvieron cara a cara en lo Alto, es decir, lo masculino y lo femenino se apoyan uno en correspondencia con el otro. Y ciertamente sobre esto dice el versículo: «Afirmados –*smujin*– eternamente y para siempre, hechos en verdad y en rectitud....» (Salmos 111:8): «*smujin*» son lo masculino y lo femenino, que están afirmados como uno.

(Otra explicación: estos «*smujin*» son el mundo de lo Bajo y el mundo de lo Alto cuando se vinculan mutuamente, porque hasta que no se establece el mundo de lo Bajo, no se establece ese mundo de lo Alto, tal como lo dijimos). Es decir, como fue explicado acerca del versículo «pues El Eterno Dios no había enviado lluvia sobre la Tierra...», porque uno, el mundo superior, se apoya en el otro, el mundo inferior y su correspondiente rectificación, y cuando este mundo de lo Bajo se establece y rectifica a través del corte entre Adán y Eva, y se volvieron cara a cara, rectificándose, entonces encontramos la letra Samej en lo Alto. Porque en tiempos anteriores a que esto sucediera la obra no estaba rectificada, porque «El Eterno Dios no había enviado lluvia sobre la Tierra...». Y uno depende del otro, tal como ha sido explicado.

¿Qué está escrito después del versículo anteriormente analizado? «Ascendió una bruma de la Tierra –en referencia a las «aguas femeninas»– y regó toda la superficie del suelo» (*ibid* 6), lo cual alude y es la rectificación de lo bajo, después que «y regó toda la superficie del suelo» (*ibid*), en clara alusión a las «aguas masculinas» que descienden desde los mundos superiores.

Además: «Ascendió una bruma de la Tierra» (*ibid*): es el deseo de lo femenino hacia lo masculino. Otra explicación: ¿Por qué no había enviado lluvia a la Tierra? **Porque aún no se encontraba la rectificación de «ascendió...** de la Tierra», en referencia al poder que tienen los hombres a través de sus actos de provocar el asenso de de las «aguas femeninas», **y por esto,** una vez que el Primer Hombre comenzó a cumplir preceptos, **es que desde la Tierra de lo bajo se despertó la obra en lo Alto.**

Ven y observa que todo lo que llega desde lo Alto, primero requiere de un despertar en los mundos inferiores: **un humo asciende de la Tierra, primero,** y entonces **la nube se despierta «para hacer llover», y todo se une después, uno con el otro,** lo inferior y lo superior. **De la misma manera** sucede con los sacrificios: **el humo del sacrificio se despierta abajo** y asciende, **y provoca la perfección en lo Alto, y se une todo, uno con el otro y se completan. Del mismo modo** sucede **en lo Alto,** es decir, en el Mundo de la Emanación: **el despertar comienza desde abajo,** a partir del Maljut, **y después todo se completa. Y si no fuera que la Congregación de Israel,** el Maljut, **comienza con el despertar primero, no se despertaría en paralelo ese** aspecto masculino, el Zeir Anpín, **de lo Alto, porque por el deseo de lo Bajo se completa lo Alto.**

Rabí Aba dijo y preguntó: **¿Por qué está escrito: «El Árbol de la vida está en medio del jardín y el Árbol del conocimiento del bien y del mal»?** (*Ibíd.* 2:9). Ahora lo explica: **«El Árbol de la vida»: he aquí que aprendimos que era de un recorrido de quinientos años de marcha y que todas las aguas de la Creación se dividían en su base. «El Árbol de la vida»** se encontraba en **medio del jardín,** concretamente, **y tomaba todas las aguas de la Creación y las repartía en su base,** porque he aquí que ese río que fluía y surgía, él mora sobre ese jardín y entra en él, y de allí las aguas se dividían en varias direcciones. Ese jardín tomaba todo y **después surgía de él, y se dividían formando numerosos arroyos en lo Bajo,** como está escrito: **«Dan de beber a todas las bestias del campo»** (Salmos 104:11). **Como surgen de ese mundo supremo y riegan las montañas sublimes con perfume puro, y después, al** llegar al Árbol de la vida, se dividen en su base, partiendo en todas las direcciones, según su propio curso.

Y si consideramos que este Árbol se refiere al Maljut, cabe entonces preguntar: «Y el Árbol del conocimiento del bien y del mal» ¿por qué es llamado así, utilizando la expresión hebrea «*daat*», que alude a la unión, considerando que este árbol no está en medio de dos extremos, tal como lo sería la sefirá de Daat que media entre la Jojmá y la Biná? Pero el Árbol del conocimiento del bien y del mal, ¿qué es? No es sino que en realidad el Maljut también posee esta característica de unir y vincular porque se nutre de dos lados, el del Jesed, denominado «bueno», y el de la Gevurá, denominado «malo», y los conoce y reconoce a cada uno de estos lados como quien se nutre de lo dulce –el Jesed, la Bondad– y lo amargo –el Din, el Rigor–. Y debido a que se nutre de dos lados, y los conoce y los reconoce, y permanece entre ellos, es llamado de este modo: «bien y mal». Y todas esas plantaciones residen sobre ellos y en él se reúnen otras plantaciones supremas y éstas son llamadas «cedros del Líbano». ¿Quiénes son los «cedros del Líbano»? Son los seis días supremos, los seis días del principio que hemos mencionado. Y lo que está escrito acerca de «los cedros del Líbano que plantó» (Salmos 104:16), son plantaciones ciertamente que después tomaron consistencia.

Se retorna al tema de la letra Samej, la cual alude al apoyo y al soporte, tal como se aclaró anteriormente, aunque no es mencionada sino hasta la creación del hombre. Ahora se aclara que fue precisamente de aquí en adelante, tras la rectificación de Zeir Anpín y Nukva, cuando la letra Samej es mencionada en la Torá. ¿Qué es realmente esta letra hebrea y cómo se desentraña su sentido más profundo? Tal como lo señala el versículo: «Y cerró –*vaisgor*– la carne en su lugar» (Génesis 2:21). Porque Eva estaba en su flanco, detrás del Adán, y estaba uno al lado del otro, o, más exactamente, uno de espaldas al otro. En esta situación, evidentemente, Eva no podía servir de apoyo o ayuda para el Adán. Entonces ciertamente

El Santo, Bendito Sea, los arrancó y los replantó [35b] en otro lugar del Gan Eden, y se volvieron cara a cara para existir conjuntamente y Eva pudo ser el apoyo de Adán. De este modo se apoyan los mundos, y el Santo, Bendito Sea, los arranca y los replanta en otro «lugar» espiritual, aunque cara a cara, para que existan con una existencia plena.

Rabí Aba dijo: ¿De dónde sabemos que Adán y Eva eran denominados plantas? Porque está escrito: «Es el retoño que he plantado, la obra de Mis manos para glorificarme» (Isaías 60:21). «La obra de Mis manos» precisamente, porque no contribuyeron en ellos, en su creación, ninguna otra criatura. Y está escrito: «El día que las hayas plantado –*tesagsegui*– las harás crecer» (*ibid* 17:11), versículo en el que se relaciona el término hebreo enfatizado con la palabra *shogeg:* errar, pecar. Porque el mismo día en que fueron plantados en el mundo, se corrompieron.

Se enseña acerca de las sefirot que conforman al aspecto masculino inferior que las plantas eran finas como antenas de saltamontes y su luz era tenue y no iluminaban. Pero cuando fueron replantadas y rectificadas, su luz se intensificó y fueron denominados «cedros del Líbano». Resulta interesante destacar la enseñanza de nuestros sabios cabalistas que señalan que la palabra hebrea *Levanon*, Líbano, es el Notrikón de *Lev* y *Nun*, la primera de valor 32 y la segunda de valor 50, lo cual remite a los Treintadós senderos de Sabiduría y los Cincuenta Portales del Entendimiento. De la misma manera, Adán y Eva hasta ser replantados, no iluminaban intensamente a través de sus almas y no exhalaban perfume mediante sus actos. Ciertamente fueron arrancados y replantados y fueron rectificados como corresponde.

Volvemos al texto bíblico y se pasa al análisis detallado del siguiente versículo, a partir del cual se aprenden los siete preceptos ordenados a los hijos de Noé: «Y El Eterno Dios le ordenó al hombre, diciendo: «De todo árbol del jardín podrás comer; pero del Árbol del

Conocimiento del Bien y del Mal, no comerás; pues el día que de él comas, ciertamente morirás». **He aquí que se enseña** en el Talmud (Sanedrín 56b) que **no hay «orden»** –*tzav*– **sino en lo referente a la idolatría».** Es decir, el término hebreo *tzav* se refiere a la orden de no cometer idolatría, de lo cual se aprende que Adán fue compelido a no cometer esta trasgresión. Ahora bien, con respecto a los dos Nombres que aparecen en el versículo, **«El Eterno» alude a la blasfemia del Nombre; «Dios»** –Elohim– **designa a los jueces,** quienes deben ser muy cuidados en sus juicios monetarios y guiarse por las leyes de la Torá; **«al hombre» se refiere a** la prohibición de **verter sangre,** es decir, al asesinato (Génesis 9:6); **«diciendo» se refiere al descubrimiento** prohibido **de la desnudez** (Jeremías 3:1); **«de todo árbol del jardín»** sí puedes comer **pero «no robarás»** de los demás; **«podrás comer»,** es decir, de un animal que ha sido sacrificado para alimento **y no el miembro de un animal que aún vive. Y hermoso** y muy exacto es el modo como los sabios explicaron este versículo.

La explicación más profunda del versículo: **«De todo árbol del jardín podrás comer»** (*ibid*), es la siguiente: **se le permitió a él todo** árbol **pero comiéndolos juntos,** es decir, al fruto del Árbol del Conocimiento junto con el del Árbol de la Vida, provocando así la unificación de los aspectos masculino –Árbol de la Vida– y femenino –Árbol del Conocimiento–. **Porque vemos que Abraham comió, e Itzjak y Jacob, así como todos los profetas comieron y vivieron.** Es decir, estuvieron en contacto con la Shejiná pero unida al aspecto masculino. **Pero este Árbol** del Conocimiento solo, separado del Árbol de la Vida, **es el árbol de la muerte, y quien toma de él en forma aislada muere, porque he aquí que toma una droga de muerte, y sobre esto** precisamente fue escrito: **«pues el día que de él comas, ciertamente morirás»** (*ibid* 17) **porque separa las plantas.**

Rabí Iehuda preguntó a Rabí Shimón: he aquí que se nos enseña: el primer hombre estiró de su prepucio. ¿Qué significa? Rabí Shimón le respondió: pues separó el pacto sagrado de su lugar y lo dividió. Ciertamente estiró de su prepucio y abandonó

el pacto sagrado, y se apegó al prepucio, lo que le provocó su seducción por la palabra de la serpiente.

«Del fruto del árbol» (*ibid* 3:3): es la mujer; «No comeréis de él», porque está escrito: «Sus pies descienden a la muerte, sus pasos alcanzan el Sheol» (Proverbios 5:5). Y en ese árbol había fruto, porque en el otro no había fruto. «Pues el día que de él comas, ciertamente morirás» (Génesis 2:17): porque es el árbol de la muerte, como lo hemos dicho, tal como está escrito: «Sus pies descienden a la muerte».

Rabí Iosei dijo: el árbol del que hablamos, el Maljut, era regado desde lo Alto, del Iesod, y creció y se regocijó, como está dicho: «Del Edén surge un río que riega el jardín» (*ibid* 10). Es decir: el «jardín» es la mujer, el Maljut. «El río» es quien la penetra y la riega. Y entonces todo era uno. Pero a partir de allí, desde el Mundo de la Emanación y hacia abajo, los tres mundos inferiores, existe la separación, tal como está escrito: «Y de allí se separa» (*ibid*).

Acerca de «la serpiente» (*ibid* 3:1) Rabí Itzjak dijo y enseñó: es la tendencia al mal –Ietzer Hará– que seduce al hombre para que peque y se aleje del Creador. Esta mala tendencia, en el comienzo de los tiempos, se encontraba fuera del hombre, tal como lo aprendemos de la serpiente que existe como un ente independiente junto a Adán y Eva. Mas, tras comer del Árbol del Conocimiento del Bien y del Mal, esta fuerza maligna se introdujo en la persona y ahora no resulta tan sencillo identificarla. Es decir, mientras se encontraba fuera, el hombre podía dirigirse a ella en segunda persona y decir, de algún modo, «tú eres la serpiente», «tu eres el mal instinto». Pero una vez que el mal instinto se introdujo en el hombre, ahora se confunde con su propia voz y éste no sabe si es él mismo –su »yo»– quien lo incita a pecar, o la voz del mal instinto que permanentemente intenta desviarlo del camino del bien. Y Rabí Iehuda dijo a modo de discrepancia: es concretamente una serpiente la descrita por la Torá. Para aclarar su duda se presentaron delante de Rabí Shimón, el Maestro, y le consultaron al respecto. Rabí Shimón les dijo: ciertamente todo es uno y ambos tienen razón, y Samael era quien vino a seducir a Eva para que probara del Árbol, que representa al aspecto masculino, y él mismo fue que apareció montado sobre una serpiente, que representa al aspecto femenino, y la imagen de la Serpiente es Satán, que a su vez es el Mal Instinto, el *Ietzer Hará,* y todo es uno. Y así aprendimos que en ese momento Samael descendió de los Cielos montado sobre esa Serpiente, y su imagen fue vista por todas las criaturas y huyeron de él. Y entonces Samael y la Serpiente se aproximaron a la mujer para seducirla con palabras y de este modo provocaron la muerte al mundo.

Ciertamente con astucia trajo Samael maldiciones al mundo y atentó contra el primer árbol que el Santo, Bendito Sea, creó en el mundo. De acuerdo con la descripción siguiente, cabe afirmar que el «primer árbol» mencionado se refiere al Primer Hombre. Y este hecho dañino y destructivo, y el castigo correspondiente, dependía de Samael, hasta que llegó otro árbol santo, que es el patriarca Jacob, y tomó de él las bendiciones que realmente le pertenecían para que no fuera bendecido Samael en lo Alto y Esaú en lo Bajo. Y así como Samael actuó con astucia, de igual modo se comportó Jacob. Porque Jacob era similar al primer hombre, porque Jacob tenía la misma belleza del Primer Hombre (Talmud, Tratado de Bava Metzía 84a). Y sobre esto se enseña que así como Samael evitó que le llegaran las bendiciones del primer árbol, Adán, así también evitó Jacob, que es un árbol similar a Adán, de Samael, las bendiciones de lo Alto y de lo Bajo. Y Jacob de lo propio tomó en todo lo referente a las bendiciones, y sobre esto, esta disputa entre el ministro espiritual de Esaú, Samael, y Jacob, está escrito en la Torá: «Un hombre luchó contra él» (Génesis 32:24). Y tal como lo explican los sabios, «el hombre» que luchó contra el patriarca no era otro que Samael.

Está escrito en la Torá que «la serpiente era astuta» (*ibid* 3:1), en referencia al Mal Instinto –*Ietzer Hará*– que a su vez es el Mal Instinto y es el Ángel de la Muerte. Es decir, y tal como lo explican los sabios del Talmud (Bava Batra 16a), estos nombres perversos aluden a la misma fuerza del Mal que asume tres formas diferentes: primero tienta al hombre –Mal Instinto–, luego asciende a lo Alto y lo acusa –Satán– y luego desciende y toma su alma –Ángel de la Muerte–. **Y debido a que la serpiente es el Ángel de la Muerte, provocó la muerte de todo el mundo,** ya que nadie muerte –ni hombre ni animal– sin la intervención del Ángel de la Muerte: él es el responsable de matar a todo aquello que vive. **Y éste es el misterio de lo escrito: «El fin de toda carne ha venido ante mí»** (*ibid* 6:13). Es decir: **éste es el que pone fin a toda carne** viva, o lo que es lo mismo, el Ángel de la Muerte, **porque** es él, como se ha dicho, quien **toma el alma de toda carne y es llamado así,** «el fin de toda carne», por este motivo.

El pasaje bíblico continúa: **«Dijo a la mujer: conque –*af*–»** (*ibid* 3:1). **Rabí Iosei dijo: con** la palabra *af* que la serpiente **abrió su discurso y *af*,** la cólera, **instiló en el mundo. Le dijo [36a] a la mujer,** a Eva: **con este Árbol,** asociado con el Maljut, **creó el Santo, Bendito Sea, el mundo. Ciertamente, comed de él y «seréis como Elohim, conocedores del bien y del mal»** (*ibid* 3:5). **Porque he aquí que el también es** denominado **Elohim, su nombre es «Árbol del saber del bien y del mal», y por eso: «Seréis como Elohim, conocedores del bien y del mal»** (*ibid* 3:5).

Rabí Iehuda dijo a modo de discrepancia: **no dijo así la Serpiente,** es decir, éste no fue su argumento para seducir a la mujer, **porque si hubiese dicho que el Santo, Bendito Sea, creó el mundo con ese Árbol, hubiera sido lo correcto, porque él** Maljut **es** realmente **como un hacha en manos del leñador. Pero no dijo** esto, **sino que** argumentó que **el Santo, Bendito Sea, comió de este Árbol,** el Maljut, **y recién entonces creó el mundo, y** el motivo de la prohibición de comer del Árbol es porque **todo artesano odia a su colega.** Pero la Serpiente insistió en base a su explicación: **comed de él, y** entonces **vosotros** también **seréis creadores de mundos. Y sobre esto** dijo precisamente: **«Elohim sabe que el día que comáis de él seréis como dioses»** (Génesis 3:5), **y como Él sabe esto, os ha ordenado no comer de él.**

Rabí Itzjak dijo por su parte: en todas sus palabras, las de la Serpiente, había mentira. E incluso en lo primero que dijo también había mentira, tal como está escrito: «¿Acaso Dios dijo «No comeréis de ningún árbol del jardín»?» (*ibid* 3:1), pero en realidad no era así lo que le dijo El Eterno, pues he aquí que está escrito con toda precisión: «De todo árbol del jardín podrás comer» (*ibid* 2:16). Y todo le estaba permitido comer, es decir, todos los frutos de los demás árboles le estaban permitidos con excepción de los del Árbol del Conocimiento del Bien y del Mal.

Rabí Iosei dijo y enseñó que he aquí que hemos aprendido en el Talmud (Tratado de Sanedrín 56b) que el Santo, Bendito Sea, le ordenó a Adán sobre la prohibición de la idolatría, tal como está escrito en la interpretación de cada parte del versículo, como fue detallado anteriormente en relación a los siete preceptos noájicos: «Él ordenó» (*ibid*) se refiere a la prohibición de actos idolátricos «El Eterno», sobre la prohibición de maldecir el Nombre; «Dios» sobre los jueces; «al hombre», sobre el derramar sangre; «diciendo» sobre el descubrir la desnudez. Pero ¿cuántos hombres había entonces en el mundo que él necesitaba de todo esto? ¿Acaso no se encontraban en el mundo sino solamente Adán y Eva? Sino que ciertamente todo lo expresado sobre las prohibiciones fue sobre este Árbol del Conocimiento del Bien y del Mal, porque en él se reunían todos estos preceptos. Porque quienquiera que tomase únicamente de este Árbol, del Maljut, más no del aspecto masculino, crea la separación entre ellos, y la toma y la atrae a esta fuerza negativa y esta influye sobre las multitudes de lo Bajo reunidas en él, y toma y asume de esto modo la misma responsabilidad y el mismo castigo que si hubiera actuado en base a la idolatría, y provocado el derramamiento de sangre, y cometido el acto de descubrir la desnudez que prohíbe la Torá. Se explica: la idolatría, a través de esos grandes encargados de las naciones en lo Alto, a quien les hace llegar abundancia espiritual, lo cual es considerado un acto de idolatría; el derramamiento de sangre depende de ese Árbol porque está del lado del Rigor, la Gevurá, la cual provoca el asesinato y la muerte, **y además porque Samael está encargado de esto:** del derramamiento de sangre. Y se considera que comete la trasgresión **de la revelación de la desnudez porque** el Árbol está asociado con lo Femenino, es decir, **es una mujer, y es denominado «la esposa»** del aspecto Masculino, **y está prohibido invitar a una mujer sola, sino con su marido, para que no haya sospecha de adulterio. Y por eso sobre todos estos preceptos fue ordenado a través de este Árbol. Y si comió de él, todos los** preceptos detallados se considera que **transgredió, porque todos se reúnen en él. Rabí Iehuda dijo: ciertamente esto es así, que está prohibido aislarse con una mujer a solas, salvo que su marido se encuentre con ella.**

¿Qué hizo ese malvado Samael para completar su acto de se-ducción? **Dijo: he aquí que he tocado ese Árbol y no he muerto. También tú acércate, tócalo con tu mano y no morirás.** Es decir, le quiso demostrar que, así como si lo tocaba nada malo le sucedía, del mismo modo sucedería al comer de él. **Y esto él lo agregó por sí mismo** ya que la Torá prohíbe comer del árbol y no tocarlo.

Y esta treta le dio resultado ya que está escrito **inmediatamente: «La mujer vio que era bueno** el árbol como alimento, y que era un deleite para los ojos, y que el árbol era deseable como un medio para alcanzar la sabiduría, y ella tomó de su fruto y comió; y también le dio a su marido junto a ella y él comió.» (*ibid* 3:6). **¿Qué es lo que** ella **vio** que la llevó a tales conclusiones? **Rabí Itzjak dijo: ese árbol exhalaba aromas, tal como está escrito** sobre el Gan Eden: **«Como el olor del campo que El Eterno ha bendecido»** (*ibid* 27:27). **Y debido a este aroma que exhalaba** del Árbol **lo deseó para comer de él.**

Rabí Iosei dijo por su parte: **la vista fue** la que la llevó a comer, ya que una persona puede a través de una visión aguda distinguir entre el bien y el mal. **Rabí Iehudá le dijo** a modo de interrogante: **pero he aquí que está escrito: «fueron abiertos los ojos de ambos»** (*ibid* 3:1), lo cual demuestra que en un comienzo no veían de un modo agudo en particular. **Rabí Iosei le dijo: esa** primera **visión era acorde al Árbol,** la cual captaba de modo esencial al aspecto femenino, **tal como está escrito: «Y vio la mujer»** (*ibid* 3:6), **exactamente.** Pero la visión posterior al comer del Árbol se refiere a una visión más relacionada con los aspectos del mundo físico, razón por la cual notaron que estaban desnudos.

Se retorna al pasaje de la Torá y se interpreta: «Y vio la mujer que era bueno...» (*ibid*): vio como correspondía y no vio como correspondía. Y acerca de lo escrito que vio **«que era bueno»** significa que **vio que** el árbol **era bueno** porque el aspecto masculino iluminaba al aspecto femenino, **pero no se asentó en ella** de modo suficiente para que estos dos aspectos jamás fuesen separados o divididos. **¿Qué está escrito después** de este pasaje de la Torá? **«Y tomó de su fruto»** (*ibid*), el Maljut, **y no está escrito «y tomó de él»**, del Iesod, **y ella se apegó al sitio de la muerte,** es decir, al aspecto femenino sin el aspecto masculino, **y causó la muerte para todo el mundo. Y separó la vida de la muerte, y a través de este pecado** de comer del Árbol del Conocimiento **provocó la separación, separando a la mujer de su esposo; porque la voz** –*kol*–, el aspecto masculino, **de la palabra** –*dibur*–, el aspecto femenino, **no se separan jamás, y quien** comete esta trasgresión y **separa a la voz de la palabra queda mudo y no puede hablar. Y como es tomada de él la palabra, es entregado al polvo** de la tierra, es decir, a la muerte.

Rabí Shimón dijo: está escrito en el versículo del libro de los Salmos: **«Enmudecí en el silencio, y me callé hasta acerca del bien y no tuve consuelo»** (39:3). Ahora se explica: **«Enmudecí en el silencio»: este versículo** que los integrantes de **la Comunidad de Israel,** asociada con el Maljut, **dijeron en el exilio. ¿Por qué razón? Porque la voz,** relacionada con el aspecto masculino, **la conduce a la palabra,** asociada con el aspecto femenino. **Y debido a que ella,** la Comunidad de Israel, el Maljut, **se encuentra en el exilio, la voz se separa de ella y la palabra no puede ser escuchada** ya que no hay palabra sin voz. **Y sobre esto** está escrito: **«Enmudecí en el silencio...»** (*ibid*). **¿Por qué razón? Porque «me callé acerca del bien», porque no marcha la voz con ella,** y entonces la Comunidad de Israel dice: **«Por ti el silencio es una alabanza»** (Salmos 65:2). O más exactamente, y como lo interpretan los sabios cabalistas: Por ti, el aspecto masculino, el Maljut, que es denominado «alabanza», está en silencio. **¿Quién permanece en silencio? Es la alabanza** *–tehilá–* **de David que se acalla en el exilio y se calla sin voz. Rabí Itzjak dijo** y explicó: **¿Qué significa «Por ti»** (*ibid*)? **Por ti ella se acalla y permanece en silencio, porque se ha retirado de ella la voz.** Y todo esto tal como ha sido explicado y sugerido.

El pasaje de la Torá nos aclara con relación al Árbol del Conocimiento: **«Y tomó de su fruto»** (Génesis 3:6). **He aquí que se nos enseña** en el Talmud (Tratado de Sanedrín 70ª) que la intención del pasaje bíblico es enseñarnos que Eva **prensó uvas y se las dio** a Adán, es decir, le dio de beber vino, y de este modo **provocaron la muerte a todo el mundo. Porque en ese Árbol** del Conocimiento, asociado al Maljut, **reside la muerte,** ya que las klipot o cáscaras se aferran al Maljut, **y es un Árbol que gobierna durante la noche [36b]; y cuando él gobierna, todos los habitantes del mundo prueban el sabor de la muerte,** tal como se nos enseña en el Talmud que el dormir es como la sesentava parte de la muerte. **Pero esos poseedores de la fe se apresuran y le entregan sus almas en su cuidado** a través del rezo del Shemá Israel que se pronuncia antes de dormir, **y debido a que ella es** dada como **una prenda,** es decir, sus almas, y una prenda debe ser devuelta a su dueño, entonces por la mañana **regresan las almas a sus lugares,** cada una a la persona correspondiente, **y sobre esto: «Tu fe durante las noches»** (Salmos 92:3) **está escrito.** Es decir, los justos confían plenamente en que el Maljut, asociado con la noche, les devolverá sus almas, lo cual también explica el primer rezo que una persona pronuncia cada mañana al abrir sus ojos: «Doy gracias a Ti, Rey viviente y existente, que me has restituido misericordiosamente mi alma dentro de mí. ¡Abundante es tu fidelidad!». Este rezo es denominado comúnmente *Modé aní.*

Ahora el relato bíblico nos enseña acerca de Adán y Eva que **«entonces fueron abiertos los ojos de ambos»** (Génesis 3:7). **Rabí Jia dijo** al respecto: **sus ojos se abrieron para conocer los males del mundo, lo que no conocían hasta entonces,** en referencia a las kli-

pot o cáscaras que se apegan a la persona cuando se desvía del camino correcto. **Debido a que supieron y sus ojos se abrieron para conocer el mal, entonces «conocieron que estaban desnudos»** (*ibid*),
porque habían perdido el esplendor supremo que los cubría y los
envolvía como una vestimenta espiritual, **y que los había abando-
nado a ambos, quedando desnudos del mismo.** En pocas palabras,
les fue cambiada su vestimenta de luz por una vestimenta de piel.

Entonces ellos, Adán y Eva, al notar que estaban desnudos, **«cosieron hojas de higuera»** (*ibid*), es decir, **se apegaron para ser cu-
biertos bajo las sombras del mismo Árbol del que acababan de
comer, denominadas «hojas de árbol».** Luego se aclara: **«Y se hicieron cintos»** (*ibid*), sobre lo cual **Rabí Iosei dijo** y enseñó: **debido
a que adquirieron el conocimiento de** los deseos de **este mundo y
se apegaron a él, vieron que** cuando los hombres pecan **este mundo está conducido por esas «hojas de árbol»** que son las klipot
o cáscaras. **Y se hicieron para ellos una fuerza,** en alusión a los
cintos, **para fortalecerse a través de ella en ese mundo y entonces aprendieron todo tipo de hechicería del mundo y quisieron
ceñirse con esas especies de hojas del Árbol para defenderse** y
protegerse, creyendo que en ellas encontrarían un refugio adecuado.

Rabí Iehuda dijo y enseñó: tras cometer el pecado **entonces tres
comparecieron en juicio y fueron juzgados,** en referencia a la Serpiente, a Adán y a Eva, **y el mundo de lo Bajo fue maldecido** a
través de nueve maldiciones, tal como lo revelan los sabios cabalistas, **y no continuó con su existencia** plena **debido al veneno** espiritual **de la Serpiente** que inoculó en Eva y en su descendencia,
hasta que los integrantes de **Israel se situaron ante el monte Sinaí**
para recibir la Torá, momento en el que se interrumpió este veneno
espiritual, tal como se enseña en el Talmud (Tratado de Shabat 146a).
Ahora bien, **después** del pecado, **el Santo, Bendito Sea, los vistió
con vestimentas que la piel,** es decir, el cuerpo, **goza de ellas,** y
no el alma, **tal como está escrito: «Él les hizo vestimentas de piel
–or–»** (*ibid* 21), palabra hebrea conformada por tres letras: Ain, Vav y

Reish, **mientras que antes** de transgredir **poseían vestimentas de luz** –*or*–, palabra hebrea compuesta por tres letras: Alef, Vav y Reish, **las que utilizaban como los** entes **supremos de lo Alto,** los ángeles, **porque los ángeles supremos venían a gozar de esa luz** de las vestimentas originales, **tal como está escrito: «Lo has hecho poco inferior a los ángeles y lo has coronado de gloria y magnificencia»** (Salmos 8:6). Es decir, ahora sólo carecen de la vestimenta de luz. **Y ahora que pecaron** fueron recubiertos con **«vestimentas de piel», con las que la piel** y el cuerpo **goza de ellas y no el alma.**

Adán y Eva **después** de todos estos hechos **engendraron** descendencia. **El primer hijo** –Caín– **fue el hijo del veneno,** el cual surgió y absorbió del veneno espiritual que la Serpiente había inoculado en Eva. Porque los sabios cabalistas, guardando el misterio, nos enseñan que **dos** fueron los que **se allegaron a Eva** –Adán y la Serpiente– **y concibió de ellos, y dio a luz dos hijos** –Caín y Abel–: **éste salió según su especie,** el del Otro Lado, **y éste salió según su especie,** el Lado de la Santidad. **Y el espíritu de** cada uno de **ellos se separó, éste para un lado y éste para un lado, éste se parece a su lado y éste se parece a su lado. Del lado de Caín provienen todas las clases de especies malignas, los espíritus, los demonios y las hechicerías. Del lado de Abel, lado de mayor misericordia aunque no completa** –como si se tratase de **un buen vino** entremezclado **con un vino malo**– provienen criaturas conformadas por Santidad aunque sin embargo también por el veneno espiritual de la Serpiente, y debido a esto el mundo **no fue rectificado por él,** Abel. **Hasta que llegó Shet,** quien provenía del lado de Adán, **y surgieron de él todas las generaciones de justos de este mundo. Y con él se asentó el mundo,** lo cual es sugerido en su nombre propio, Shet, que está asociado con la palabra hebrea *tashtit*, base, asiento, **mientras que de Caín salieron todos esos osados, malvados y pecadores del mundo.**

Rabí Elazar dijo y enseñó: **cuando pecó Caín temió porque vio delante de él guerreros armados y venían a matarlo. Y cuando retornó** de su mal camino y se arrepintió, ¿qué dijo?: «He aquí que me echas hoy de la Tierra y de Tu faz me esconderé» (Génesis 4:15). ¿Qué significa «de Tu faz me esconderé *–esater–*?» ¿Acaso es posible esconderse de la presencia de El Eterno? Sino que en realidad quiso decir: seré destruido *–satir–* de mi obra, de mi cuerpo, si muero. Rabí Aba, por su parte, dijo y enseñó que lo dicho por Caín debe entenderse tal como está dicho en el libro de los Salmos: «Ni de él escondió *–astir–* su faz» (22:25) y también en el libro del Éxodo: «Moisés escondió su faz» (3:6). Y así entonces debe entenderse lo que dijo Caín: «de Tu faz me esconderé»: de esa, Tu faz, permaneceré escondido, porque no me supervisarás, y por ello «cualquiera que me hallare me matará» (Génesis 4:14) ya que careceré de la protección y supervisión divinas.

El pasaje de la Torá continúa relatando que «El Eterno puso una señal *–ot–* en Caín para que nadie que lo encontrara lo asesinara. …» (*ibid* 15). Mas ¿qué significa «una señal» *–ot–*? Una letra, *–ot–* de las veintidós letras de la Torá, le dio para protegerlo.

Rabí Iehuda dijo y enseñó: ¿Qué significa lo escrito: «Y aconteció que estando ellos en el campo Caín se levantó contra su hermano Hevel (Abel) y lo mató» (*ibid* 8)? ¿Qué es «el campo»? Es la mujer denominada Sadé, campo, la hermana gemela que había nacido con Abel, y por eso se incorporó Caín y lo mató, ya que de este lado, el izquierdo, heredó el poder de asesinar, es decir, del lado de Samael que provocó la muerte de todo el mundo al seducir a Eva y acarrearla a pecar. Y Caín estaba celoso *–kanei–* de Abel a causa de su aspecto femenino, su hermana gemela. Rabí Jia dijo a modo de discrepancia: ¡pero he aquí que vemos que está escrito: «Caín se enfureció y su cara cayó» (*ibid* 5), porque su sacrificio no fue aceptado! Rabí Iehuda le dijo: así es y todo estaba ante él, es decir, las dos razones juntas: la de la hermana gemela de Abel y la de su sacrificio que no había sido aceptado por El Eterno.

Rabí Iehuda dijo y enseñó: ¿Qué significa lo escrito: «ciertamente, si mejoras, serás perdonado. Pero si no mejoras, el pecado aguarda en la puerta» *(ibid 7)?* Sino que así dijo y esta es la intención del versículo: «Ciertamente, si mejoras tus actos, serás perdonado *–seet–».* ¿Qué significa la expresión *«seet»?* Como está escrito sobre Rubén, hijo de Jacob: «primero en rango *–ieter seet–»* *(ibid* 49:3), porque el primogénito es siempre el más estimado en todo, y esto depende de sus actos, y sobre esto El Eterno le dijo a Caín: «Ciertamente, si mejoras tus actos y alcanzas el nivel de un primogénito, serás perdonado. Pero si no mejoras, el pecado aguarda en la puerta» *(ibid* 7). Ahora bien: «¿Qué significa la expresión «en la puerta»? *(ibid* 4:7). Es la puerta [37a] de lo Alto, desde donde salen los juicios por los actos malos del mundo. «Puerta», tal como está dicho: «Abridme las puertas de la justicia» (Salmos 118:19), en relación a la Puerta del Maljut denominada Tzedek, Justicia. En esa puerta «el pecado aguarda», que es el Ángel de la muerte, y está preparado para castigarte si, tal como se ha dicho, no retornas al camino del bien.

Ven y observa: Adán nació el Año Nuevo, porque el Primer Hombre fue creado el sexto día de la Creación del mundo, el cual corresponde con *Rosh Hashaná:* el Año Nuevo. Ciertamente en Año Nuevo al ser éste el Día del Juicio, día en el que espiritualmente los aspectos masculino y femenino se encuentran de espaldas, lo cual se considera una situación de «juicio» ya que no pueden mirarse a la cara, y este día es de acuerdo al misterio de lo Alto, como se ha explicado, y de lo Bajo, en referencia a que también Adán y Eva fueron creados de espaldas; Año Nuevo en lo Alto, es decir, se realiza el Juicio en lo Alto, y también es Año Nuevo y es el Día del Juicio en lo Bajo. También en Año Nuevo las mujeres estériles son recordadas para que puedan concebir. ¿De dónde lo sabemos que es en Año Nuevo? Porque está escrito: «Y El Eterno recordó a Sara» (Génesis 21:1): «Y El Eterno» exactamente está escrito, lo cual se refiere al misterio del Año Nuevo. Y debido a que el hombre surgió del aspecto y esencia del Año Nuevo, surgió con este aspecto de juicio, y el mundo existe por la justicia, y por esto está escrito: «a la puerta» *(ibid* 4:7) ciertamente, «el pecado aguarda», para castigarte, y «su deseo está dirigido hacia ti» (ibid 4:7), **hasta destruirte.** Dinámica marcada y sellada por el Juicio y el Rigor.

«Su deseo está dirigido hacia ti, **pero tú aun así puedes conquistarlo».** Este versículo **es el misterio de lo escrito: «Y tú otorgas vida a todo»** (Nehemías 9:6), en referencia al Maljut, que confiere vida al mundo. **De aquí dijeron: no** se reconoce que **el Santo, Bendito Sea, ejerce su domino,** beneficiando a los justos y castigando a los malvados, **sino cuando sean destruidos los pecadores del mundo** debido a sus múltiples transgresiones. **Por lo tanto, cuando el Ángel de la muerte los haya destruido** y completado su misión en el mundo, **entonces el Santo, Bendito Sea, gobernará sobre él,** sobre el Ángel de la muerte, y lo anulará, **para que no salga** más **para hacer el mal al mundo, como está escrito: «pero tú aun así puedes conquistarlo»** (Génesis 4:7): **«pero tú» precisamente,** en relación con el Maljut. **Rabí Itzjak dijo** y enseñó: **a través del nudo del conflicto** permanente entre el Mal Instinto y el hombre **resulta** y prevalece **el gobierno** de la persona cuando logra vencerlo. **Rabí Iehuda dijo** por su parte: **«pero tú aun así puedes conquistarlo»** significa que también puedes conquistarlo **mediante el retorno** –*teshuvá*– al camino del bien y el arrepentimiento.

Tosefta – Añadido

Dijeron nuestros Sabios de bendita memoria: cuando el Santo, Bendito Sea, creó al hombre, lo creó en el jardín del Edén y le ordenó sobre siete preceptos. El hombre **pecó y fue expulsado del jardín del Edén y dos ángeles de los Cielos, Aza y Azael, dijeron ante el Santo, Bendito sea: si hubiésemos estado nosotros en la Tierra, seríamos justos** y no hubiésemos pecado como el hombre que creaste. **El Santo, Bendito Sea, les dijo: ¿Es que acaso vosotros podéis** enfrentar al Mal Instinto? Dijeron delante de Él: sí, nosotros **podemos.** Entonces **inmediatamente el Santo, Bendito Sea, los arrojó** –*apil*– **a la Tierra, tal como está dicho: «Había nefilim** –literalmente «caídos»– **sobre la Tierra»** (Génesis 6:4), y está escrito: «ellos eran **los valientes...»** (*ibid*). **Y cuando descendieron**

a la Tierra, **el Mal Instinto se introdujo en ellos** y los tentó con el deseo sexual, **tal como está dicho: «Tomaron para sí mujeres de todo lo que escogían»** (*ibid* 2). Así **pecaron y fueron arrancados de su santidad** y arrojados a los Montes de Oscuridad.

(Fin del Añadido)

Rabí Iosei dijo y enseñó: **cuando las generaciones de Caín andaban por el mundo allanaban la Tierra y se asemejaban a** la vez a **los seres de lo Alto y a seres de lo Bajo** debido a que eran el resultado de la mezcla de los poderes de Adán y de Samael. **Rabí Itzjak dijo** al respecto: **cuando Aza y Azael cayeron del sitio de su santidad, de lo Alto, vieron a las hijas de los hombres y pecaron** prostituyéndose **y dieron a luz a hijos, y éstos fueron los «*nefilim*»** –caídos–, **como está escrito: «Había nefilim sobre la Tierra»** (*ibid* 6:4).

Rabí Jia dijo por su parte: **los hijos de Caín eran «los hijos de Elohim»** (*ibid* 2) mencionados en el versículo, **porque cuando Samael se allegó a Eva le instiló un veneno** espiritual, **y concibió y dio a luz a Caín. Y el aspecto de éste,** por consiguiente, **no se parecía al del resto de los hombres** por el hecho de proceder de una mixtura espiritual **y todos ellos que provenían de su lado no fueron llamados sino «hijos de Elohim». Rabí Iehuda dijo** y agregó: **e incluso estos nefilim así son llamados.** Y sobre lo escrito: **«ellos eran los valientes»** (*ibid* 4) se enseña que **eran sesenta sobre la Tierra como el número de lo Alto.** ¿Y esto de dónde se aprende? **Está escrito aquí,** en este contexto: **«Ellos eran los valientes, que, desde la antigüedad,** eran hombres de fama», **y está escrito allí** en el Cantar de los Cantares: **«Sesenta valientes la rodeaban»** (3:7). **Rabí Iosei dice:** acerca de lo escrito que **«ellos eran los poderosos, que, desde la antigüedad»** concretamente, **«desde la antigüedad** –*meolam*–» exactamente; **«hombres de fama»** (Génesis 6:4). **¿Qué significa *shem*, fama? Es el Olam, tal cual lo dicho,** y todo esto en relación con el Maljut. **«Hombres de fama» precisamente** pues sus almas provienen del Maljut denominado *shem*, fama o nombre. **¿De dónde lo sabemos? Está escrito aquí «hombres de fama –*shem*–», y**

está escrito allí «Blasfemarán el nombre –*shem*–» y también está escrito «el hijo de la mujer israelita blasfemó el nombre –*shem*–» (Levítico 24:11,16), y resulta evidente para los sabios cabalistas que en los dos últimos versículos la Torá alude al Maljut.

Rabí Jia dijo y enseñó por su parte: «De el mundo –*meolam*–» eran concretamente, y del mundo –*olam*– de lo Bajo el Santo, Bendito Sea, los tomó y los apartó para que no destruyeran el mundo, como está dicho: «Recuerda Tu bondad y misericordia, El Eterno, porque ellas son del mundo –*meolam*–» (Salmos 25:6). Ciertamente son del mundo, y del mundo de lo Bajo el Santo, Bendito Sea, los tomó y los sugeridos por este último versículo son los primeros patriarcas, Abraham, Isaac y Jacob, para ser el santo carruaje de lo Alto. También aquí se debe interpretar del siguiente modo: «Ellos eran los valientes, que, del mundo –*meolam*–...» (Génesis 6:4): del mundo concretamente los tomó el Santo, Bendito sea, pero en este caso para que no lo dañaran y corrompieran.

Rabí Itzjak dijo y enseñó que la expresión «del mundo» –*meolam*– designa el «lecho de Salomón», el Maljut, porque está escrito «sesenta valientes lo rodean» (Cantares 3:7). Rabí Aja dijo que todos, los valientes y los caídos, son denominados «hijos de Elohim».

Ven y observa: todas las plantaciones, en referencia a las sefirot de ambos aspectos, femenino y masculino, se encontraban cerradas, trazadas, ínfimas, en un solo lugar, en sus niveles más elevados espiritualmente. Después, el Santo, Bendito Sea, las arrancó de allí, tal cual lo dicho, y las plantó en otro lugar y adquirieron consistencia. En el lenguaje hermético y maravilloso de los sabios cabalistas, esto bien puede compararse a un niño en su proceso de concepción: el mismo comienza en el padre, luego continúa en el vientre materno, y de este modo adquiere consistencia y existencia.

Rabí Ieisa preguntó: ¿Qué significa lo escrito: «Éste es el recuento de los descendientes de Adám (Adán); el día que Dios creó al hombre. Lo hizo a semejanza de Dios. Los creó hombre y mujer. Los bendijo...»? (*ibid* 5:1). Rabí Aba le dijo: **Se trata de un misterio supremo** tal como **se nos enseña** en el Talmud (Tratado de Rosh Hashaná 16b): «**Tres libros son abiertos en Año Nuevo: uno para los justos completos... etc**» [37b]. La enseñanza talmúdica agrega también que los dos libros restantes son: uno para lo malvados completos y otro para los hombres intermedios. Ahora bien, el primer libro mencionado, el de los justos completos, es **el Libro supremo del que todo surge de él,** y también **de él** incluso **surge la escritura** en referencia al acto de escribir y cerrar a los hombres justo en el Libro de la Vida. **El libro intermedio es el que incluye** y vincula a **lo de lo Alto y lo de lo Bajo, porque el misterio de la Torá escrita es el Primer Hombre,** en relación al Primer Hombre en los niveles espirituales superiores. **El libro denominado** «**el recuento de los descendientes de Adán**» se refiere al nivel de Iesod **y es el** libro **de los justos completos,** el misterio de la vida que les llega de los mundos superiores, **tal como está escrito: «Este es el** libro del **recuento de los descendientes de Adán»: este es ciertamente el justo,** asociado al Iesod, **que genera descendencia.** Y por eso está escrito: «**El día que Dios creó al hombre. Lo hizo a semejanza de Dios**» (*ibid*), ya que el Maljut es denominado en hebreo Elohim, el cual recibe abundancia espiritual del Iesod y crea a su semejanza a Adán y Eva, **porque he aquí que del modo correspondiente todo fue establecido en lo Alto y en lo Bajo** en paralelismo y correspondencia, **y existieron de una sola forma** los aspectos masculino y femenino superiores y Adán y Eva, tal como está escrito: «**Los creó hombre y mujer**» (*ibid* 1:27), **sin especificación** de sus nombres propios en particular, sino siguiendo un modelo general, los de Abajo como los de Arriba, **uno incluido en el otro.**

Con respecto a los tres libros que se abren en Rosh Hashaná, resulta sugerente destacar la relación que existe entre los mismos y las tres expresiones con las que comienza el *Sefer Ietzirá,* compuestas por tres distintas puntuaciones y pronunciaciones de las letras hebreas Samej, Pei, y Reish, las letras de «*sefer*», libro.

Fue enseñado acerca del versículo del libro de Proverbios: **está escrito: «Torre fuerte es el Nombre de El Eterno, a ella correrá el justo y será elevado»** (18:10), y el mismo **se refiere al** libro del **recuento de los descendientes de Adán,** el torrente de vida y abundancia espiritual **que se precipita dentro de esa torre. Esa torre ¿quién es? Sino que es la torre de David,** el Maljut, **y es** a lo que se refiere el versículo al enseñar que una **«torre fuerte es el Nombre de El Eterno»** (*ibid*), **y todo es uno. Aquí hay algo conocido para los poseedores de fe** y solamente ellos comprenden el misterio del versículo y sus combinaciones. **Este es ciertamente el** libro del **recuento.**

Rabí Aba dijo y enseñó acerca del *Sefer Toldot Adam*: **un libro ciertamente le hicieron descender** desde los mundos supremos **para el primer hombre,** el cual es asociado por los sabios cabalistas con el *Sefer Raziel,* **y a través del mismo aprendió la Sabiduría suprema. Y este libro llegó a las manos de los hijos de Elohim, los sabios de la generación.** Es decir se transmitió a los justos de cada generación. **Y quien tuvo el mérito de examinarlo llegó a conocer a través de él la suprema Sabiduría, y** debido a tal conocimiento **lo observaban y lo conocían** en las Alturas los ángeles supremos. **Y este libro lo hizo descender el dueño de los secretos,** el ángel Raziel, **y tres** ángeles **enviados** eran los **encargados delante de él** delante de Adán. **Y cuando Adán** fue expulsado y **salió del jardín del Edén, se aferró a ese libro** para continuar vinculado con tal Sabiduría, **pero cuando salió el libro se elevó de él** y voló de entre sus manos. Entonces Adán **rezó y lloró delante de su Señor** para que no fuera desconectado de esta Sabiduría, **y se lo devolvieron como al principio para que se olvidara de los hombres la Sabiduría y se esforzaran en conocer a su Señor.** En el Talmud (Tratado de Bava Metzía 86a) se enseña que este libro es denominado «el recuento de los descendientes de Adán» porque a través del mismo El Eterno le mostró y le enseñó al Primer Hombre las generaciones posteriores y a sus respectivos justos y sabios.

Y así nos enseñaron: un libro tenía Janoj, y este libro era del lugar del libro del **recuento de los descendientes de Adán** (Génesis 5:1), es decir, provenían de la misma raíz espiritual, y este es el lugar del **misterio de la Sabiduría. Porque he aquí que** Janoj no murió como un simple mortal sino **que de la Tierra fue tomado, tal como está escrito: «luego ya no** vivió **más, pues Dios se lo llevó** (*ibid* 5:24). Cabe decir, por tanto, que ascendió vivo a los Cielos gracias a los misterios de la Torá que aprendió del libro. **Y es el joven** que aparece en varios versículos, ya que los sabios enseñan que Janoj se transformó en el Ángel Metatrón, **tal como está escrito: «Educa** –*janoj*– **al joven de acuerdo con su camino»** (Proverbios 22:6). Es decir, de acuerdo con su camino de justicia y rectitud logró alcanzar tales niveles espirituales. **Y todos los tesoros supremos le fueron entregados en sus manos, y él los transmitió y los entregó** a los seres inferiores, **cumpliendo su misión** cada día al ser encargado de recibir los rezos de los hombres. **Mil llaves le fueron entregadas en sus manos, y cien bendiciones** que cada miembro de Israel pronuncia él **toma cada día y realiza unificaciones** y coronas **para su Señor.**

También acerca de Janoj se enseña que su nivel de espiritualidad y pureza era tal que **del mundo lo tomó el Santo, Bendito Sea, para que Lo sirva, como está escrito: «luego ya no vivió más, pues Dios se lo llevó»** (Génesis 5:24). **Y por él fue entregado** y transmitido a los justos de cada generación **el libro denominado «Libro de Janoj». Cuando el Santo, Bendito Sea, lo tomó, le mostró todos los tesoros supremos, le mostró al Árbol de la Vida, en medio del jardín, con sus hojas y ramas. Todo esto es visto** y cabe ser aprehendido **en su libro. Bienaventurados los piadosos superiores, porque les es revelada la Sabiduría suprema y ellos no la olvidan jamás, como está dicho: «El secreto de El Eterno es para los que le temen; y a ellos da a conocer su pacto»** (Salmos 25:14).

Refiriéndose a la duración de la vida de los hombres, la Torá nos enseña: **«Y dijo El Eterno: «Mi espíritu ya no permanecerá por siempre en el hombre, pues él no es más que carne;** sus días serán ciento veinte años» (Génesis 6:3). **Rabí Aba dijo: en aquel tiempo** anterior al Diluvio universal **ese río que fluía y surgía,** el Iesod, **hizo** surgir del Árbol de la vida un espíritu supremo, y lo vertió en el Árbol en el que reside la muerte, el Maljut, y el espíritu se expandió dentro de los hombres por muchos días, hasta que incrementaron las trasgresiones y éstos esperaban delante de la Puerta, el Maljut. Entonces el espíritu supremo abandonó al Árbol, el Maljut, al mismo tiempo que a las almas de los hombres, tal como está escrito sobre la generación del Diluvio: «Mi espíritu ya no permanecerá por siempre en el hombre» (ibid), dándolo al mundo, al Maljut, mientras que las almas huyeron de los hombres. Y a partir de ese momento lo principal de la vida de los hombres depende de su alma, sin la influencia del espíritu supremo proveniente de Arij Anpín, razón por la cual la duración de la vida de los hombres se acortó de modo considerable.

Sobre la definición de la Torá: «pues él no es más que carne» (ibid), Rabí Elazar dijo y enseñó: la expresión «pues...no es más –beshegam–» es Moisés de acuerdo al valor numérico, coincidente con el de las letras hebreas de Moshé, quien ilumina a la Luna, como el aspecto masculino al Maljut, y debido a este poder y a este resplandor subsisten los hombres en el mundo numerosos días.

También sobre la expresión: «sus días serán ciento veinte años» (ibid), se enseña que es una alusión a Moisés, quien igualmente vivió ciento veinte años, y a través de quien nos fue dada la Torá, y entonces la vida fue vertida en los hombres de ese Árbol de la vida para que vivieran de modo eterno. Y así hubiera sido si Israel no hubiese pecado construyendo el Becerro de oro y desviándose hacia prácticas idolátricas, tal como está escrito en la Torá al momento de ser entregada: «Grabado –jarut– sobre las tablas de piedra» (Éxodo 32:16), lo cual debe ser leído como «jerut», libertad, tal como lo enseñan los sabios del Talmud (Tratado de Eruvin 54a): libertad del Ángel de la Muerte, porque he aquí que el Árbol de la Vida, la Torá, se hubiese extendido hasta lo Bajo. Y por esto aparece escrito posteriormente: «pues...no es más...» –beshagam–, en referencia a Moisés, que es carne, y de quien depende el asunto de verter espíritu de vida. Además, la palabra hebrea beshagam sugiere que Moisés **está conectado tanto a lo Bajo como a lo Alto,** razón por la cual los sabios también enseñan que es denominado «hombre de Dios» –*Ish HaElokim*–: desde la mitad de su cuerpo y hacia abajo, hombre, y desde la mitad de su cuerpo y hacia arriba, como si fuera Dios. **Y sobre esto nos ha sido enseñado** del mismo modo que **Moisés no está muerto sino que se retiró [38a] del mundo y continúa haciendo brillar a la Luna, porque el Sol, a pesar de que se retira del mundo, no muere, sino que entra e ilumina a la Luna. Y así** sucede **con Moisés.**

Otra explicación: la expresión «**pues... no es más...** –*beshagam*–» (Génesis 6:3) significa que **al prolongarse el espíritu** de vida **en los hombres durante mucho tiempo** antes del Diluvio, entonces ellos no tenían ni temor a Dios ni prisa en retornar al buen camino ya que consideraban que faltaba mucho tiempo aún para que tuvieran que rendir cuentas ante El Creador, y entonces el espíritu **volvió a ser** como la **carne** misma **y a marchar atrás del cuerpo,** sin dirigirlo y someterlo como realmente debería ser, **y a esforzarse en los asuntos de este mundo** material y vano. Y entonces, para que el hombre percibiera la cercanía del final de su vida, ésta fue acotada a un máximo de ciento veinte años.

Rabí Itzjak dijo y enseñó: **todas las generaciones que provienen de Shet, todos son justos y piadosos.** Pero **después se expandieron y concibieron** una gran cantidad de descendencia, **y aprendieron el oficio del mundo** de los hijos de Caín **para destruir mediante espadas y lanzas. Hasta que llegó Noé y les enseñó a establecer el mundo, a cultivar y restaurar la Tierra** para que diera sus frutos. **Porque he aquí que al comienzo nadie sembraba ni cosechaba** sino que uno acechaba contra el otro. **Luego,** tras la generación del Diluvio, **esto** que aprendieron **fue necesario, tal como está escrito:** «Continuamente no cesarán, todos los días de la Tierra, la época de la siembra y la de la cosecha, el frío y el calor, el verano y el invierno, el día y la noche» (*ibid* 8:22).

Rabí Elazar dijo y pronosticó que **en un futuro el Santo, Bendito Sea, rectificará el mundo y restaurará el espíritu** de vida **en los**

hombres para que sus días se alarguen para siempre, tal como está escrito: «Como los días del árbol serán los días de mi pueblo...» (Isaías 65:22), y está escrito: «Anulará a la muerte para siempre y enjugará El Eterno Elohim la lágrima de todos los rostros y quitará la afrenta de su pueblo de toda la Tierra: porque El Eterno lo ha dicho» (Ibíd. 25:8).

Hasta aquí se asentaron las palabras acerca de los secretos de la obra de la Creación; de aquí en adelante se explicará la sección de Génesis.

BERESHIT

Rabí Shimón dijo y enseñó que he aquí que aprendimos que cuando el Santo, Bendito Sea, creó el mundo, grabó con los signos del misterio de la fe, las Diez Sefirot, dentro de transparencias que son la raíz de todo límite, por medio de misterios supremos, y Él grabó en lo Alto el Mundo de la Emanación, y grabó en lo Bajo los tres mundos inferiores, y todo a través de un solo misterio: las sefirot. E hizo al mundo de lo Bajo en semejanza al mundo de lo Alto, y éste existe frente a éste, para que sea todo uno, con una sola unificación. Y debido a esto El Santo, Bendito Sea, grabó los signos de las veintidós letras del abecedario hebreo Arriba y abajo, pues ellas son las vasijas de las sefirot, y con ellas creó los mundos.

Y ven y observa: así como el Santo, Bendito Sea, hizo el mundo por medio de las diez sefirot, asimismo y de igual modo lo creó al Primer Hombre. Rabí Shimón abrió y dijo acerca de la amonestación divina que declara: «Como Adán ha transgredido el pacto...» (Oseas 6:7): he aquí que el Santo, Bendito Sea, lo coronó a Adán con coronas supremas, y lo creó a partir de las seis direcciones del mundo para hacerlo completo en todo. Y todos los seres tiemblan y temen ante él. Porque cuando fue creado, el Hombre fue creado con la figura suprema, y cuando los demás seres veían esa figura, temblaban y temían ante él. Y justo después el Santo,

Bendito Sea, lo introdujo a Adán en el jardín del Edén para que gozase allí de las delicias supremas, y los ángeles supremos lo rodeaban y lo servían, y los misterios de su Señor se los daban a conocer.

Ven y observa: cuando el Santo, Bendito Sea, lo hizo entrar al jardín de Edén, Adán podía ver y observar de allí todos los misterios supremos y toda la sabiduría, para conocer y observar la gloria de su Señor.

El Zohar comienza, a continuación, a desarrollar el tema de los Heijalot o Palacios.

Siete palacios se encuentran en el Gan Eden de lo Alto, que conforman el misterio de la fe suprema, y siete palacios se encuentran también en el Gan Eden de lo Bajo, semejantes a los palacios superiores. Y en lo Bajo son seis como los superiores y uno por encima de ellos está oculto y permanece en reserva en lo Alto, el palacio denominado Kodesh Hakodashim que se encuentra asociado con la Biná. Y todos esos palacios del Gan Eden inferior, que son como un puente entre lo material y lo espiritual, son parte del misterio supremo, porque todos estos palacios del Gan Eden inferior comparten una similitud con lo de lo Alto pues permiten al hombre elevarse espiritualmente y alcanzar aprehensiones de los mundos supremos, y comparten una similitud con lo de lo Bajo ya que permiten a la persona también alcanzar la sabiduría de la Torá que se estudia aquí, en el mundo terrenal, y comparten estas características de modo que estén incluidos en el misterio de la forma de lo Alto y en el misterio de la forma de lo Bajo. Y en ellos se encontraba la residencia de Adán. Y después que fue expulsado del jardín del Edén, el Santo, Bendito Sea, lo estableció en este Gan Eden inferior para las almas de los justos cuando abandonan este mundo tras fallecer, para deleitarse con ellos como corresponde con el resplandor de la gloria suprema que se percibe en estos palacios. Y cada uno y uno de estos palacios fue establecido como corresponde a lo Alto y como corresponde a lo Bajo, tal como lo hemos dicho.

A continuación se comienzan a describir en detalle los siete palacios denominados por El Zohar «los siete palacios que se encuentran
en lo Bajo» y que se ubican en el interior de las residencias. ¿Qué significa «en lo bajo»? Los sabios cabalistas explican que esta expresión
se refiere al Mundo de la Acción, el cual, entre los Cuatro Mundos, es
el inferior. Por el contrario, los palacios que comienzan a describirse
a partir de la página 97 de éste volumen, se refieren a los palacios superiores, los del Mundo de la Creación, los cuales son descritos como
«los siete Palacios que se encuentran en lo Alto».

El **primer palacio** del Jardín del Edén de lo bajo representa el misterio denominado Livnat Hasapir, y está asociado con las sefirot de
Iesod y Maljut del Mundo de la Acción: **es un lugar edificado en lo
bajo para que pueda asemejarse al de lo Alto.** Es decir, representa
al nivel espiritual o al Jardín del Edén del mundo material en el que
nosotros nos encontramos. **Y he aquí que los compañeros ya se
despertaron** ante esto y señalaron **que las normas del Jardín del
Edén** son **como el misterio de** su correspondencia en el Gan Eden
de **lo Alto.** Y a pesar de encontrarse en nuestro mundo se encuentra completamente oculto para los parámetros físicos y materiales y
ninguna mirada tiene dominio en él ya que la visión humana está
dispuesta para aprehender lo material, **salvo las almas de los justos**
cuando abandonan este mundo o la de algunos justos destacados,
muy puros, quienes pueden aprehenderlo, tal el caso de Rabí Shimón
y sus compañeros, **siendo [38b]** de este modo **grabados en** el Gan
Eden de **lo Alto y** tienen la posibilidad **en lo Bajo** de vincularse con
los mundos supremos, **y así puedan ver** y aprehender **desde allí el
secreto de su Señor y el deleite supremo** del cual gozan las almas
que alcanzan el Gan Eden superior.

Y estos que habitan en el Gan Eden inferior **son los justos que
no substituyeron la Gloria de su Señor por ningún otro temor,**
sino que mantuvieron su fe perfecta y se apegaron a Dios incluso en
tiempo de persecuciones y matanzas, y que tampoco en tiempos de
calma se dejaron arrastrar por el Mal Instinto. Es decir, **está escrito:
«La mujer virtuosa es corona de su marido»** (Proverbios 12:4), lo

cual alude al Maljut que es el **misterio de la fe que** conduce a que
se **apegue el hombre su Señor** a través del cumplimiento de los
preceptos y de buenas acciones, **y a temerle permanentemente, sin
desviarse** del camino de la Torá **ni a la derecha ni a la izquierda,**
en lo más mínimo. **Y he aquí que ya hemos explicado que el hombre no debe ir detrás de otro temor denominado «mujer adúlte-
ra»** –*eshet zenunim*–, asociado con el Mal Instinto (Tratado de Shabat
105b), **y por lo tanto está escrito: «Guárdate de la mujer ajena, de
la extranjera que emplea palabras dulces»** (Proverbios 7:5).

   **Este palacio al que nos referimos se ubica según la forma del
misterio de lo Alto, porque desde que las almas de los justos
salen de ese mundo,** tras fallecer, no se dirigen directamente hacia
el Jardín del Edén supremo sino que **entran** primero **dentro de los
palacios del jardín del Edén de lo Bajo,** de acuerdo con sus propias
necesidades de rectificación espiritual, y después de esto continúan
su ascenso. **Allí se asientan cada uno y uno, todo el tiempo que
le sea necesario al alma asentarse allí.** Es decir, hasta que el alma
termine de desprenderse por completo del cuerpo que se encuentra
en la tumba y de todo los aspectos materiales de este mundo, ya que
existen almas a las que este proceso de purificación les lleva un mes
o dos, y así hasta doce meses. Y hasta que este proceso no termina el
alma no puede ascender al Jardín del Edén superior. **Y en cada palacio y palacio** del Jardín del Edén inferior **hay formas semejantes
a las de lo Alto y formas semejantes a las de lo bajo,** para que el
alma pueda comprender y meditar acerca de los misterios supremos
y prepararse para ascender y tomar contacto con ellos, **y allí el alma
se reviste con vestimentas** espirituales **semejantes a las de este
mundo. Y se deleita allí durante todo el tiempo que requiera,
hasta que le llegue el momento de ascender a un lugar más elevado, como le corresponda. Y a través de esa vestimenta que la
reviste ella ve formas supremas y observa la Gloria de su Señor** a
lo lejos, pero no como aquellos que ya lograron ascender y elevarse.

   En ese palacio se encuentran luces supremas para observar
y comprender los misterios más profundos de la sagrada Torá. **Las
almas de los** justos **prosélitos que se convirtieron** sinceramente

residen allí, e ingresan allí para contemplar la Gloria suprema, y se revisten allí con una vestimenta de luz que ilumina y no ilumina. Y ese palacio está rodeado de piedra preciosa y de oro, es decir, de los misterios que ellos representan, y allí hay una puerta que desciende frente a la puerta del *Guehenóm*, el Infierno, y es a través de ella que los prosélitos observan a los pecadores del resto de los pueblos que no entraron en el pacto de la santa circuncisión y que fueron expulsados por esos Ángeles Destructores que los persiguen con fuego ardiente. Y ellos observan y se alegran por haberse convertido. Y tres veces al día, correspondientes con los tres rezos diarios, son iluminados por la luz suprema que desciende del Tiferet y se deleitan allí. Y por encima de ellos están como encargados el profeta Ovadia y Onkelos, el converso, y el resto de los conversos que se convirtieron de modo verdadero y sincero. De modo similar esto sucede en lo Alto, en el palacio inferior del Gan Eden superior, cuando sus almas merecen ascender para coronarse allí.

El **segundo palacio** del Jardín del Edén de lo bajo representa el misterio denominado Etzem Hashamaim, y está asociado con la sefirá de Hod del Mundo de la Acción: este palacio se encuentra en el interior del primer palacio y este palacio está junto a la cueva de sepultura de los Patriarcas, la Cuerva de Majpelá, a través de la cual llegan las almas a este segundo palacio y no a través del primero. Y este palacio ilumina más que el primer palacio. Aquí se encuentran todas las piedras preciosas, que lo rodean, es decir, se encuentra envuelto por el misterio de la esencia de las mismas. Dentro de ese palacio hay una luz, asociada a la Biná, que contiene todas las tonalidades e ilumina desde un extremo del mundo al otro extremo, y que alumbra desde lo Alto hacia lo Bajo. En ese palacio se encuentran los que soportaron sufrimientos, en referencia al sufrimiento más relacionado con el aspecto mental y emocional, y enfermedades físicas en este mundo para ser rectificados, lo cual a pesar de todo no decaía su fe y agradecían y alababan a su Señor cada día y no abandonaban sus plegarias jamás pues eran absolutamente conscientes de que todo lo que les sucedía era para su bien y para su purificación. **En el interior de ese palacio se encuentran todos aquellos que santificaron cada día con todas sus fuerzas el Nombre de su Señor y respondieron** durante la plegaria del Kadish: **«Amén, que Su gran Nombre sea santificado», con toda su fuerza.** Estos se encuentran en el interior del interior de ese palacio, y esa luz que contiene todas las tonalidades los ilumina. **Por esa luz ellos permanecen y observan otras luces que se unen y no se unen en su seno** ya que son muy elevadas y les resulta imposible aprehenderlas por completo. **Por encima de ellos** se encuentra **el Mesías,** quien también sufre para lograr la expiación de Israel, y **que ingresa y permanece entre ellos y los consuela** por sus propios sufrimientos padecidos.

Luego **él** Mesías **deja ese** segundo **palacio y entra en el tercer Palacio** del Jardín del Edén de lo bajo, el cual representa el misterio denominado Noga, y está asociado con la sefirá de Netzaj del Mundo de la Acción, **y allí se encuentran todos aquellos que sufrieron enfermedades y grandes** y tremendos **dolores, y todos aquellos niños que estudiaban** Torá y que no cometieron pecado alguno durante su vida, aunque sí en vidas anteriores, y **que no completaron sus días, y todos aquellos que** realmente **se lamentan por la destrucción del Templo y que vertían sus lágrimas** al meditar en lo que su falta representa para el mundo. **Todos ellos residen en ese** tercer **palacio y el** Mesías **los consuela** al revelarles el momento de la Redención, tiempo en el que recibirán también la recompensa por todo aquello que no tuvieron posibilidad de cumplir durante sus vidas.

Y luego el Mesías **parte** también **de ese palacio y entra al cuarto palacio** del Jardín del Edén de lo bajo, el cual representa el misterio denominado Zejut, y está asociado con la sefirá de Gevurá del Mundo de la Acción, **y allí** se encuentran **todos los que están en duelo por** la destrucción de **Sión y Jerusalén, y todos aquellos que fueron asesinados por** causa de **otros pueblos,** ya sea durante la destrucción de los Templos, o por la santificación del Nombre de El

Eterno, o simplemente por el hecho de pertenecer al Pueblo de Israel, **y el Mesías irrumpe en llanto [39a] y entonces todos los líderes de la descendencia de David, todos se reúnen junto a él y lo consuelan,** pero el Mesías **irrumpe en llanto por segunda vez** –la primera vez por la destrucción del primer Templo y la segunda por la destrucción del segundo Templo–, lo mismo que por los nuevos mártires que continúan muriendo asesinados, **hasta que una Voz** –de la Shejiná– **surge** y el Mesías **se une a esa Voz, y se eleva hacia lo Alto, y permanece allí hasta la Luna nueva** –Rosh Jodesh– cuando se abren las puertas espirituales y se produce la unificación de Iesod y Maljut. Hay quienes explican que también recibe consuelo ante la renovación de la Luna, ya que, como es sabido, todos los sufrimientos llegan al mundo debido al daño que sufrió la Luna al comienzo de los tiempos; y cuando ésta se renueva, entonces su luz anula todas las desgracias de Israel. **Y cuando** el Mesías **desciende** desde lo Alto, **descienden con él innumerables luces y resplandores** provenientes de la renovación de la Luna y **que iluminan a todos esos palacios** del Gan Eden inferior, y también lo acompañan **curación y luz para todos los que fueron asesinados, y para los que sufren enfermedades y dolores** en éste mundo **junto con el Mesías** para aliviar el exilio espiritual de Israel.

Entonces, cuando algún miembro del Pueblo de Israel es asesinado por manos extranjeras, el Mesías **viste las vestimentas reales** con las cuales las almas se revisten, **y allí están grabados e inscritos todos aquellos que fueron asesinados por el resto de los pueblos idólatras, en las vestimentas reales. Y se eleva** luego el Mesías con **esa vestimenta real hacia lo Alto y se graba allí dentro de la vestimenta real del Rey. Y el Santo, Bendito Sea, vestirá en un futuro esta vestimenta real y juzgará a los pueblos** que asesinaron a los miembros del Pueblo de Israel, **tal como está escrito: «Él ejerce la justicia entre las naciones, todo está lleno de cadáveres»** (Salmos 110:6). Y los comentaristas interpretan que esta última frase: «todo está lleno de cadáveres», se refiere a la vestimenta real de El Eterno. Y este enfrentamiento de el Creador con los pueblos asesinos, guerra conocida como Gog y Magog, continuará **hasta que** el Mesías **llegue y descienda** y consuele a quienes fueron masacrados, **y haga descender consigo luces y delicias para su deleite, y numerosos ángeles y carruajes con él, cada uno y uno con una vestimenta para vestir con ella a las almas de los que fueron asesinados. Y allí**, en el cuarto palacio, **se deleitan** estas almas **durante el tiempo en el que** el Mesías **asciende** al Gan Eden supremo **y vuelve a descender** sin revelarse aún, es decir, durante el largo exilio espiritual de Israel.

En el interior de ese palacio se encuentran en un nivel superior esos diez grandes encargados, tal como Rabí Akiva y sus compañeros, conocidos como los diez grandes mártires que murieron en manos del reino santificando el Nombre de Dios, **y todos se elevan de acuerdo a su** propio **ascenso** que cada cual merece **en el Lente de lo Alto** que se encuentra en el palacio denominado Ratzón, asociado con el Tiferet, **y brillan con el resplandor de la Gloria suprema, y sobre ellos** y la recompensa espiritual que les está reservada **está escrito: «Nunca el ojo ha visto otro Dios que haga tales cosas para quienes lo aguardan»** (Isaías 64:3).

En el quinto palacio del Jardín del Edén de lo bajo, que representa el misterio denominado Ahavá, y está asociado con la sefirá de Jesed del Mundo de la Acción, **se encuentran todos los poseedores de un retorno** y arrepentimiento –*teshuvá*– **completo, que han retornado de sus pecados** al camino Divino por amor al Creador y no por temor, **y se han arrepentido de ellos, y que sus almas han dejado** el mundo **en estado de pureza.** Y también se encuentran en este palacio **todos aquellos que,** pudiendo escaparse de la muerte sirviendo a otros dioses o integrándose a otras religiones, de igual modo **santificaron el Nombre de su Señor y aceptaron** voluntariamente **sobre ellos su muerte. Y en la puerta de ese palacio se encuentra Menashé, rey de Judea, el cual fue recibido por el Santo, Bendito sea, con su completo arrepentimiento** a pesar de sus pecados, **y que para recibirlo le cavó un hueco** en el firmamento de este palacio a pesar de sus múltiples transgresiones (Tratado de Sanedrín 103a). **En el interior de este Palacio residen todos aquellos poseedores de un retorno** y arrepentimiento **poderoso, y cuyas almas salieron en el mismo instante en que se amargaron por sus acciones,** tal el caso de Rabí Elazar ben Durdaia (Tratado de Avodá Zará 17a). **Y estos se deleitan con un deleite supremo** que llega a ellos desde lo Alto, desde la Jomá, **cada día y día, y tres veces al día,** durante los tres rezos diarios, **una luz entra a este palacio en el que se deleitan cada uno y uno tal como le corresponde** según su mérito y la intensidad de su arrepentimiento, **y cada uno y uno se quema por la luz** espiritual irradiada **del palio de su compañero, tanto** en el Gan Eden de **Abajo como** en el Gan Eden de **Arriba** (Tratado de Bava Batra 75a). Estos «palios» son diversos niveles espirituales producto de las buenas acciones y de la intensidad con la que cada persona retornó durante su vida ante la presencia de su Creador. **Este palacio se ubica sobre** todos **esos palacios inferiores, e incluso los completamente justos,** aquellos que jamás pecaron, **no pueden entrar a este palacio y permanecer allí. Y este es el nivel superior a todos, a excepción del nivel de los piadosos** motivados siempre por el amor al Creador y que van más allá de la letra de la ley, **el cual es el nivel** realmente **superior a todos** los demás.

El sexto palacio del Jardín del Edén de lo bajo representa el misterio denominado Ratzón, y está asociado con la sefirá de Tiferet del Mundo de la Acción. **Este palacio es el palacio de los piadosos,** aquellos que actuaron incluso yendo más allá de la ley estricta. **Este palacio es el palacio supremo a todo, y este es el palacio que se encuentra por encima de todo** otro palacio y, como resulta evidente, nadie puede ingresar en él sin haber completado los niveles de los palacios inferiores. **Palacio de la derecha,** de la línea espiritual de Jesed y la Bondad, **nadie puede residir en él salvo los santos piadosos** que dedicaron sus vidas a hacer el bien sin miramientos y sin juzgar a los demás, arriesgando su propia vida, **y todos aquellos que aman a su Señor con inmenso amor.** Todos aquellos que no poseen estas características simplemente se queman ante la poderosa e intensa luz espiritual que irradia en este palacio. **En la puerta de**

ese palacio se encuentran todos aquellos que efectúan la unificación de su Señor cada día a través del rezo del Shemá Israel, con la
intención y el conocimiento debidos, y ellos ingresan a este palacio
cuando los integrantes de Israel pronuncian el rezo del Shemá Israel
antes de dormir, y son invitados a ascender primero al Jardín del
Edén superior.

Por encima y como encargado de esa puerta está Abraham, patriarca relacionado esencialmente con el Jesed, a la derecha del Santo, Bendito Sea. Y en otra puerta, la de la izquierda, se encuentra
Itzjak, patriarca asociado con la Gevurá, el Juicio y el Rigor, que fue
amarrado sobre el altar y que fue un sacrificio perfecto ante el
Santo, Bendito Sea ya que jamás dudó en entregarse por completo
ante El Eterno. Y en otra puerta más interna se encuentra Jacob,
íntegro, asociado con el Tiferet, y cuya descendencia es íntegra y perfecta, rodeado por las doce tribus, y la Presencia Divina se ubica
sobre sus cabezas y ellos se convierten en Su carruaje. Y cuando los
hijos de Israel están en desgracia, los tres patriarcas se despiertan con rezos y súplicas, y despiertan a la Presencia Divina para
que ella los proteja, y entonces ella se eleva y solicita piedad, se
corona en lo Alto y los protege a los miembros de Israel.

Y así como hay palacios para las almas en el Jardín del Edén
de lo Bajo, en el Mundo de la Acción, así también en lo Alto, en el
Mundo de la Creación, hay palacios rectificados que constituyen
el secreto de la fe. Y todos estos seis palacios mencionados y explicados hasta aquí, los del Gan Eden de lo Bajo, están todos conecta-
dos entre sí y coronados por un palacio que es el séptimo palacio
del Jardín del Edén de lo bajo, que representa el misterio denominado
Kodesh Hakodashim, y que está asociado con la sefirá de Biná del
Mundo de la Acción. Y este palacio es el más escondido y secreto
de todos los palacios para las almas que integran los palacios inferiores. En el centro de este palacio se encuentra una columna que
desciende desde lo Alto, del Mundo de la Formación, y por la que ascienden las almas del Jardín de Abajo al Jardín de lo Alto, [39b] que
posee varias tonalidades: verde, en relación con el Tiferet, blanco,

en relación con el Jesed, **rojo,** en relación con la Gevurá y **negro** en relación con el Maljut. **Y cuando las almas ascienden** al Gan Eden supremo, **ellas entran en el interior de ese palacio** para subir a través de esta columna, **y quien se corresponde** esencialmente **con una tonalidad** en particular **asciende a través de ella, y quien se corresponde con una tonalidad** diferente **asciende a través de ella. Cada una y una como le corresponde,** ya que todas las almas pueden encontrar la tonalidad que corresponde a su raíz espiritual.

Y estos seis palacios inferiores **son para la residencia** de las almas, **tal como hemos dicho, y el séptimo** palacio **no es para residencia** de las almas sino que permite que ellas completen su rectificación y entonces se eleven hacia los palacios supremos. **Y todos los seis palacios** inferiores **están en el misterio del seis** –*shit*–, lo cual remite a las seis sefirot del aspecto masculino inferior, **y sobre esto está escrito** y sugerido en la primera palabra de la Torá, *Bereshit,* a través del Notrikón: **«***Bará shit***»: seis grados en lo Alto,** en referencia a los seis palacios supremos, **y seis grados en lo Bajo,** en alusión a los seis palacios inferiores, **y todo es un misterio único** ya que los seis palacios inferiores se corresponden de modo estricto con los seis palacios supremos.

A continuación El Zohar prosigue con el análisis de la primera palabra hebrea de la Torá, Bereshit. **Ven** y **observa:** sobre la letra *Bet* del inicio de la Torá, la cual además de compartir raíz lingüística con la palabra *bait,* casa, posee el valor numérico equivalente al dos, **«En el principio** –*bereshit*–», **Rabí Iehuda dijo** y enseñó: **hay dos casas: el primer Templo** –literalmente: *Bait Rishón,* la Primera Casa– **y el segundo Templo** –literalmente: *Bait Shení,* la Segunda Casa–, **éste en lo Alto y éste en lo bajo.** Resulta interesante notar que la palabra casa implica siempre que un sitio es habitado por alguien. En este caso debe interpretarse de igual modo: la Casa de lo Alto se refiere a la Biná, quien sirve de casa para el aspecto masculino superior, y la casa de lo bajo se refiere al Maljut, quien sirve de casa al aspecto masculino inferior. **Las dos** letras **He** en el Tetragrama, **son una en** lo Alto, asociada con Biná, y una en lo Bajo, asociada con Maljut, y todas son uno en lo referente a su esencia femenina, salvo que un nivel es más oculto y otro más revelado. Además, la primera *Beit* de *Bereshit*, de mayor tamaño, lo cual alude a su nivel supremo y su identidad con la Biná, abre las puertas hacia todos los flancos y es tal que los engloba uno en otro. Es decir, la palabra Reshit, entonces, es el principio para introducir al cálculo de la construcción.

Rabí Itzjak dijo en el nombre de Rabí Elazar: «En el principio», *Bereshit,* es lo que incluye a las formas, en las que están contenidas todas las formas. Es el misterio de lo escrito en el versículo del libro del profeta Ezequiel: «Es la visión de la semejanza de la gloria de El Eterno» (1:28). Una visión en la que aparecen otras seis, y esto es lo sugerido: «En el principio» –*bereshit*–, «Él creó seis» –*bara shit*–.

Ven y observa: cuando las seis tonalidades se introducen en esta visión, ella se establece a sí misma para mostrar a través de ellos y activar con ellos la obra del mundo realizada en seis días. Y si dices que esta obra del mundo pertenece a este grado, el Maljut, debes saber que está escrito: «El creó seis» –*bara shit*–, lo cual refiere al Zeir Anpín, y es la alabanza del seis porque hace la obra con él, con el Maljut.

Rabí Iosei, por su parte, abrió su enseñanza y dijo: «Los brotes –de las flores– aparecen sobre la Tierra –durante el mes de la primavera, y entonces– el tiempo del canto –de los pájaros– ha llegado, –y también– la voz de la tórtola se escucha en nuestra Tierra» (Cantar de los Cantares 2:12). «Los brotes aparecen sobre la Tierra» es el misterio de los seis grados (de ella, y es la séptima, y éstos son los seis grados: el grado de Abraham, el grado de Itzjak, y el grado de Jacob, Iajin y Boaz, Iosef. Todos aparecieron sobre la Tierra, tal como está escrito «aparecen sobre la Tierra», sobre la Tierra es la ciudad sagrada de la Tierra de Israel), «aparecen sobre la Tierra» porque éstas son las formas que aparecen en ese nivel. «El tiempo del canto ha llegado»: porque entonces alaba y ensalza, como está dicho: «Para cantar Tu gloria y no permanecer mudo» (Salmos 30:13). **Por esto es denominado «canto»** –*mizmor*–, **como se ha enseñado que está escrito: «canto de David»** (Salmo 30:13) indicando que **al principio sobre ella reside la Presencia Divina, y esto es «el tiempo del canto ha llegado». Rabí Jia dijo: porque entonces llegó el momento de entonar la alabanza.**

Rabí Aba dijo y enseñó acerca de la palabra Bereshit, la cual fue interpretada como *Bara Shit:* **el mundo de lo Alto está cerrado, y todos sus elementos están cerrados, porque se encuentra en el misterio supremo, el Día de los Días,** Cabeza de las Cabezas. Y cuando la Biná creó e hizo surgir los niveles inferiores, **hizo surgir a estos seis. Y como el** nivel de la Biná **está cerrado y todos sus componentes están cerrados, dijo: «En el principio creó» seis días supremos y no dijo quién los creó, porque el mundo de lo Alto está cerrado. Después** el texto **reveló la obra de lo Bajo,** la de los tres mundos inferiores, **y dijo quién lo creó, porque este mundo, el Maljut, subsiste de modo revelado. Y dijo: «creó Elohim** –el Maljut– **los Cielos y la Tierra** –los dos aspectos masculino y femenino–**»** (Génesis 1:1) **y no está escrito: «creó»** sin especificar, **«creó los Cielos», porque él es el mundo que se ha revelado** y por ello puede ser nombrado, **y dijo** entonces: **«creó Elohim», porque Elohim es el nombre en su revelación. Al comienzo está oculto porque es supremo, y el de abajo se revela. De modo que siempre la obra del Santo, Bendito Sea, es oculta y revelada. Y tal es el misterio del Nombre santo: oculto y revelado.** También se enseña que en la expresión **«los Cielos»** –*et hashamaim*–, la partícula *et* **viene a incluir a los Cielos de lo Bajo a lo Bajo, y «la Tierra»** –*et haaretz*–, **incluye la Tierra de lo Bajo, y de igual modo viene a agregar que toda la obra** de lo Bajo, la del Maljut, los tres mundos inferiores, **es similar a la de lo Alto,** la de la Biná.

La interpretación del pasaje bíblico: **«la Tierra era** *Tohu* y *Bohu*» (Génesis 1:2), **es tal como lo dijimos, y «la Tierra» designa a la Tierra de lo Alto, el Maljut del Mundo de la Emanación, que no tiene luz propia. La palabra «era» señala que inicialmente,** antes de ser empequeñecida en el cuarto día de la Creación, **ya era como debía ser, y ahora ella es** *Tohu y Bohu* **y oscuridad.** Es decir: «**era**» precisamente. **Y** después **ella misma se empequeñeció, y empequeñeció su luz.** Y tras empequeñecerse, el Maljut pasó a estar conformado por las raíces de los cuatro elementos: **el** *Tohu*, raíz de la tierra, **el** *Bohu*, raíz del agua, **la oscuridad**, raíz del fuego, **y el espíritu**, raíz del aire: **son los cuatro fundamentos del mundo que están contenidos en ella.**

Otra explicación acerca del mismo versículo: «En el principio creó Dios los Cielos y la –*veet*– la Tierra» (Génesis 1:1), **tal como dijimos,** que la expresión «*veet*» **incluye a la Tierra de lo Bajo que está hecha de diversas residencias, todo como el modelo de lo Alto, y esto es** lo que significa que **la Tierra era** *Tohu* **y** *Bohu***, oscuridad y espíritu** lo cual alude a las siete tierras inferiores que se encuentran en el vientre de la Tierra. **Estas son las residencias de la Tierra: Eretz, Adamá, Guei,** *Neshiá, Tziá, Arká, Tevel.* **Y la más grande de todas es** *Tevel***,** como está escrito: «El [40a] juzgará al universo –*tevel*– con justicia» (Salmos 9:9). Rabí Iosei dijo: ¿Quién es *Tziá*? Le **dijo** Rabí Shimón: **es el lugar del** *Guehenóm***,** como está dicho: «Por una Tierra desierta y desolada, por **Tierra seca** –*tziá*– **y de sombra de muerte** –*tzalmavet*–» (Jeremías 2.6). **Y este misterio está escrito** y sugerido a través de la expresión: «**oscuridad sobre la faz del abismo**» (Génesis 1:2): **este es el misterio del lugar del** *Guehenóm***, la** oscuridad relacionada con el fuego del Infierno, **este es Tziá, el lugar del Ángel de la muerte,** tal como dijimos, quien oscurece la faz de **las criaturas, y éste es el lugar de la oscuridad suprema. El** *Tohu* **es la** tierra llamada *Neshiá*, **en la que ninguna apariencia puede ser percibida, hasta ser olvidada por todos. Y por ello se denomina** *Neshiá* –olvido–. **Y** *Bohu* **es la tierra denominada** *Arká***, lugar que no es olvidado.** Rabí Jia dijo: **el** *Bohu* **es la Tierra llamada** *Guei***.** Y lo escrito: «**y el espíritu de Elohim sobrevolaba…**» (Génesis 1:2) **es en correspondencia con** *Tevel* **que se nutre del espíritu de Elohim,** el Maljut, **y todo es** como **uno:** una tierra sobre la otra. **De la misma manera** que la Tierra de lo Bajo **tiene** siete residencias, también **la Tierra de lo Alto** las tiene, tal como se explica a continuación.

Las siguientes residencias se encuentran ubicadas una sobre la obra, y se sitúan en la Klipá denominada Noga del Mundo de la Formación. Los sabios cabalistas nos enseñan que en las residencias inferiores los ángeles que allí se encuentran son de menor santidad, mientras que los ángeles de la cuarta, quinta, sexta y séptima residencia son poseedores de una gran santidad.

Estas siete residencias que se encuentran **en lo Alto,** se ubican y ordenan **un grado sobre un grado,** y en casi **todas hay residencias de ángeles superiores, unos sobre los otros** de acuerdo a sus niveles de santidad, **tal como** se encuentran ordenadas las tierras **en lo Bajo, y todas están unidas una a la otra, siendo todas uno. Hay siete residencias en lo Alto, y esa Tierra suprema,** el Maljut del Mundo de la Emanación, **las reúne, y todas existen en ella** ya que los mundos inferiores son considerados como fuerzas o poderes pertenecientes al Maljut, **y en todas existe la alabanza al Santo, Bendito Sea, sus grados difieren uno del otro, y sus sitios difieren uno del otro.**

La primera residencia en lo Bajo está ubicada en el Maljut de Noga del Mundo de la Formación y **es un lugar oscuro, que no ilumina,** porque en este sitio el Maljut no es más que un punto negro, **y está destinado a la residencia de los** malos **espíritus y los hacedores de juicios y violentas tempestades,** es decir, todo tipo de klipot **que resultan inaprehensibles y que no poseen luz, y no oscuridad, y no forma alguna. Y allí no se conoce ningún conocimiento,** en el sentido de unión y acoplamiento, **porque no hay en él ninguna forma dentro de ninguna** otra forma, lo cual imposibilita toda aprehensión. **Y sobre ese lugar está encargado un Ángel de nombre Tahariel, y con él setenta encargados que vuelan y** que una vez que cumplen con su misión **son consumidos por rayos de llama, y no poseen existencia** firme **y no poseen apariencia y no se encuentran** en ningún sitio en particular ya que rápidamente son consumidos. **Y cuando llega la mañana todos se renuevan, pero no poseen existencia,** porque **cuando llegan a este lugar son aniquilados y no se encuentran.** Es decir, **entran en un hueco del**

abismo y no son aprehensibles. Cuando cae la noche son aniquilados por esas llamas, hasta que llega la mañana y vuelven a
renovarse.

La segunda residencia está ubicada en el Iesod de Noga del
Mundo de la Formación, y por estar más cercana a la Santidad es un
lugar que ilumina más, y es oscuro pero no tan oscuro como ese
primero, y él está destinado a la residencia de ángeles supremos,
denominados Ishim, que son encargados de las acciones de los
hombres y para desviarlos a ellos de ese mal camino que ellos
recorren. Este lugar es más aprehensible que el primero. Estos
ángeles poseen cercanía con los hijos del hombre y se nutren del
aroma y el perfume que surgen de las buenas acciones de los hombres de lo Bajo, para elevarse en su ascensión e iluminar más.
Y sobre ellos hay un encargado de nombre Kedumiel. Y éstos
abren en cántico delante de El Eterno antes de la medianoche y son
acallados y se van, y no son aprehendidos hasta que los hijos de
Israel, en lo Bajo, abren y entonan un cántico, y entonces retoman
consistencia en sus lugares y se manifiestan iluminando más. Es
decir, lo que les otorga fuerza y poder para regresar a sus lugares es
el cántico entonado por los hijos de Israel. Tres veces al día pronuncian la Kedushá –Santidad– así como lo hacen los miembros del Israel, y cuando Israel se ocupan de la Torá todos emprenden vuelo
para comprobar si estudian por el valor del estudio mismo –lishmá– y
presentan testimonio en lo Alto, y el Santo, Bendito Sea, se apiada de ellos, de los que se ocupan del estudio de la Torá.

La tercera residencia es un lugar de llamas y columnas de
humo, asociada con la sefirá de Hod de Noga del Mundo de la Formación, cercano a las klipot, y allí se encuentra el fluir del Nehar
Dinur –El río de fuego– que fluye y emerge, porque él es la casa
de la hoguera de las almas de los malvados, pues en el Infierno
desde allí el fuego desciende sobre las cabezas de los malvados.
Y allí se encuentran también los ángeles destructores que los acosan. Y allí a veces se encuentran los delatores de los integrantes de

Israel, que los descarrían del camino del bien, **con excepción del tiempo en que toman el remedio** del arrepentimiento, la *teshuvá*, quitándoselos así de encima. Hay un encargado sobre ellos del lado izquierdo. Todos son del flanco de la oscuridad, como está dicho acerca de esto: «La oscuridad estaba sobre la faz del abismo» (Génesis 1:2). Y Samael, el malvado, se encuentra y reside allí debido a su intento de evitar la creación del Primer Hombre.

La cuarta residencia es un lugar que ilumina, asociada con el Netzaj de Noga del Mundo de la Formación, cercano a la Santidad, y allí son iluminados los ángeles de lo Alto del lado derecho, y abren en cántico hasta concluirlo, y no son anulados como esos de las residencias anteriores [40b] que abrían en cántico y eran quemados y anulados por el fuego ardiente y vuelven y se renuevan como al principio. Por el contrario, éstos de la cuarta residencia guardan consistencia en sus lugares y no son anulados. Éstos son los ángeles de la misericordia que no se transforman jamás a diferencia de los descritos anteriormente que, una vez cumplida su misión, simplemente desaparecen y pueden renovarse para nuevos encargos relacionados con la misericordia o el rigor. Y sobre ellos, los ángeles de misericordia, está escrito: «Hace espíritus de Sus ángeles...» (Salmos 104:4), ya que en el Mundo de la Formación existen ángeles y también espíritus, o más precisamente, en su estado más externo son concretamente ángeles y en su estado más interno, son espíritus. Éstos cumplen su misión en el mundo, en el Mundo de la Acción, y no aparecen ante los hombres, excepto en visiones o de otros modos a través de una gran atención mental como la meditación o ciertos niveles de percepción. Y un ángel es encargado de ellos: su nombre es Padael, y en esta residencia se abren las puertas de la misericordia a aquellos que regresan a su Señor y se abren los portones para que pasen sus plegarias y sus ruegos.

La quinta residencia está asociada con el Tiferet de Noga del Mundo de la Formación, y es la residencia que ilumina con una luz mayor que todas las anteriores, y allí se encuentran ángeles, entre ellos de fuego, relacionados con el aspecto de rigor, y entre ellos de agua, relacionados con el aspecto de la bondad. Por lo tanto a veces se encuentran en misericordia y a veces en juicio, unos de este lado, el derecho, y unos de este lado, el izquierdo, a veces éstos iluminan y éstos se oscurecen, y a veces sucede exactamente lo contrario. Esos son los encargados de entonar cánticos a su Señor, unos, los ángeles del lado del rigor, a la medianoche y unos, los ángeles del lado de la bondad, cuando emerge la luz del amanecer. Y hay un encargado de ellos: Kadshiel es su nombre. Cuando llega la medianoche y el viento del Norte se despierta, y el Santo, Bendito Sea, viene a regocijarse con los justos en el jardín del Edén, entonces el viento del Norte golpea y llega a esos encargados de entonar el cántico a medianoche, y todos entonan y abren en cántico. Cuando llega la mañana y la oscuridad de la madrugada se une a la luz de la mañana, entonces todos los otros ángeles entonan un cántico, y todas las estrellas del firmamento y todo el resto de los ángeles los ayudan, tal como está escrito: «Cuando las estrellas de la mañana estallan en un canto de alegría y todos los hijos de Elohim emiten gritos de deleite» (Job 38:7), hasta el momento en que los hijos de Israel retoman su cántico y su alabanza tras ellos en el rezo de la mañana, shajarit.

La sexta residencia es la residencia superior, asociada con la Gevurá de Noga del Mundo de la Formación, cercana al Reino de los Cielos. Los sabios cabalistas nos enseñan que en el interior de esta residencia se encuentran cuatro jaiot que son Mijael, Gabriel, Uriel y Refael, y cada una de ellas ejerce su dominio y su primacía en distintos momentos. Y en ella hay naves, ríos y arroyos que se dividen al salir del mar, el cual se refiere al Maljut. Y cuántos peces hay aquí, en referencia a los ángeles: de ellos que nadan hacia las cuatro direcciones del mundo para cumplir con sus respectivas misiones, y por encima de ellos ministros espirituales encargados, y un encargado sobre ellos, y Uriel es su nombre, y él es encargado sobre todos éstos que están abajo. Y todos los peces, es decir, los ángeles, viajan, en el momento y el instante en que viajan las naves hacia este flanco y hacia este otro flanco: cuando viajan las naves, los ángeles de la bondad, hacia el lado del Sur, el encargado que se encuentra sobre ellos en ese flanco es Mijael, porque proviene de la derecha. Y cuando las naves, los ángeles del rigor, viajan hacia el lado Norte, el encargado que se ubica sobre ellos en ese flanco es Gabriel, que proviene del flanco de la izquierda. Y cuando viajan las naves, los ángeles de la misericordia, hacia el lado del Oriente, he aquí que allí el encargado que se ubica sobre ellos en ese flanco, Uriel es su nombre, y se encuentra a la derecha. Y cuando viaja la nave, los ángeles del Maljut, hacia la dirección del Occidente, el encargado que se ubica sobre ellos hacia ese flanco es Refael, y él es el último.

La séptima residencia es la residencia superior a todo el resto de residencias, está asociada con el Jesed de Noga del Mundo de la Formación, y allí no se encuentran sino las almas de los justos, y allí se deleitan con ese esplendor supremo relacionado con el Keter, y se deleitan con delicias y goces supremos. Y allí no se encuentran sino estos justos solamente y no ángeles, y tesoros de paz, bendición y gratificación. Todo en estas residencias es semejante a las residencias de lo Alto, y he aquí que dijeron los compañeros que así es en la Tierra de lo Bajo, con siete residencias, y todas son semejantes a las de lo Alto.

Y en todas estas siete tierras de lo Bajo hay especies de apariencia humana. Y todos agradecen y alaban al Santo, Bendito Sea, y no hay quien conozca Su gloria como éstos de la residencia suprema, en relación a nuestro mundo denominado Tevel, y estos contemplan Su gloria como corresponde con el fin de servirlo, de alabarlo y conocer Su gloria. Y este mundo supremo, que es Tevel, no existe sino para los justos que poseen cuerpos santos [41a]. Y así como en lo Alto no existe esta residencia séptima sino para las almas de los justos, de igual modo esa séptima residencia de lo bajo no existe sino para los cuerpos de los justos, para hacer que todo sea uno, ésta residencia similar a ésta.

Ven y observa dijo Rabí Shimón: las siete residencias son tal
como lo dijimos, es decir, están asociadas con el misterio de Noga
del Mundo de la Formación, y dentro de éstas hay siete palacios
de esos secretos de la fe, lo cual remite al Maljut de cada uno de los
Rostros del Mundo de la Formación, en correspondencia con los
siete firmamentos de lo Alto, asociados de modo paralelo con el
Iesod, y en cada palacio y palacio hay espíritus supremos que son
los ángeles responsables de cada uno de los palacios.

El primer palacio está asociado con el misterio del Maljut del
Maljut del Mundo de la Formación: aquí hay un espíritu, un ángel,
que está encargado de las almas de los conversos que se convirtieron sinceramente, y Rajamiel es su nombre, y él los recibe, y por
su intermedio gozan del resplandor de la Gloria suprema.

El segundo palacio está asociado con el misterio del Maljut del
aspecto masculino inferior del Mundo de la Formación: aquí hay un
espíritu, un ángel, y Ahinael es su nombre, y él se encuentra encargado sobre todas las almas de los niños que no tuvieron el
mérito en este mundo de ocuparse del estudio de la Torá porque
fallecieron siendo aún niños, y él se encuentra sobre ellos y les
enseña la Torá.

El tercer palacio está asociado con el misterio del Maljut de la
Biná del Mundo de la Formación: en él hay un espíritu, un ángel,
Adrahinel es su nombre, y él se encuentra sobre las almas de
aquellos que retornaron en arrepentimiento –teshuvá– pero no
retornaron completamente y del modo apropiado, como por ejemplo los que pensaron retornar al camino verdadero pero hasta que
retornaron, es decir, antes que pudieran completar su retorno al
camino verdadero murieron sin poder cumplir sus pensamientos y
sus intenciones. Estos son presionados en el Gehenom para que
reciban el castigo que les corresponde, y después son introducidas
estas almas en el tercer palacio y presentadas al espíritu encargado
de ellas, que las recibe, y ellas desean gozar del resplandor de la

Gloria de su Señor pero no logran gozar de la misma. **Estos son denominados «hijos de carne» y sobre ellos** y sobre su futura rectificación **está escrito: «En cada Luna nueva y en cada Shabat, toda carne vendrá a prosternarse ante Mí, dijo El Eterno»** (Isaías 66:23).

El cuarto palacio está asociado con el misterio del Maljut de la Jojmá del Mundo de la Formación: **aquí se encuentra un espíritu,** un ángel, **Gadrihael es su nombre. Él se encuentra** encargado **sobre todas esas almas** de los hombres **que fueron asesinados por los otros pueblos; él los hace ingresar dentro de la vestimenta real del Rey, y son inscritos allí hasta el día en que el Santo, Bendito Sea, los vengue, tal como está escrito: «Él ejerce la justicia entre las naciones, todo está lleno de cadáveres, aplastará la cabeza sobre la tierra** a través de un **gran** golpe» (Salmos 110:6).

El quinto palacio está asociado con el misterio del Maljut de Arij Anpin del Mundo de la Formación: **aquí se encuentra un espíritu,** un ángel, **denominado Adiriel, y él se encuentra sobre todas esas almas que fueron mordidas** y afectadas por el veneno de la Serpiente, **que** en realidad **casi no probaron del pecado en este mundo** sino que en realidad murieron debido al veneno mencionado y debido a sus propios actos, **porque temían sin cesar a su Señor. Y gozan aquí,** en este quinto palacio, **del resplandor de la Gloria del Rey.**

El sexto palacio está asociado con el misterio del Mundo de la Formación: **aquí se encuentra un espíritu,** un ángel, **Tzadkiel es su nombre, y es el encargado de todas las almas que han vuelto a su Señor para arrepentirse plenamente** –*teshuvá shleimá*–. Y éstos se encuentran en este supremo palacio **para gozar del resplandor de la Gloria del Rey supremo y no se apartan del mismo.**

El séptimo palacio está asociado con el misterio del Mundo de la Formación: **aquí se encuentra ese espíritu superior,** el ángel supremo, **del lado derecho, y Mijael es su nombre. Y éste se encuentra**

sobre todas las almas de los piadosos que se ubican en ese lado, del lado de la Santidad. Ellos se sitúan por encima de todas las almas de esa residencia, superior a todas, y Mijael es el jefe encargado sobre todos los demás ángeles que se encuentran allí. Y unos cuantos millares y miríadas de ángeles, todos se encuentran debajo de el dominio del ángel Mijael de ese lado derecho. Es allí que se deleitan estas almas de los piadosos con esa luz suprema que fluye del Mundo Venidero. ¡Bienaventurados son en éste mundo y en el Mundo Venidero!

Ven y observa: Rabí Shimón dijo y enseñó: ¿Quién es el que sabe ordenar la plegaria de su Señor como Moisés? Cuando necesitó ordenar su plegaria de modo prolongado, la ordenó de este modo, como cuando la extendió por el término de cuarenta días y cuarenta noches para solicitar el perdón divino por el pecado del becerro de oro; y cuando necesitó acortarla a su plegaria también lo hizo, como cuando elevó su ruego para lograr la curación de su hermana Miriam, ejemplo máximo de una plegaria reducida (Números 12:13), texto que en hebreo abarca solamente cinco palabras.

Rabí Shimón dijo también: he aquí que encontramos en los libros de los sabios antiguos el orden de los misterios más recónditos con respecto a la unificación de los mundos que se realiza a través de la plegaria. A veces es necesario ordenar la plegaria como corresponde y establecer conexiones y unificaciones con el fin de endulzar al Señor, o más exactamente a Sus juicios y Su rigor, como corresponde, y saber realizar una unificación completa a través de la pronunciación del rezo del Shemá Israel, para rasgar firmamentos y abrir los portones y las puertas de los Cielos para que no haya nadie que se le oponga a su rezo. Bienaventurados son los justos porque saben seducir a su Señor y anular los decretos, y hacer morar a la Presencia Divina en el mundo y provocar el descenso de las bendiciones sobre el mundo, y saben suprimir a los portadores de juicios para que no ejerzan su dominio en el mundo.

Rabí Shimón se incorporó y dijo acerca del versículo de los Salmos: «¿Quién contará la inmensa obra de El Eterno?» (106:2), y lo interpretó otorgándole el siguiente significado: **quien descubrirá el polvo de tus ojos, Abraham, el piadoso, derecha del Santo, Bendito Sea, que te fue descubierto el misterio de los misterios, y comenzaste** a establecer **las plegarias en el mundo,** –considerando que el patriarca Abraham estableció el rezo matutino, Shajarit–, **y te fueron descubiertos los palacios del Rey supremo** que supiste establecer de acuerdo con el orden de la plegaria. **Hay siete palacios sagrados y estos** ángeles que serán mencionados **se encuentran en las puertas** de cada uno de ellos, **como corresponde, y en cada uno y uno** de estos palacios **ingresa [41b] la plegaria de la unificación,** es decir, la que incluye la unificación de los mundos, **porque quien sabe endulzar a** los juicios y al rigor de **su Señor y lograr la unificación completamente, quien sabe ingresar en todos los palacios y anudar nudos, unos con otros,** palacio con palacio, **espíritu con espíritu,** es decir, **el espíritu** que habita en el palacio **de lo Bajo con el espíritu** que habita en el palacio **de lo Alto,** sobre él **está escrito: «El Eterno, en la tribulación te buscaron, derramaron la oración cuando los afligiste»** (Isaías 26:16).

El Arí Hakadosh explica que los palacios detallados a continuación aluden a los palacios del aspecto masculino inferior del Mundo de la Creación, los siete palacios que los que conocen los misterios de la Cábala elevan y rectifican a través de las alabanzas ordenadas en el rezo matutino –*Shajarit*– de los días de la semana.

El primer palacio está asociado con el Iesod y la corona del Iesod –*atará*– del aspecto masculino inferior del Mundo de la Creación. Sobre él **está escrito: «Tuvieron una visión del Dios de Israel, y bajo Sus pies había como un embaldosado de zafiro –*Livnat Hasapir*–, y era como la esencia de los Cielos en pureza»** (Éxodo 24:10). Es decir, se consideran dos aspectos separados el Livnat y el Sapir, y cuando se especifica que se encontraban «bajo sus pies» se indica que se encuentra por debajo de los palacios de Netzaj y de Hod, correspondientes al misterio de las piernas. En este versículo se esconde el **misterio de los misterios,** y en este palacio **hay un espíritu denominado Sapira, como el zafiro de la piedra preciosa que reluce en dos direcciones** y tonalidades: blanca y roja. **Una luz** masculina **asciende** para recibir abundancia **y desciende** para ejercer su influencia, **y esa luz blanca resplandece en todas las direcciones: Alto y Bajo y hacia las cuatro direcciones del mundo. La segunda luz,** femenina, **es oculta y revelada. De esta luz se dividen cuatro luces en las cuatro direcciones, pero todas las luces son una sola luz.**

¿A qué se parece esto? **Como la llama de una vela que se encuentra encendida y que brilla con luces ante las miradas de los ojos de los hombres. Y estas luces de la vela ascienden y descienden, van y vuelven** iluminando en todas las direcciones **desde el interior de ese fuego de la luz de la vela encendida,** y sin embargo, aunque aparentan ser una gran cantidad de luces, **todas son una luz** y poseen una única fuente de luz: la vela encendida. **Así también** sucede con **estas** luces, ya que todas provienen de la luz de Sapir, **y brillan todas las luces como el aspecto del bronce refinado, con** un color **rojo, como está dicho: «Y destellaban como el bronce refinado»** (Ezequiel 1:7). **Esta es** la luz de Sapir que se ubica **a la derecha** en el palacio.

A la izquierda, por su parte, **se encuentra el espíritu llamado Levana** o Livnat, el cual también está conformado por dos tonalidades: blanca y roja. **Este** espíritu **se encuentra incluido en el espíritu anterior,** Sapir, **e ingresa este** primero **en este** otro, el segundo: **la luz roja y blanca como una** se reúnen con las luces del Sapir, **porque** las luces de Livnat **surgen de las luces iniciales** de Sapir, y ahora se vuelven a unificar. **Cuando llegaron las luces de éste,** del espíritu denominado Levana, entonces **alcanzaron a las luces precedentes** del espíritu denominado Sapir, **y se incluyeron en él, y son una. Y son visibles las luces iniciales** de Sapir **solamente, y no se revelan las otras,** las de Livnat, **y no se reconoce que se han introducido en su interior y que se ocultaron en ellas. Como está dicho: «Y** las vacas flacas y malas se comieron a las primeras siete vacas robustas. Y entraron dentro de ellas, **mas no se reconocía que habían entrado dentro de ellas,** pues su apariencia seguía siendo tan inferior como antes» (Génesis 41:20–21). **Esto es que un espíritu con otro espíritu se volvieron uno, las luces con otras luces se volvieron uno.**

Y aquí, en este palacio, **hay dos firmamentos** –el Iesod y su corona– **inferiores a los firmamentos denominados «Cielos de los Cielos»,** en relación a las siete sefirot que se encuentran por encima de los aspectos mencionados. **A partir de los dos espíritus destellantes se crearon los** seres espirituales denominados **ofanim que son santos, cuyas leyes son como las leyes de las jaiot,** otros entes espirituales, **como está escrito: «El aspecto de los ofanim y su estructura»** (Ezequiel 1:16); **y es lo que está escrito** antes de esto: «**La semejanza de las jaiot, su aspecto era como de carbones de fuego encendidos, como visión de antorchas encendidas, y él andaba entre las jaiot»** (*ibid* 13). Es decir, los ofanim aparecen junto a las jaiot. ¿Quién es «él» que andaba ente las jaiot? **Es el espíritu de santidad,** denominada Atará, **lugar del que surgen** las jaiot, **y el que las ilumina, tal como está escrito: «y el fuego resplandecía...»** *(ibid).*

Y la descripción que detalla **«y del fuego salía un relámpago»** *(ibid)* significa: **cuando se incluye un espíritu,** el de Atará, **en otro espíritu,** el de Iesod, **surge de ellos la luz de una jaiá** denominada Barak, relámpago, **se apoya sobre los cuatro ofanim** que se transforman en su carruaje **y su aspecto,** el del Barak, **es el del león; ejerce su dominio sobre mil trescientas miríadas de otros ofanim; sus alas** son como de águila. **Ella es la encargada sobre estos ofanim. En cuatro ruedas** –galgalim– **viajan cada uno y uno de estos cuatro** ofanim, **en cada rueda y rueda hay tres soportes,** es decir, **hay doce soportes para las cuatro ruedas. Este espíritu** del Iesod **domina a todo,** porque **de él surgieron; y este espíritu otorga existencia a todos,** porque **de él se nutren.**

Estos cuatro ofanim que sirven de carruaje a la jaiá denominada Barak, **cuatro rostros** existen **para cada uno y uno** de ellos, tal como lo describe el profeta Ezequiel, **y todos estos rostros observan hacia los cuatro costados de esa jaiá que se encuentra sobre ellos.**

Cuando se desplazan estos cuatro ofanim bajo esa jaiá, ingresa uno en el otro y encaja uno en el otro, tal como está dicho: «y los lazos se correspondían entre sí» (Éxodo 36:12), es decir: se incluyen una en una e ingresa una en una. Cuando se desplazan estas ruedas de los ofanim se deja oír una voz de cántico agradable por todos los poderes de lo Bajo de este palacio, según su especie.

Bajo este palacio los poderes se dividen hacia afuera, hacia numerosas direcciones del firmamento de lo bajo, hasta alcanzar el planeta Saturno. Todos estos poderes contemplan a ese palacio, y de allí se nutren. Todos estos ofanim que se encuentran en ese palacio, todos contemplan a ese espíritu, Sapir, tal como está escrito: «Hacia donde el espíritu les movía, allí iban» (Ezequiel 1:20), y «No se volvían cuando andaban» (*ibid* 9). Es decir, enseña como el espíritu de Sapir conduce a los ofanim. Y este es el palacio denominado «Livnat Hasapir». Este espíritu, el Iesod, que contiene otro espíritu, el segundo, el de la Atará, su luz asciende y desciende, y no se acalla jamás sino que siempre permanece en movimiento para tomar abundancia de lo Alto y derramarla sobre los mundos inferiores.

Como la luz del Sol en las aguas, no hay quien la aprehenda, salvo la voluntad del hombre justo a través de esa plegaria que se introduce en ese palacio y se eleva su plegaria de un palacio al otro para anudar nudos perfectos y efectuar unificaciones, depositando [42a] el espíritu primero, el inferior, como corresponde, unificándolo y vinculándolo con los superiores. Entonces la luz del espíritu se envuelve en ella, en la plegaria que asciende, y se regocija en ella, y se eleva con ella hasta atarse al nudo del segundo palacio, para incluir al espíritu que engloba a otro espíritu más supremo. Y este espíritu que engloba, incluye en él, en el segundo palacio, a la jaiá y a todos los ofanim y las ruedas del primer palacio y las hace ascender.

Y se unifican a él de la misma forma interior y profunda que el fuego se une al agua y el agua al fuego, por ejemplo, en el cuerpo humano; y se unifican de un modo más externo como el Sur al Norte y el Norte al Sur, el Este al Oeste y el Oeste al Este: así todas estas luces que ascienden del primer palacio al segundo **se unen una a la otra y se anudan una a la otra.** El espíritu asciende para ser anudado y la jaiá mira hacia lo Alto para recibir su influencia en dirección al segundo palacio y se miran uno a otro: uno para recibir y el otro para influir. **En medio de este** primer **palacio está implantada una columna que se eleva hasta el centro del otro palacio,** el segundo, el inmediatamente superior, **y perfora y asciende desde abajo hasta arriba, para que se apegue un espíritu con el otro espíritu, y así** continúa ascendiendo **hasta lo más alto de todo,** el séptimo palacio, **convirtiéndose todos** como **en un único espíritu, como está dicho: «Un mismo espíritu para todos»** (Eclesiastés 3:19).

El segundo palacio está asociado con el Hod del aspecto masculino inferior del Mundo de la Creación. Sobre él **está escrito: «Tuvieron una visión del Dios de Israel, y bajo Sus pies había como un embaldosado de zafiro, y era como la esencia de los Cielos en pureza.»** (Éxodo 24:10). **Aquí,** en este palacio, **se encuentra ese espíritu que se denomina Resplandor** –*Zohar*– **y conserva siempre su blancura porque no se mezcla con ninguna otra tonalidad** como en el caso del primer palacio compuesto por el blanco y por el rojo: **es la esencia** –*etzem*– **que jamás se modifica. Este** espíritu **no está revelado de modo que brille como otro; es difícil su revelación como lo oculto del ojo** que no ilumino por sí mismo **sino que cuando gira reluce y brilla en su circulación. Así también aquí** este espíritu no se revela sino por la circulación del espíritu del primer palacio, **porque cuando ese primer espíritu se eleva, lo hace girar en su circulación y lo revela, y lo une a sí como la unión del blanco del ojo** con su propia raíz.

Dentro de otra tonalidad que es más tenue que la inferior, **y la** cual se encuentra **dispuesta sobre ella,** gira este espíritu del espíritu denominado Zohar **dentro del espíritu** del palacio **inferior,** Livnat Hasapir; **la luz de lo Bajo** del primer palacio **hace girar la rueda de esta luz** del segundo palacio **que comienza a iluminar, aunque no puede iluminar hasta que** la luz **de lo Bajo se une a**

ella y se conecta con ella. Y entonces ilumina y se une a la luz de lo bajo que, aunque compuesta e incluyendo al espíritu del primer palacio, no se modifica jamás, sino que se revela por su mediación. Y cuando esta luz inferior gira, desplaza a otra luz al lado izquierdo, gira con ella y circula con ella. Y sobre este misterio está escrito: «El contorno de tus muslos es como una joya, obra de un artista» (Cantar de los Cantares 7:2). ¡Bienaventurado quien sabe revelar las luces del segundo palacio a través de su plegaria!

Otro espíritu denominado Cielos que se encuentra en el lado izquierdo del segundo palacio está contenido dentro de este espíritu del lado derecho, Zohar, y gira e ilumina en torno suyo con tonalidad azul y blanco. Ese blanco del lado izquierdo se conecta con este blanco del lado derecho, y ese azul se conecta al rojo de la luz de lo Bajo, del primer palacio, que ascendió y ahora se encuentra en el lado izquierdo. Y se incluyen uno en otro y devienen uno, denominándose «la esencia de los Cielos». Y todo lo de lo Bajo y ese palacio de lo Bajo, todo está incluido aquí, y como todo está incluido aquí se denomina «la esencia de los Cielos», pues «la esencia» se refiere a la tonalidad blanca, y «Cielos» se refiere al misterio del fuego y del agua, el azul y el rojo respectivamente.

Del conjunto de estas luces de los dos palacios fueron creados los serafines con seis alas, tal como está escrito: «Encima de él había serafines, cada uno tenía seis alas» (Isaías 6:2). Todos con seis alas debido a que todos provienen de la «esencia de los Cielos», palacio que encierra el misterio del número seis. Estos serafines son los que queman a aquellos que no temen la Gloria de su Señor, –razón por la cual su nombre comparte raíz lingüística con la palabra hebrea *lisrof,* quemar– y es el misterio de la enseñanza que indica que «el que utiliza la corona, perece», es decir, el que no posee temor a Dios aunque lee y repite los seis órdenes de la Mishná, en correspondencia directa con las seis alas de los serafines, o que no teme y minimiza el valor del justo, éste es el que sabe ordenar y establecer conexiones y realizar la unificación de su Señor como corresponde. Estos serafines de seis alas son los que santifican el nombre santo de su Señor, cada día, continuamente.

Cuando las luces de estos palacios giran, surgen de ellas la luminosidad de una jaiá, la cual se ubica y se apoya sobre cuatro jaiot más pequeñas, y estas últimas dominan a los primeros serafines, porque ellas los contienen en su seno, y cuando ellas se desplazan se rinden y se someten los serafines de abajo, de los mundos de impureza, serpientes que surgen del seno de esa Serpiente–Serafín que provocó la muerte a todo el mundo. Estas cuatro jaiot, de rostro de águila, dirigen su mirada en dirección a esa *jaiá*, el Aguila suprema que se ubica por encima de ellas, tal como está dicho: «El camino del águila en los Cielos» (Proverbios 30:19), es decir, el rostro del águila se encuentra en el palacio denominado Cielos. Este espíritu de este palacio reina sobre todo, en relación a las jaiot y los serafines, ya que constituye su raíz y los influye de modo permanente.

Esa jaiá que se cierne sobre todas las demás, es decir, sobre las otras cuatro, mira a lo Alto para recibir abundancia espiritual, y todos los que se encuentran por debajo de ella, las cuatro jaiot y los serafines, se vuelven también hacia ella. Todas las jaiot y los serafines cuando viajan se estremecen e innumerables poderes a partir de ellos se iluminan, de ellos deshacen su consistencia y son consumidos en el fuego por los serafines, pero luego regresan y se renuevan tal como al principio. Todos los serafines ingresan bajo esa jaiá, se refugian bajo sus alas para ser incluidas en lo Alto, en su raíz.

Estas cuatro jaiot [42b] se elevan cuando el espíritu resplandece dentro de esa jaiá. Cuatro ruedas posee cada una y una de las jaiot, cada rueda en una dirección. Una de las ruedas se vuelve hacia el lado Este, tres pilares la transportan y observan en dirección al centro. Una de las ruedas se vuelve hacia el lado Oeste, tres pilares la transportan y observan en dirección al centro. Y una de las ruedas se vuelve hacia el lado Sur, tres pilares la transportan y observan en dirección al centro. Y otra rueda se vuelve hacia el lado Norte y tres pilares la transportan y observan en dirección al centro. Y todos los pilares son doce en total, toman abundancia espiritual desde el centro y ese centro se cierra y se abre. Y toda rueda y rueda, cuando se desplaza para entonar un cántico, una voz se escucha en todos los firmamentos.

Estas cuatro jaiot, todas se revisten una en otra, y los ofanim de lo Bajo entran al interior de la jaiot de lo Alto, que se incluyen unos dentro de los otros. El espíritu de la esencia de los Cielos que está contenido dentro de estos espíritus de Livnat Hasapir, se enciende y se eleva para unificarse en lo Alto con el espíritu del tercer palacio, uniéndose a la voluntad del hombre justo gracias a la plegaria que reza.

Porque cuando la plegaria asciende y se introduce en ese palacio, toma todo, y todos se desplazan con ella, y se incluyen uno en otro hasta que son incluidos en este espíritu de la esencia de los Cielos. Este espíritu se desplaza por la voluntad de la conexión de la unificación de la plegaria del hombre justo que lo unifica todo, hasta que llegan todos los espíritus de los dos primeros palacios hasta el tercer palacio, incluidos uno en otro como los primeros: el fuego en el agua y el agua en el fuego, el aire en el polvo y el polvo en el aire, el Este en el Oeste y el Oeste en el Este, el Norte en el Sur y el Sur en el Norte. Y así todos se conectan uno con el otro, unificándose uno con otro y encajando uno en otro. Y así numerosas huestes y campamentos descienden a lo Bajo, y se mezclan con esos seres inferiores, hasta llegar al encargado espiritual del planeta *Tzedek* –Júpiter–, y allí se encuentran innumerables encargados que se ocupan de trasladar esta influencia espiritual sobre el mundo.

Y cuando este espíritu de la esencia de los Cielos compuesto por todos y en el que todos están incluidos, se eleva y se unifica e ingresa dentro del tercer palacio, hasta que se une al espíritu que habita allí, en el centro de esa columna que se yergue en medio del palacio, entonces todo se perfecciona hasta aquí como corresponde, y todos son un solo espíritu, compuesto por todo, colmado de todo, tal como está dicho: «Todos son un mismo espíritu» (Eclesiastés 3:19). Aquí se encuentra el misterio del doblar las rodillas para unirse a su Señor.

El tercer palacio está asociado con el Netzaj del aspecto masculino inferior del Mundo de la Creación. Este palacio es el palacio de ese espíritu llamado Noga. Este espíritu es más puro y claro que todos los inferiores: no hay tonalidad que se perciba en él: ni blanco asociado con el Jesed, ni verde asociado con el Tiferet, ni negro asociado con el Maljut, y no rojo asociado con la Gevurá. Y por eso es denominado «...y era como la esencia de los Cielos en pureza»: puro y claro más que todo los espíritus inferiores. Y a pesar de ser más puro que todos no es aprehensible, hasta que estos espíritus inferiores giran y se unifican a él en su parte más externa, y se introducen en su interior. Después de que lo penetren, entonces se percibe su luz pero no la tonalidad de ninguno de todos ellos. Cuando ese espíritu se completa con todos los inferiores, surge de él una luz, es decir, un ángel, conformada por tres luces. Los sabios cabalistas enseñan que esta luz que se aprehende es en paralelo a la letra Iud del Nombre del Tetragrama, la cual ilumina de acuerdo a las tres letras que en realidad componen al Nombre –Iud, Hei, Vav–, considerando que la letra Hei se repite dos veces.

Estas dos luces paralelas a las letras Vav y Hei del Nombre, ascienden para recibir abundancia espiritual, descienden para absorber el despertar espiritual de los seres inferiores y destellan su luz. En ese destello aparecen veintidós luces asociadas con las veintidós letras del abecedario hebreo, diferentes la una de la otra tal como sucede con la forma de las letras, y todas, sin embargo, son consideradas una sola luz, e ingresan en el corazón de esa tercera luz, la del ángel que constituye su raíz, y esa luz las absorbe. Y no ilumina sino cuando esas luces de lo Bajo se elevan, y esa voluntad de la plegaria del justo toma a todas las veintidós luces, las eleva, y las hace ingresar a la luz del ángel. Entonces esa luz surge del seno de ese espíritu, Noga, e ilumina entonces esa luz y hace surgir a esas dos luces destellantes, que aparecen como el número de las veintidós letras de la Torá.

Después vuelven y se integran en esa luz conformada a su vez por las dos luces de la Vav y la Hei todas las luces de lo Bajo, perteneciente a los dos palacios inferiores, todas contenidas en esas luces, y después **todas en esta luz** del ángel mencionado. **Esa luz** del ángel **está contenida en el corazón del espíritu** denominado Noga, **y este espíritu se encuentra** y es lo principal **en este tercer palacio, pero no se apresta a asentarse** aquí **sino dentro del cuarto palacio pues su deseo es elevarse** e ingresar **a su interior** ya que allí se encuentra su raíz. **Las luces que surgieron del interior de este espíritu,** Noga, **al destellar, reúnen todas las luces destellantes.**

Cuando surgen de esa luz única, la del ángel, **y presionan para destellar, surge de ellas una jaiá sagrada, grande, y su aspecto es similar al de todas** [43a] **las otras jaiot** de los palacios inferiores: **la forma del león y la forma del águila se encuentran juntas incluidas y se forma de ellas una forma** nueva asociada con un ángel.

Bajo esta jaiá se encuentran cuatro ofanim supremos y grandes **que le sirven de carruaje, su aspecto es como el aspecto del cristal** –*tarshish*–, **amalgamados con una** tonalidad **que incluye a todas las tonalidades y seiscientas mil luces,** en referencia a ángeles, **están incluidas en ellos,** los cuatro ofanim. **Y estos cuatro ofanim poseen todos ocho alas y todos** –los cuatro ofanim y todos los ángeles– **surgen del interior de la luz de esa jaiá que ejerce su dominio sobre ellos. Cuando esta luz destella, surgen estas huestes** y **huestes** de ángeles.

Y estos cuatro ofanim **de abajo se encuentran en los cuatro lados del mundo, con cuatro rostros cada uno y uno: dos rostros contemplan a esa jaiá** que se ubica por arriba de ellos para recibir de su influencia espiritual, una de su aspecto de león y otra de su aspecto de águila, **y dos rostros están escondidos por sus alas de las luces destellantes que no pueden mirar. Y en cada oportunidad que se desplazan** los cuatro ofanim, cada uno lo hace **en cuatro ruedas y doce pilares, como el anterior,** razón por la cual **se forman de esa transpiración de ellos numerosas huestes y campamentos** angelicales, **que todos alaban y cantan** a El Eterno **y no callan jamás,** y estos ángeles, huestes y campamentos **son** realmente **innumerables.**

Cuatro puertas tiene este palacio que dan a las cuatro direcciones del mundo, diez encargados en cada puerta y puerta, y cuando todo lo que hay en el interior de los palacios de lo Bajo y también estos palacios, se elevan para unirse a este palacio llevados por la voluntad de la plegaria pura de un hombre justo, todos los encargados abren las puertas, hasta que todos se incluyen unos con los otros, se entrelazan unos con los otros e ingresan todos los encargados inferiores dentro de los encargados superiores, los campamentos inferiores dentro de los campamentos superiores, los ofanim en las jaiot del segundo palacio, y las jaiot en los ofanim, es decir, las jaiot del segundo palacio en estos ofanim del tercer palacio, los ofanim, las luces inferiores en las luces superiores, el espíritu inferior en el espíritu superior, y de este modo hasta que todos ingresan en este espíritu denominado Noga.

En este tercer palacio hay un sitio que posee el aspecto del oro que reluce y allí están guardados una gran cantidad de guerreros y campamentos que no se elevan ni se coronan en lo Alto, en el cuarto palacio, el de la Gevurá, sino hasta el momento en que se anudan todos los nudos, es decir, hasta que reina la unidad en este palacio, y el palacio se desplaza para ser coronado en lo Alto, y todos surgen plenos de rigor y son llamados «los poseedores de los escudos», emisarios en el mundo desde el interior de los poseedores del rigor del cuarto palacio. En este sitio están suspendidos en los cuatro costados seiscientos mil millares de escudos de oro que se extienden en cada dirección y dirección, y así debajo de ellos hay escudos que rodean, y son sesenta.

Todos estos escudos que en realidad son ángeles, todos combaten con espadas y lanzas afuera contra aquellos ministros espirituales de las naciones del mundo junto con los enviados del rigor del mundo, hasta que llegan grado tras grado al planeta *Maadim* –Marte–, del cual descienden las acciones hasta nuestro mundo. Y entonces este palacio se eleva y es coronado por este espíritu del cuarto palacio con todos estos guerreros que se encuentra allí y queda el mismo sitio en su lugar. Y ese lugar permanece en su sitio en el tercer palacio y no asciende al cuarto palacio, salvo sus integrantes, los mensajeros, **y este lugar se denomina «cámara de los mensajeros –ratzim–», y ellos son enviados que corren** –ratzim– **para completar los juicios y los castigos en todos los rincones del mundo.**

Cuando se eleva la plegaria del justo con la intención de unificar los palacios, **toma todas estas luces y campamentos y anuda los nudos y todos se incluyen como uno, hasta que se atan el espíritu** inferior **con el espíritu** superior **y son uno, y entran dentro de esa columna para incluirse en el espíritu del cuarto palacio. Bienaventurada la porción del que conoce el misterio de su Señor y** sabe como rezar esta plegaria de unificación **e iza Su bandera en el lugar necesario.**

Ven y observa: todo palacio, sus espíritus y sus luces, **se necesitan éste a éste y éste a éste complementarse éste con éste y para iluminar éste a éste, hasta que todo se eleva hacia el lugar necesario,** el séptimo palacio, el denominado Kodesh Hakodashim, en el que se encuentra la Shejiná, la que primero **se perfecciona** y rectifica **desde lo Bajo al comienzo** gracias al servicio espiritual de los hombres, **y desde lo Alto a continuación** a partir de la abundancia espiritual que recibe de los Rostros superiores. **Y entonces se logra la perfección en todas las direcciones, y todo es completado como corresponde. Quien conoce estos misterios y genera la perfección, es quien se apega a su Señor y anula todos los duros decretos y él corona a su Señor** al cumplir con Su voluntad **y atrae bendiciones al mundo. Y éste es el hombre que es denominado «justo»,** el «*tzadik*», **el fundamento del mundo, y su plegaria no es devuelta vacía,** sin respuesta, **y su porción está en el mundo venidero, y él está contado entre los hombres de fe.**

Ven y observa: todos estos palacios y todas estas jaiot que los habitan **y todas estas huestes** que surgen de las jaiot, **y todas estas luces** que generan a las jaiot **y todos estos espíritus** que son las raíces de las luces, **todos se necesitan éste a éste con el fin de completarse desde lo Bajo y completarse después desde lo Alto. Estos palacios se apegan éste a éste,** unos a otros.

Todos, los tres palacios, **como las tonalidades** visibles **del ojo se apegan éste a éste,** pero **todo lo que se encuentra en su seno,** el de los placios, **es como el mismo aspecto que aparece oculto cuando gira el ojo,** es decir, son tonalidades que sólo pueden ser vistas cuando el ojo gira, y entonces **aparece ese resplandor destellante. Y lo que no es visible** incluso **en ese giro** del ojo, **es ese espíritu que ejerce su dominio sobre todo. Por eso se ubica este** palacio **en este** otro palacio, **niveles sobre niveles, hasta que todo se corona [43b]** y se completa **como es debido** en el tercer palacio.

Y ven y observa: si no fuera por todas esas tonalidades visibles del ojo cuando éste se cierra, y aunque **gira en su órbita** para revelar las tonalidades ocultas, **no serían vistas las tonalidades que iluminan** pues el ojo se encuentra cerrado; **y si no fuera por dichas tonalidades** reveladas que nos permiten ver las tonalidades ocultas **no estaría apegado lo oculto,** la raíz, **que las domina,** ni sería dado a conocer. **Encontramos que todo depende esto de esto y se conectan esto a esto, cuando todo se incluye como uno en el tercer palacio y la voluntad de la plegaria** del hombre justo **se eleva para ser coronada en el cuarto palacio. Entonces todo es uno, la voluntad es una y la unión es una. Aquí se** encuentra el misterio de la **prosternación deseando complacer a su Señor.**

El cuarto palacio está asociado con la Gevurá del aspecto masculino inferior del Mundo de la Creación. **Este palacio es diferente de todos** ya que aquí se encuentran los responsables de aplicar los juicios y el rigor. **Cuatro palacios** pequeños **posee** este cuarto palacio, **uno dentro de otro, y todos** son considerados en su conjunto como **un único palacio.** Aquí se encuentra el espíritu denominado Zejut –mérito– porque **en este lugar se invierte en mérito** los actos **de todos los hombres del mundo,** tal como será explicado, **y este espíritu porta todo** lo que conforma a los palacios inferiores.

De él surgen setenta luces, en referencia a los setenta Sanedrín que juzgan al mundo inferior, **todas destellantes, y todas** se ubican **en círculos,** tal como se sentaban los miembros del Sanedrín (Tratado de Sanedrín 36b) **porque** sus luces **no se extienden** hacia fuera como las otras. Se apegan ésta a ésta e iluminan ésta a ésta y se unen ésta a ésta. Todos los méritos del mundo comparecen ante estas luces de los setenta Sanedrín y todos son juzgados. De todos surgen dos luces equiparables como una, las cuales representan a los dos testigos que se encuentran ante ellas siempre y atestiguan acerca de las acciones humanas.

En correspondencia con estos setenta Sanedrín son los setenta grandes encargados que se encuentran afuera, que rodean a todos estos cuatro palacios. Estas setenta luces y las dos luces que se ubican frente a ellas, todas son interiores, una dentro de otra. Y éste es el misterio sobre el que está escrito en el versículo: «Tu vientre como montículo de trigo rodeado de rosas» (Cantar de los Cantares 7:3).

Delante de estas luces comparecen todos los méritos y todos los actos realizados por los hombres del mundo para ser juzgados. Estas dos luces prestan testimonio, a pesar de no moverse del sitio del Sanedrín, pero debido a que tiene «siete ojos de El Eterno» (Zacarías 4:10) que recorren toda la Tierra, es decir, existen siete ángeles encargados, denominaos de este modo, todo lo que se hace en el mundo es anotado por estos ángeles en la misma acción y en el mismo mérito, y se mantienen en su existencia en el modo como fueron realizados, y estas dos luces, los testigos, los miran y los observan a estos siete ojos que registran todo, y después de analizar y desentrañar la intención de cada acto prestan testimonio ante las setenta luces: el Sanedrín. Estos setenta promulgan decretos y establecen juicios, sea para bien, sea para mal, y aquí es el lugar del mérito.

Este espíritu, denominado Zejut, en el están inscritas tres letras hebreas que son Iud He Vav, y cuando esas letras se apegan en ese lugar, como el apego entre lo masculino y lo femenino, entonces se inscriben en él y no se mueven de allí. Después de esto surge una luz que alumbra las cuatro direcciones, y esta luz hace surgir a otras tres luces que son tres tribunales que juzgan otros juicios de este mundo: acerca de la riqueza y acerca de la pobreza, acerca de la enfermedad y acerca de la integridad corporal, y todo el resto de las asuntos sobre los que el mundo es juzgado. Uno de los cuatro palacios que conforman este palacio es para contener a estos setenta Sanedrín anteriores, interiores, es decir, que se encuentran en el punto más central; y los otros tres palacios que conforman este palacio son para contener a estos otros tres tribunales.

Se eleva este espíritu de Zejut e incluye a todos los espíritus de los palacios de abajo y hace surgir una jaiá sagrada en llamas de la Gevurá, sus ojos semejantes a los ojos del hombre para supervisar los mil millares y las miríadas de miríadas de huestes poseedoras de juicio (Daniel 7:10), y todos transportan los escritos con los veredictos y abren y cierran las puertas para completar el juicio en el mundo, y finalmente completan el juicio a través de su ejecución.

Bajo esta jaiá hay cuatro serafines que le sirven de carruaje, en llamas, todos como una esfera y una flor, y las chispas de fuego de los cuatro serafines se elevan, cada uno tiene setenta y dos ruedas encendidas en fuego del Rigor. Cuando los serafines se desplazan para ejecutar los juicios generan una estela de fuego –lit: un río de fuego–. Mil millares de asistentes tiene este río de fuego y de allí surgen innumerables huestes, cuando las ruedas viajan, innumerables de estas miríadas nacen del interior de ese fuego. De abajo del segundo palacio surgen huestes que cantan a El Eterno y vienen a aproximarse aquí, a este palacio, y son todos consumidos por el fuego.

Todos estos encargados del mundo que fueron dispuestos para gobernar, de aquí surgen sus juicios para gobernar, desde dentro de ese espíritu de Zejut en el que se inscribieron las tres letras, y de aquí es quitada su existencia, la de los encargados del mundo, cuando esto debe suceder, y los juzgan en se fuego del río que fluye y surge de su corriente. Todo es entregado a este palacio para ser juzgado, porque las tres letras fueron inscritas aquí, en referencia a la conducción del mundo que se realiza con Jesed, Gevurá y Tiferet. Este espíritu está incluido en él: esa jaiá que hace surgir huestes y campamentos innumerables.

Todos los juicios del mundo de este palacio surgen y son ejecutados a través de un encargado espiritual, sea para bien o sea para mal, excepto de estos tres: hijos, vida y sustento, que no se ha dado permiso en este lugar para dominarlo y ejercer influencia sobre ellos, ya que de aquel río supremo, denominado Mazla, del que fluyen todas las luces, depende el asunto. En el centro [44a] de este cuarto palacio se encuentra un lugar preparado para recibir el quinto espíritu de lo Alto dentro de este espíritu y éste cuarto espíritu se eleva con él.

Doce puertas posee este palacio, tres en cada uno de sus cuatro extremos, y en cada puerta y puerta se encuentran todos estos ministros y encargados que pregonan para hacer saber en lo Bajo todos estos juicios que están dispuestos para descender a lo Bajo, como está dicho: «...y clamaba fuertemente y decía así: derribad el Árbol y cortad sus ramas» (Daniel 4:11). Es decir, el versículo alude a un ángel que descendió y dijo que «derribaran el árbol» acerca del castigo que debía recibir Nabucodonosor. Y a partir de estas pregonaciones toman el asunto todos los seres alados, hasta que es dado a conocer el asunto al encargado espiritual del firmamento del Sol. Y de allí, cuando sale el Sol, surge el asunto pregonado y recorre el mundo hasta llegar a esa Serpiente del firmamento, de la que todos los planetas del firmamento dependen, porque se sitúa en el centro del firmamento. Y escuchan el asunto y lo toman estos ministros de bajo el Sol y los encargados de la misma Serpiente y de allí se dispersa el pregón por el mundo, e incluso espíritus y demonios, y también los pájaros de los Cielos, lo dan a conocer en el mundo, a este pregón, y una vez que el asunto ya ha sido comunicado vuelven y cierran las doce puertas.

Ahora bien: no se eleva el espíritu de este cuarto palacio hacia el espíritu del palacio siguiente, el quinto, hasta que todos los espíritus de los palacios de lo Bajo, todos son uno con ese espíritu y todos se incluyen e ingresan éste en éste, hasta que todo deviene uno.

Con respecto a lo enseñado, que la vida de una persona no depende del cuarto palacio, el de Zejut, se aclara que esto es así mientras la persona no peca, mas **cuando el hombre se encuentra en su lecho de enfermo** debido a sus transgresiones, **es aquí,** en este palacio, **donde es juzgado, ya sea para la vida, ya sea para la muerte.** La raíz de la **vida** verdaderamente **depende de** el Mazal de lo Alto; si aquí es juzgado para la vida, la vida le es otorgada desde lo Alto, y si no es juzgado para la vida sino para la muerte, entonces **no le es otorgada. Bienaventurada la porción de quien se apega a su Señor, y entra y sale** de estos palacios en paz, sin vergüenza. **Aquí se inclina el rostro hasta la tierra para sobreponerse al juicio** y despertar la piedad (1 Samuel, 24:9). **Sobre este palacio está dicho:** «¡La Roca! Perfecta es Su obra, pues todos Sus senderos son justicia; **un Dios de fe sin iniquidad,** justo y recto es Él» (Deuteronomio 32:4).

El quinto palacio se denomina Ahavá, Amor, y está asociado con el Jesed del aspecto masculino inferior del Mundo de la Creación. **Este palacio es el del relámpago resplandeciente, que es un espíritu que destella, ilumina a los seres de** los palacios de **lo Bajo. Este espíritu integra** en su interior a los espíritus inferiores, **y abre y cierra** el palacio ya sea para iluminar o para interrumpir la iluminación; **ilumina y destella en toda dirección. De este destello alumbra con una luz similar al púrpura,** color que contiene cuatro tonalidades; **esta luz contiene todas las tonalidades que iluminan** y que están asociadas con las cuatro letras del Nombre del Tetragrama, y son: **una luz blanca** vinculada con el Jesed y con la letra Iud; **una luz negra** vinculada con el Maljut y con la última letra Hei; **una luz roja** vinculada con la Gevurá y con la primera letra Hei; **y una luz verde** vinculada con el Tiferet y con la letra Vav. **Las** tonalidades **se integran éstas en éstas, se entremezclan** la luz **blanca con la roja, la negra con la verde, y después de esto la blanca con la negra y se genera** entonces **una jaiá conformada** por todas las tonalidades, **y que incluye en ella el verde y el rojo, cuya forma se asemeja a la del hombre, que contiene todas las formas.** O más exactamente, el rostro del hombre contiene todas las formas, tal como es descrito al comienzo del libro del profeta Ezequiel.

De ella, de la jaiá que posee forma humana, **emergen cuatro pilares que son jaiot grandes, por encima de las de las de lo Bajo.** Una se denomina *Ofán*, y son dos, porque cuando ella aparece, otra en ella se ilumina porque se encuentran **apegadas ésta a ésta, ingresan una a la otra. Después ingresa otra** también **ésta en ésta,** y se ven cuatro cabezas en las cuatro direcciones del mundo, y todas conforman un solo cuerpo. Y sobre ellas está escrito: «Su apariencia y su obra eran como un ofán en medio de otro ofán» (Ezequiel 1:16). Y todas estas están ligadas ésta a ésta, semejante a las jaiot de lo Alto, del sexto palacio, que nunca se separan. Esa jaiá de las cuatro tonalidades entremezcladas, también ellas se aferran éstas a éstas, hacia las cuatro direcciones. De aquí que cuando se traslada esta jaiá se desplaza en dos direcciones: la del Din y la del Rajamim.

Ese espíritu del relámpago del quinto palacio está compuesto por dos espíritus. El espíritu este del relámpago hace surgir una jaiá de rostro humano y todas estas luces de todos los cuatro palacios inferiores son guerreros espirituales del espíritu del relámpago y se incluyen en él. Además, otro espíritu más iluminado que él, que el espíritu del relámpago, es denominado «espíritu en llamas», e iluminan a partir de él dos luces que, junto a las dos primeras, son cuatro. Y estas luces hacen girar sus tonalidades de derecha a izquierda y de izquierda a derecha. Y aquí es y aquí se manifiesta el misterio de lo que se describe en el versículo como «el filo de la espada giratoria» (Génesis 3:24). Estas son cuatro luces que se transforman en un filo de espada, que alude al duro rigor, y éstas luces se ubican sobre el palacio de abajo, el Zejut. Y debido a que el filo de la espada se ubica sobre estas setenta luces del tribunal del palacio inferior, de aquí se aprende que todos los jueces que emiten un juicio, una espada está suspendida sobre sus cabezas desde lo Alto, es decir, ese filo de la espada. Esto evidencia la responsabilidad de aquel que emite y decreta un juicio contra su prójimo.

También se enseña que estas luces del lado izquierdo de este palacio emiten otra jaiá que se ubica sobre cuatro ofanim que le sirven de carruaje, y **que no mantienen su existencia** sino que se anulan debido a que provienen del lado del rigor, el lado izquierdo, y los cuatro ofanim que conforman el carruje son **dos de la derecha y dos de la izquierda, y cuando el espíritu de esta jaiá se introduce en ellos, brillan de ellas dos chispas ardientes,** una masculina y la otra femenina, **y salen al exterior del** quinto **palacio. Y se transforman constantemente estas chispas ardientes, a veces son femeninas y a veces masculinas, a veces espíritus** malignos **y a veces ángeles sagrados.**

¿Por que razón se transforman de este modo? **Porque cuando es incluida esta jaiá** del lado izquierdo del palacio, **en la jaiá precedente** del lado derecho del palacio, **debido al poder** del acto **de la inclusión de ésta en ésta, surge una chispa que arde constantemente** por su aspecto de Gevurá, **que no se extingue jamás** por su aspecto de Jesed. Y esta chispa que surge **recorre y anda tras esas dos chispas. Y ahora, ellas son masculinas y cumplen su misión por el mundo, pero antes de completar** su tarea **son extinguidas. Y esta chispa las golpea [44b] y las ilumina y ellas se renuevan como antes,** pero **siendo ahora femeninas, y andan y recorren y antes de completar** su tarea **son extinguidas. Y esa chispa las golpea y las ilumina y vuelven como antes. Porque esa chispa está compuesta por todo: está incluida de cuatro tonalidades, y por eso se transforman en todas esas tonalidades.**

Este espíritu ubicado a la izquierda **se incluye en otro espíritu,** el de la derecha, **como ya lo dijimos, y los dos parecen uno, pero no como los otros** espíritus de los palacios **precedentes, que cuando se incluye** éste en **éste, no se ven más que uno. Y aquí** todavía **se ven** y se distinguen **dos** espíritus **y se mantienen** y vinculan **con afecto y amor, incluidos por todos los** palacios **de lo Bajo** por sus integrantes. **Y aunque** en realidad **son dos** espíritus, **son** considerados **uno. Cuando se expande el espíritu en el espíritu y se ve el afecto** y el amor **que existe entre ellos, entonces están incluidos por todos los de lo Bajo.** Tal es el misterio de lo escrito: «**Tus dos pechos como gemelos de gacela, que apacientan entre rosas**» (Cantar de los Cantares 4:5). **Y cuando los dos espíritus se expan-**

den éste en éste con aprecio y amor, entonces vuelve este palacio denominado relámpago y es denominado «Palacio de Ahavá»: Palacio del Amor. Este palacio permanece siempre en su existencia por el poder del amor y está reservado en el misterio de los misterios –la unión del hombre con El Eterno a través del rezo del Shemá Israel– para quien necesita apegarse él. Y aquí está escrito: «Allí te daré mis amores» (Cantar de los Cantares 7:13).

Después, cuando iluminan estos dos espíritus que son considerados uno, surgen innumerables huestes hacia muchas direcciones para influir con abundancia de amor y apego al Creador, millares y miríadas ilimitadas. De ellas hay denominadas *Dudaim*, de ellas *Guefanim*, de ellas *Rimonim*, hasta que las influencias de varias de esas huestes llegan al exterior de este palacio, hasta el encargado de ese planeta denominado *Noga* –Venus–. Y todos ellos están unidos con tal amor que no se separan jamás. Y aquí está escrito: «Si diese el hombre todos los bienes de su casa por este amor, de cierto será despreciado» (Cantar de los Cantares 8:7), porque nada puede anular el amor que reina entre Israel y El Eterno. Aquí se encuentra el misterio de la prosternación y el extender las manos en dirección a los Cielos, para apegarse al amor de su Señor.

El sexto palacio se denomina Ratzón, Voluntad, y está asociado con el Tiferet del aspecto masculino inferior del Mundo de la Creación. Aquí se encuentra un espíritu denominado «hilo carmesí», misterio de lo escrito: «Tus labios son como un hilo carmesí» (Cantar de los Cantares 4:3), pues este palacio está ligado con el misterio de la unificación del beso. Este palacio se denomina «palacio de la voluntad». Aquí hay un espíritu de voluntad pues todos esos espíritus inferiores de los palacios más bajos corren –ratzim– tras él, para apegarse a él con un beso voluntario de amor espiritual. Este espíritu está comprendido por seis y existe con seis, es decir, está compuesto por los seis de lo Bajo, con él –los cinco palacios inferiores y el sexto, sumando un total de seis palacios– y existe gracias a los seis palacios supremos que lo conforman, además de los palacios mencionados que llegan de lo bajo. **Y por eso este espíritu hace surgir doce luces,** en correspondencia con los doce palacios indicados, **todas contenidas** por fuerzas **de lo Bajo y de lo Alto. Estas doce luces se alegran alzándose hacia lo Alto** en dirección al séptimo palacio **y recibiendo a todos estos** palacios **de lo Bajo.**

Este palacio es denominado el palacio de **la Voluntad, porque es la voluntad de todo** formar parte del mismo. Ahora bien: **el que anuda los lazos,** es decir, los palacios inferiores, **y los eleva aquí, es el** hombre justo **que hace surgir la Voluntad de El Eterno por el amor. Dentro de este palacio fue recogida** el alma de **Moisés con amor, porque besó besos de amor** espiritual a través de sus actos justos y, tal como los sabios lo enseñan, su alma fue tomada por Dios a través de un beso. **Este es el palacio de Moisés.**

Este espíritu que habita en este palacio **es el espíritu de amor, el espíritu de la unificación que acarrea amor en todas las direcciones. Y estas doce luces se elevan y arden, de sus destellos surgen cuatro jaiot sagradas, que despiertan el amor. Estas son llamadas jaiot grandes para unir a las pequeñas e incluirlas en ellas,** como está escrito: «**las pequeñas jaiot con las grandes**» (Salmos 104:25). **Éstas** cuatro jaiot **se unen esta a esta** en el medio y se dividen luego **en las cuatro direcciones, como la nuez que,** en su interior hay un corazón y una médula y a su vez **se adhiere a las cuatro flancos, y por eso este palacio se llama «jardín de los nogales»,** tal como está escrito: «**al jardín de los nogales descendí**» (Cantar de los Cantares 6:11). **¿Qué significa «al jardín de los nogales»? Debido al jardín de los nogales he descendido, porque este es el Palacio del Amor, para que se apeguen lo masculino con lo femenino.**

Estas cuatro jaiot grandes **se subdividen en** ocho jaiot pequeñas, y suman un total de **doce, tres y tres en cada dirección, y todos los** palacios y los espíritus **inferiores están contenidos en ellas, y en ellas,** las doce jaiot, **subsisten los espíritus** inferiores **dentro de los espíritus** superiores, **las luces** inferiores **dentro de las luces** superiores, **todos éstos en éstos hasta convertirse en uno. Y entonces este espíritu** de Ratzón **que contiene a todos, se eleva para ser coronado por el espíritu de lo Alto, ése llamado «Cielos» y**

que está relacionado con el Tiferet del Mundo de la Emanación, y el espíritu de Ratzón lo invita a descender y a unirse a él, o más precisamente, a unirse con el Maljut en su interior. Debido a que se enlazan todos los palacios de lo Bajo con él, dijo: «Si él me besara con besos de su boca» (Cantar de los Cantares 1:1). Y entonces él se alegra al unirse espíritu a espíritu y completarse éste a éste. Entonces hay completitud en una única unión, la de los seis palacios, debido a que este espíritu se une a él y se completan éste a éste, iluminándose éste a éste con toda la plenitud, como corresponde, a través de la voluntad y la intención de la plegaria que reza el hombre justo que lo eleva todo como corresponde, [45a] hasta ese lugar, el palacio de la voluntad, uniendo con amor éste a éste. Entonces los Cielos descienden y se unen con este espíritu de Ratzón y, por consiguiente, con amor íntegro con la luz se apegan éste a éste los aspectos masculino y femenino, y entonces todos estos palacios y todos estos espíritus incluidos en él, el palacio de la voluntad, y cada uno y uno de estos espíritus y palacios incluidos en el «Cielo», cada uno y uno toma a ese palacio de entre los seis palacios y a ese espíritu que le corresponde, para unirse a él y para ser completado en él, como corresponde. Debido a que ese sexto espíritu llamado voluntad los eleva hacia él a través de esa unificación. Y así se unen: los Cielos que es el espíritu sagrado de lo Alto toma a este palacio y a este espíritu que es llamado Voluntad, para besarse uno con el otro, unirse uno con el otro, y completarse uno con el otro. Y a este misterio alude el versículo: «Y besó Jacob a Rajel, etc» (Génesis 29:11).

Ahora se enseña la correspondencia con los seis palacios incluidos en el palacio de la voluntad, lo cual marca la relación del Mundo de la Emanación con el Mundo de la Creación. Abraham, que es la derecha en lo Alto, el Jesed, tomó el palacio denominado «Amor», y tomó también el espíritu denominado «Amor» para que se conecten uno con otro, para que se unan uno a otro, para ser uno. Y tu señal que alude a este misterio es: «He aquí, ahora se que eres mujer de hermoso aspecto» (Génesis 12:11), pues la raíz de la belleza se encuentra en el Jesed del Mundo de la Creación. Es decir, la belleza de la mujer está en los pechos, el palacio de bondad en el cual se encuentran dos luces denominadas «pechos». Itzjak, que es la izquierda, la Gevurá, tomó a ese palacio del Tribunal, el palacio de Zejut, desde donde todos los juicios se despiertan y también el espíritu denominado «Zejut», para que se unan una al otro y se completen uno al otro y que todo sea uno, como corresponde.

El resto de los profetas, con excepción de Moisés, tomaron los dos palacios de lo Bajo, el segundo y el tercero, como también los dos espíritus que se denominan Noga y Zohar en el misterio de lo escrito: «Los contornos de tus muslos son como joyas» (Cantar de los Cantares 7:2), para que se unan uno a otro y sean uno.

Iosef, el justo, fundamento del mundo, tomó el palacio de Zapir, el primer palacio, y también el espíritu denominado «Livnat Hazapir». Y a pesar de estar escrito en el versículo «debajo de sus pies» (Éxodo 24:10), el Iesod no es nombrado de modo explícito sino solamente aludido a causa de la Gloria del Rey, y así es ciertamente. Y luego este pilar tomó más, aún, de niveles más elevados, hecho que es y significa el misterio de los misterios, ya que lo toma en el lugar del séptimo Palacio. Hasta aquí se ligan los niveles de los Mundos de la Emanación y de la Creación y se ligan uno al otro para completarse uno al otro, siendo todos uno, todo como corresponde. Entonces «El Eterno es Elohim...» (1 Reyes 18:39) Bienaventurado es la porción en este mundo y en el mundo venidero de quien sabe conectarlos y a través de esto apegarse a su Señor.

Aquí, en el palacio de la voluntad, se encuentra el misterio de todos los palacios anteriores: el doblar las rodillas, la prosternación, el inclinar el rostro hasta la tierra, y el extender las manos en dirección a los Cielos, y además se agrega el bajar el rostro para atraer la Voluntad del espíritu supremo, el de la Bina, considerado el alma de todas la almas, que se encuentra suspendido en lo Alto hasta el Ein Sof, del que surgen las luces y las bendiciones para completar todo, desde lo Alto, como es debido. Y para que todo sea perfecto, desde lo Bajo y desde lo Alto y que todos los rostros brillen en todas las direcciones, como corresponde. Entonces todas los decretos de juicio son anulados porque el Rigor se ha convertido en Piedad, y toda la voluntad del hombre justo que eleva su plegaria se cumple así en lo Alto y en lo Bajo. Y sobre esto está escrito: «Y me dijo: mi siervo eres, Israel, porque en ti me glorificaré» (Isaías 49:3) y está escrito: «Bienaventurado el pueblo al que así le acontece, bienaventurado el pueblo que El Eterno es su Dios» (Salmos 144:15). Es decir, bienaventurado el pueblo que posee almas del Mundo de la Creación y que a su vez es iluminado desde el Mundo de la Emanación.

El séptimo palacio se denomina Kodesh Hakodashim y está asociado con la Jojmá, la Biná y el Daat del aspecto masculino inferior del Mundo de la Creación. Este palacio no tiene una forma definida como jaiot o ofanim, tal como sucede en el resto de los palacios, pues aquí todo está oculto y resulta inaprehensible debido a su altísimo nivel espiritual. Dentro del misterio de los misterios se extiende una cortina, se encuentran todos los palacios anteriores, y el hecho de que se extienda una cortina es para no desvelar los dos querubines. Y dentro de ésta, la cortina, se encuentra el Arca con el Kaporet y los querubines, la forma del Kodesh Hakodashim, y por esto este palacio se denomina «Kodesh Hakodashim». Este palacio, Kodesh Hakodashim, es un lugar preparado para esa Alma Suprema, la Biná del Mundo de la Emanación, que incluye todo: el mundo venidero que se extiende hacia este mundo.

Pues he aquí que cuando se unen todos los espíritus uno con otro, y se completan uno con otro, como es debido, entonces se despierta el Espíritu Supremo, la Biná, el alma de todo, y eleva sus aguas femeninas hacia lo Alto, oculto de todo ocultamiento, para despertar abundancia espiritual sobre todo, es decir, sobre todos los palacios inferiores, para alumbrarlos desde lo Alto hacia lo Bajo, y para perfeccionarlos y para encender las velas. Y cuando todo alcanza la perfección con la luz de todo y desciende una luz suprema, entonces este séptimo palacio es el palacio oculto en un ocultamiento total. Además, este palacio tiene por objeto recibir a ese Kodesh Hakodashim, la Jojmá, la Biná y el Daat, luz que desciende desde lo Alto, y ser colmado de allí, como lo femenino que concibe de lo masculino y se colma. Y no se colma sino de este palacio que está preparado para recibir esta luz suprema. Y este misterio es el del séptimo palacio: un lugar de la unión de la copulación espiritual, para unir al séptimo palacio de lo femenino con el séptimo palacio de lo masculino, para que todo sea [45b] uno, completo, como corresponde.

Y quien sabe ligar esta unificación en este palacio a través de la profundidad y la intención de su plegaria, ¡bienaventurada es su porción! Amado es en lo Alto y amado es en lo Bajo; el Santo, Bendito Sea, decreta y él, si lo desea, anula con su decisión el decreto. Ahora bien: si te cabe suponer que al actuar de este modo discrepa con su Señor, no es así. Sino que cuando el justo anuda los lazos de los palacios y sabe realizar unificaciones, y de este modo provoca que todos los rostros iluminen, incluso aquellos que pertenecen al lado de la izquierda, del Rigor, y toda la perfección se encuentra, y todo es bendecido como corresponde, entonces sucede que todos los juicios se alejan y son anulados y no queda juicio ni rigor en el mundo, y precisamente ésta es la Voluntad del Creador. Bienaventurada es su porción en este mundo y en el mundo el venidero. Esto es el modo en el que el justo actúa en lo Bajo, y por eso encontramos que está escrito acerca de él: «El justo es el fundamento del mundo» (Proverbios 10:25): es él quien mantiene y regenera la existencia del mundo. Y cada día un heraldo proclama sobre él: «Tú te regocijarás en El Eterno, te glorificarás en el Santo de Israel» (Isaías 41:16).

Del mismo modo que sucede con la plegaria del hombre justo, también sucede con el sacrificio: eleva humo y se satisface con él cado uno y uno de los poderes externos y las fuerzas extrañas como le corresponde: los Sacerdotes, del lado del Jesed, con su voluntad e intención al momento de ofrecer el sacrificio y los Levitas, del lago de la Gevurá, con la dulzura de su canto. Éste se incluye en éste y se incluyen un palacio con el otro palacio, espíritu con espíritu, hasta que se unen en su lugar, en el palacio de Ratzón, como le corresponde, miembro con miembro, y se completan uno a otro, y se unifican uno con otro hasta ser uno, y se alumbran uno a otro.

Entonces el Alma suprema sobre todo, la Biná, viene de lo Alto y los ilumina a todos estos palacios e iluminan todas las velas de modo perfecto, como corresponde, hasta que esa Luz suprema, sobre todo, el Ein Sof, se despierta. Y todo lo que esta Luz influye entra en el palacio llamado Kodesh Hadokashim, y es bendecido y es colmado como un manantial de agua surgente, y que nunca cesan, y todos los palacios son bendecidos en lo Alto y lo Bajo.

Aquí se encuentra el misterio de los misterios, el Ein Sof, aquel que no es sabido, cuya condición esencial se desconoce, y no es contado entre las diez sefirot, que es la Voluntad Simple que nunca puede ser aprehendida, se expande y se endulza en el interior, en el interior de ellas, las sefirot, y que incluso después que se expande en las sefirot no lo conoce esa Voluntad Simple y no es aprehendido para ser conocido. Y entonces toda es una única Voluntad, los palacios y las sefirot, hasta el Ein Sof, y todo es perfecto desde lo bajo y desde lo Alto y en el interior, interior, hasta que todo deviene uno. Además, esta Voluntad Simple del Ein Sof no entra en el interior de las sefirot, a pesar de ser inaprehensible, hasta que todo se completa e iluminan al principio en todas las direcciones. Entonces se expande y se endulza esa Voluntad Simple que no es aprehendida, en el interior, interior de las sefirot de modo oculto. Y entonces bienaventurada es la porción de quien se apega su Señor en ese momento. Bienaventurado es en lo Alto, bienaventurado es en lo Bajo, y sobre él está escrito: «¡Que tu padre y tu madre se alegren, que aquella que te dio a luz se regocije!» (Proverbios 23.25).

Ven y observa: cuando todas las sefirot y los palacios se perfeccionan una a la otra en el palacio de la Voluntad, y se entrelazan una con la otra en el palacio del Ratzón en un solo lazo a través del Iesod, el Alma suprema, la Biná, las ilumina a las sefirot desde la dirección de lo Alto y todas las luces son una sola vela, en su completitud. Entonces, una Voluntad, relacionada con el Keter, de pensamiento, asociado con la Jojmá, es aprehendida dentro, es decir, la Luz del Ein Sof se reviste dentro de la Jojmá, y luego ambos

se revisten en la Biná, en la luz que se eleva sobre todas las sefirot. Y adentro, adentro de esa Voluntad del pensamiento, la luz
del Keter revestida en la Jojmá, se aprehende la luz inaprensible e
inaccesible fuera de esa Voluntad del pensamiento que la aprehende y no sabe qué aprehende. Sino que se ilumina y se endulza esa Voluntad de pensamiento y se colma todo de abundancia
espiritual todo el lado derecho de las líneas de sefirot, se perfecciona
todo el lado medio de las líneas de sefirot, y se ilumina y se endulza
todo el lado izquierdo de las líneas de sefirot, como corresponde, y
sobre esto está escrito: «Bienaventurado el pueblo al que así le
acontece» (Salmos 144:15).

El que merece apegarse a su Señor de esta manera, hereda
todos los mundos, es amado en lo Alto y amado en lo Bajo, y su
plegaria no es devuelta vacía y sin respuesta. Este justo se confiesa
ante su Señor como el hijo ante su padre y le complace su voluntad en todas sus necesidades, y su temor a Dios ejerce dominio y
se transfiere sobre todas las criaturas: él decreta y el Santo, Bendito Sea, ejecuta. Sobre él está escrito: «A tus resoluciones res-
ponderá y sobre tus caminos brillará la luz» (Job 22:28).

Se retorna al texto de la Torá: «Y dijo Elohim: que sea la luz y
fue la luz» (Génesis 1:3). Rabí Itzjak dijo y enseñó al respecto: de
aquí aprendemos que el Santo, Bendito Sea, arrancó estas plantaciones, –en referencia al misterio de los siete reyes que cayeron al
futuro sitio en el que serían creados los tres mundos inferiores–, y las
plantó en otro lugar, en el aspecto femenino superior, lo cual surge
de lo que está escrito «Iehi» – «Que sea». Rabí Iehuda dijo: sobre
la luz que ya existía aprendimos, lo cual surge de lo que está
escrito: «Vaiehí or», – lit: «que sea» y no «que fue». Y no está escrito
«vehaiá» sino «vaiehí». Y cuando el Santo, Bendito Sea, vio a esas
generaciones de malvados, la guardó para los justos, y esto es lo
que está escrito: «La luz está sembrada para el justo y la alegría
para los rectos de corazón» (Salmos 97:11) y he aquí que está dicho: «Elohim dijo: que sea la luz», y esto es lo que está escrito:
«Quién ha despertado del Oriente...» (Isaías 41:2).

Continúa el texto bíblico: «Y vio Elohim que la luz era buena y distinguió...» (Génesis 1:4). ¿Qué significa que vio? **Rabí Itzjak dijo: tal como hemos dicho** (Tratado de Jaguigá 12a): **que Dios vio los actos de los malvados y la guardó** para los justos en el Mundo Venidero para impedir que los inicuos la afectaran. **Rabí Aba dijo:** «Y vio Elohim que la luz era buena»: **vio que ascendía la Luz** del Ein Sof **desde el final del mundo hasta el final del mundo, y que era buena [46a] para guardarla para que no disfruten de ella los pecadores del mundo** pues entonces jamás sentirían su vacío interior y la opacidad de sus caminos y nunca experimentarían la imperiosa necesidad de retornar al camino de la verdad.

Rabí Shimón dijo y explicó otro aspecto del mismo versículo: «Y vio Elohim que la luz era buena»: **que no había en ella cólera ni rigor sino la más pura y absoluta bondad, lo cual era bueno para bendecir al Pueblo de Israel. ¿De dónde se aprende? Está escrito aquí: «que era buena» y está escrito allí,** en otro versículo: **«Que era bueno ante los ojos de El Eterno bendecir a Israel»** (Números 24:1); **y el final del versículo lo prueba,** tal como está escrito: «Elohim distinguió la luz de la oscuridad» (Génesis 1:4), es decir, distinguió a la bondad que se encontraba entremezclada con el rigor, **y por eso no se encuentra en ella la cólera, y** esto sucedió **a pesar de que el Santo, Bendito Sea, las asoció en una unidad.** Como se enseña: **ven y observa:** El Eterno provocó **una luz suprema,** la Biná, **para que iluminara a esa luz** y quedara desprovista de toda cólera, **y de esa luz hay alegría en todo** mundo. **Ella es** el misterio de **la derecha,** el Jesed, **con la que se coronan los grabados** del aspecto masculino inferior. **Y he aquí que está dicho: «¡Cuán grande es Tu bondad, que has guardado para los que Te temen, que muestras a quienes confían en Ti!»** (Salmos 31:20). Es decir: **«Cuán grande es Tu bondad» es la luz primordial que el Santo, Bendito Sea, guardó; «para los que Te temen»: para los justos, a quienes temen el pecado, como hemos dicho.** Y sin embargo no fue guardada completamente para que el mundo pudiese continuar existiendo, tal como está escrito: **«Y fue la tarde y fue la mañana, un día»** (Génesis 1:5): «Y fue la tarde» del lado de la oscuridad, del Rigor, «y fue la mañana» del lado de la luz, de la Bondad. Y siendo que ambas están asociadas como una, esta escrito «un día», unidad que demuestra que también el juicio es aplacado por la bondad.

Rabí Iehuda dijo y preguntó: ¿Por qué razón en cada día y día está escrito «fue la tarde y fue la mañana»? ¿Acaso no resultaba suficiente con que la Torá lo aclarase el primer día de la Creación? Es para que se sepa que no hay día que representa el poder de influir, sin noche que alude al poder de recibir, y no hay noche sin día, y jamás deben ser separadas. Rabí Iosei dijo: ese día en el que surgió la luz primordial del Jesed, es decir, el primer día de la Creación, se expandió en todos los días posteriores, seis días que se encuentran asociados con las sefirot desde Jesed hasta Iesod, y por ello está escrito en todos los seis día de Creación la palabra «día», lo cual refiere a la bondad que se expandió a través de todos los días. Rabí Elazar dijo que también se aprende de lo que está escrito en todos los días la palabra «mañana», lo cual marca el inicio de la luz, y no hay mañana entonces sino del lado de la expansión de la luz primera.

Rabí Shimón dijo y enseñó: el primer día que hace referencia al primer Jesed, va con todos, se manifiesta en todas las siete sefirot inferiores, y todos con él, en referencia a las sefirot, con el fin de mostrar que no hay en ellos, en los distintos aspectos del Jesed separación y que todo es uno.

Retornamos al versículo: «Y dijo Elohim: que sea la luz» y no dijo que se creara la luz, porque la expresión «que sea» es la expansión de dicha luz en lo Bajo, en los mundos inferiores, y no su creación, y estos son los ángeles de Jesed creados durante el primer día gracias a esta expansión, que no tienen consistencia para existir sino del lado derecho. Y acerca de lo escrito: «Y vio Elohim que −et− la luz era buena» (Génesis 1:4), enseña que la palabra hebrea et que señala conjunto, es utilizada para incluir al espejo que no ilumina, el Maljut, con el espejo que ilumina, el aspecto masculino inferior, con la intención de que les transmita existencia a estos ángeles del Jesed, **como se ha dicho: «que era buena»,** lo cual alude a la bondad, al Jesed.

Rabí Elazar dijo y enseñó por su parte que la palabra hebrea *et* es **para incluir y agregar a todos los ángeles que vienen del lado de dicha luz,** del Jesed, **y todos iluminan como al comienzo, con una existencia plena.** Es decir, de modo permanente estos ángeles reciben la influencia espiritual del Jesed y de este modo mantienen siempre su existencia.

La Torá continúa: **«Que haya un firmamento en medio de las aguas»** (*ibid* 6). **Rabí Iehuda dijo: con esto se separaron las aguas de lo Alto de las aguas de lo Bajo. Además: «el firmamento» es la expansión de las aguas, y he aquí que está dicho: «y que distinga»** (*ibid*) **entre las aguas de lo Alto y las aguas de lo Bajo.**

A partir de la enseñanza: **«E hizo Elohim el firmamento»,** que de algún modo aparenta ser innecesaria porque ya existía el firmamento, se aprende que **hizo en él una obra de suprema grandeza.** Es decir: **«había un firmamento» no está escrito sino «hizo»,** lo cual señala que **lo agrandó inmensamente,** lo cual se refiere a la grandeza mencionada.

Rabí Itzjak dijo y enseñó: **el segundo** día, correspondiente a la Gevurá, **fue creado el *Guehenom*, el Infierno, para los pecadores del mundo.** Además, **el segundo** día **fue creada la disputa** ya que el segundo día marca el comienzo de la dualidad, de dos partes que pueden armonizar o enfrentarse. También, **el segundo** día, y tal como surge del relato bíblico, **no fue completada la obra** sino interrumpida en la mitad y completada en el tercer día, **y por eso no está escrito** sobre este segundo día que Dios vio que **«que era bueno»** lo que había hecho, ya que «lo bueno» solamente recae sobre lo completo y lo consumado. **Hasta que llegó el tercer día y se completó la obra** comenzada durante el segundo día, **y por eso** está escrito: **«que era bueno» dos veces: una por la terminación de la obra del segundo día y una por el mismo,** el tercer día y la obra que se realizó en él. Es decir: **en el tercer día, el segundo día fue rectifi-**

cado, y la disputa fue separada al unirse las aguas superiores de las inferiores, y en él se completó la misericordia sobre los pecadores del *Guehenom*, ya que en el tercer día, relacionado con el Tiferet, se logra aplacar el Rigor del segundo día. Por esto en el tercer día se apaciguan las chispas de fuego del *Guehenom*. Por esto se incluyó al segundo día con el tercero y se completó en él.

Rabí Jia, estaba sentado delante de Rabí Shimón. Rabí Jia le dijo a modo de pregunta: esa luz en el primer día, y la oscuridad en el segundo día, y la separación de las aguas en el tercer día y la disputa que aconteció en él, ¿por qué no fue completado y rectificado el poder del Rigor durante el primer día cuya esencia es el Jesed? Ya que, tal como lo aprendimos anteriormente, la derecha incluye a la izquierda. Rabí Shimón le dijo: sobre esto fue la disputa durante el segundo día ya que sólo había esta inclusión, lo cual no era suficiente para hacer la paz entre ambos, y el tercero necesitó interponerse entre ellos para determinar y aumentar entre ellos la paz.

El pasaje bíblico continúa: «Que la tierra produzca vegetación» (Génesis 1:11), lo cual refiere a la elevación de las aguas femeninas desde la tierra, para lograr la unificación de las aguas de lo Alto, las aguas masculinas, con las aguas de lo Bajo, las aguas femeninas, para producir frutos: almas. Porque las aguas de lo Alto se fructifican y multiplican y engendran frutos, y las aguas de lo Bajo convocan a las de lo Alto, como lo femenino con respecto a lo masculino, debido a que las aguas de lo Alto son masculinas y las de lo Bajo son femeninas. Rabí Shimón dijo: todo esto tiene lugar tanto en lo Alto, en el nivel de los Rostros superiores, como en lo Bajo, al nivel de los Rostros inferiores. Rabí Iosei dijo: siendo así, el nombre «Elohim» que está mencionado, ¿quién es Elohim? ¿Acaso este nombre no refiere siempre al Maljut? Le dijo a modo de respuesta: En ambos casos, tanto en lo Alto como en lo Bajo, se denomina Elohim y particularmente se lo llama el «Elohim viviente» en lo Alto. Y si dices que en lo Bajo es únicamente Elohim, sin la palabra «viviente», no puede ser pues en lo Bajo hay descendencia

[46b], tal como tú dices: «Estos son los orígenes de los Cielos y de la Tierra en su creación –*behibaram*–» (Génesis 2:4). Y ya dijimos: *be hei baram*: «Con la *Hei* los creó», y esta letra Hei remite a la última Hei del Nombre del Tetragrama, el Maljut. Y **aquel** Elohim **de lo Alto es el padre de todo,** la raíz de todo lo inferior, **pero ella,** el Maljut, **hace** y actúa de modo esencial para generar descendencia, **y por eso la Tierra genera descendencia porque ella ha sido fecundada como lo femenino por lo masculino.** Pero el aspecto femenino superior, Ima, no genera descendencia sino que es la raíz de todo lo inferior.

Rabí Elazar dijo y enseñó: **todas las fuerzas** en potencia de las plantas ya **estaban en la tierra, pero no hizo surgir su poderío** en acto, **que son su descendencia, hasta el sexto día, en el que está escrito: «Que la tierra produzca seres vivos»** (Génesis 1:24), porque en este día fue creado el hombre, capaz de reconocer la importancia de la vegetación. **Y si dices que** he aquí **que** en el tercer día **está escrito: «Que la tierra produzca vegetación», sino que** esto significa que **hizo surgir la** raíz de la **rectificación de su poder para que se establezca como corresponde,** pero aún no se manifestó fuera de la tierra **y todo estaba guardado en ella hasta que fue necesario. Porque en el principio está escrito** que era «desolada y vacía» según la traducción de Onkelos al arameo, **y después fue rectificada y se estableció** el poder de su raíz **y recibió simiente y hierbas y vegetales y árboles como corresponde, y al poco los hizo surgir más tarde,** el sexto día. **Y las luminarias, de igual modo no se activó su luz hasta que fue necesario** el sexto día, al ser creado el hombre.

Y ahora que se ha mencionado a las luminarias, El Zohar se ocupa de este versículo: «Haya luminarias –meorot– en el firmamento de los Cielos» (Génesis 1.14). «Meorot» está escrito, sin la letra hebrea Vav, es decir, aparece en el versículo de modo **carente, para incluir a la malvada Serpiente que inoculó veneno** espiritual **y causó la separación** entre lo Masculino y lo Femenino, **pues el Sol,** aspecto masculino, **no se acopla más con la Luna,** aspecto femenino. Y nosotros aprendemos la inclusión de la Serpiente a través de la palabra «**meorot**», escrita con una letra de menos, lo cual indica **maldiciones, y por eso provocó que se maldijera la Tierra, como está escrito: «Maldita sea la Tierra»** (Génesis 3:17), **y es por eso que está escrito** *meorot* carente, lo cual indica que la Serpiente es incluida en el Maljut, la tierra.

Además: «**que haya luminarias**», sin la letra Vav, **es la Luna**, asociada con el Maljut; «**firmamento de los Cielos**» **es el Sol**, asociado con el aspecto masculino; **y los dos juntos se incluyen en uno, con el fin de acoplarse, e iluminar mundos en lo Alto y en lo Bajo.** Y todo lo dicho **surge de lo que está escrito: «sobre la Tierra»** (*ibid* 1:14) **y no «en la Tierra», que indica a lo Alto y lo Bajo.** Porque si dijera solamente «en la Tierra» se referiría a lo Bajo, pero al decir «sobre la Tierra» se refiere tanto a lo Bajo como a lo Alto.

La Torá nos enseña acerca de las luminarias: «**y sean por señales** –por ejemplo, eclipses– **y para las** futuras **fiestas, y para los días y los años**». De esto surge que **el cálculo de todo se encuentra en la Luna,** asociada con el Maljut. **Rabí Shimón dijo: los cálculos de guematria, el cómputo de las estaciones** –tekufot– **y las intercalaciones** de meses y años –*ibur*–, **todo está** enraizado **en la Luna, pues en lo Alto,** es decir, por encima del Maljut, **no es así** y no hay cálculo alguno. **Rabí Elezar le dijo** a su padre: **¿Acaso no? Y he aquí que muchas cuentas y** cálculos de **medidas hacen los compañeros** en base a lo Alto. **Rabí Shimón le dijo** a modo de respuesta: **¡No es así! Sino que las cuentas se hacen en la Luna,** o más exactamente, en el nivel de Maljut de cada uno de los niveles, **y a partir de allí puede el hombre saber** acerca de **lo Alto,** y conoce lo que está arriba del Maljut. Rabí Elazar **le dijo: pero he aquí que está escrito** en plural: «**Y sean por señales y para las** futuras **fiestas,** y para los días y los años, sirvan de señales para las estaciones, para días y años» (*ibid*), lo cual aparentemente alude no sólo al aspecto femenino, el Maljut, sino también al aspecto masculino. **Rabí Shimón le dijo** y respondió: «*Leotot*» –señales– **está escrito** de modo **carente,** lo cual se refiere únicamente al Maljut. Rabí Elazar **dijo** e insistió: **he aquí que está escrito: ¡«***Vehaiú*» –Y sean– en plural! Rabí Shimón **le dijo:**

el plural se refiere a **toda la existencia** de las sefirot **que existe** y que influyen con su abundancia espiritual sobre ella, el Maljut, **como un tesoro que se llena de todo. Pero el cálculo de todo se encuentra en la Luna.**

Ven y observa: hay un punto, el Maljut, y de allí se comienza la enumeración y los cálculos, **porque he aquí que lo que se encuentra dentro** y por encima **de ese punto, no se deja conocer** en todo lo referente a cálculos y medidas, **y no permite ser enumerado.** Y de modo semejante **hay un punto en lo Alto, la Jojmá, oculto, que no se revela para nada y no se deja conocer, y a partir de allí,** de ese punto, **es el comienzo, la cuenta de todo lo oculto y lo recóndito.** En pocas palabras, este punto es el comienzo de la revelación. **De la misma manera hay un punto abajo que se revela, el Maljut, y de allí es el comienzo de todo cálculo, y de toda enumeración, y por eso aquí es el lugar** en el que comienza la cuenta **de todas las estaciones, y de los cálculos de guematria, y de las intercalaciones, y del tiempo y de las festividades y del Shabat. Y el pueblo de Israel, que está apegado al Santo, Bendito Sea, hace sus cómputos según la Luna,** ya que el calendario hebreo es principalmente lunar, **y ellos se apegan a ella y la elevan hacia lo Alto,** hacia el aspecto masculino, tal **como está escrito** y sugerido: **«Mas vosotros, que os apegáis a El Eterno, vuestro Dios…»** (Deuteronomio 4:4).

Acerca del quinto día de la Creación está escrito: «Dijo Dios: **Que las aguas proliferen seres vivos** y que aves vuelen sobre la faz de la Tierra a través de la extensión del firmamento de los Cielos. Produzcan las aguas seres vivientes» (Génesis 1:20). **Rabí Elazar dijo y enseñó: esto ha sido establecido** que éstas son las aguas del Maljut **que fueron fecundadas y parieron, como en lo Alto, y he aquí que está dicho: «Y que aves vuelen** –*ieofef*– **sobre la Tierra»** (*ibid*). Sin embargo ¡*iauf* **debería haberse** escrito lo cual refiere a un solo vuelo! ¿Qué significa *ieofef*? **Rabí Shimón dijo: es un misterio:** *of* **es Mijael, como está escrito: «Y uno de los serafines voló hacia mí»** (Isaías 6:6), con un solo vuelo para hacer Jesed en el mundo. **Y** *ieofef* **es Gabriel, porque está escrito: «Y el varón Gabriel, a quien** vi en la visión, al principio, se aproximó a mí volando rápidamente –*muaf biaf*–» (Daniel 9:21), lo cual refiere dos vuelos, ya que el Rigor sólo puede ejecutarse de este modo.

El versículo continúa: «**Sobre la faz de la Tierra**» (Génesis 1:20): **es el profeta Elíahu que reside en la Tierra en forma permanente. Y no del lado del padre y la madre se encuentra**, es decir, en su existencia humana sino con el vestido que le fue entregado en el mundo de los ángeles, **y él vuela a través del mundo con cuatro revoloteos**, como está escrito: «El espíritu de El Eterno te transportará hacia no sé dónde» (1 Reyes 18:11). Es decir: «El espíritu de El Eterno», uno; «te transportará», dos; «hacia», tres; «no sé donde», cuatro.

«**Sobre la faz**» es el Ángel de la Muerte, que es el mismo Mal Instinto –*Ietzer Hará*– que oscurece la faz del mundo tentando a los hombres a pecar. **Y está escrito** también **sobre esto: «La oscuridad está sobre la faz del Abismo»** (*ibid* 2). Y lo que está escrito: «**El firmamento de los Cielos**», **tal como se ha dicho** que el Mal Instinto tras seducir a los hombres al pecado «**se eleva y acusa...**» (Bava Batra 16a) y después desciende como el Ángel de la Muerte.

Rabí Aba dijo a modo de discrepancia: ¡**Pero he aquí que el Ángel de la Muerte fue creado en el segundo día** y este versículo es pronunciado acerca del quinto día! No significa **sino que «sobre la Tierra» es Refael, que está a cargo de la curación de la Tierra y gracias a él la Tierra es curada y el hombre existe sobre ella, y cura toda enfermedad.** Y la expresión: «**sobre la faz del firmamento de los Cielos» es Uriel y todo,** es decir, las cuatro jaiot sagradas, **se encuentra en el versículo. Y por esto está escrito después** de crear a estos ángeles: «**Y Dios creó los enormes gigantes del mar...**» (Génesis 1:21), los cuales se refieren a las fuerzas del Otro Lado.

Rabí Elazar dijo por su parte: **estos son los setenta grandes** ministros espirituales **encargados sobre los setenta pueblos, y por eso fueron creados todos para ejercer su dominio sobre la Tierra.**

Y acerca de lo escrito: «**Y todos los seres** –*nefesh*– **vivos que reptan...**» (*ibid*): **estos son** los hijos de **Israel que son [47a]** *nefesh* –en

singular– **ciertamente de esa** *jaiá* –Maljut– **y por ello son denominados: «Una nación única en la Tierra»** (2 Samuel 7:23).

«Con los que se colmaron las aguas según sus especies» (Génesis 1:21) significa: **porque ellos se esfuerzan en la Torá,** asociada
en muchos textos de los sabios con el agua.

«Y todas las aves aladas de todas las especies» (*ibid*): **son los
justos entre ellos,** parecidos a los ángeles, **y por esto son** denominados **«seres vivos».** Otra explicación: **«todas las aves aladas»
como está dicho: estos son los mensajeros,** los ángeles, **del mundo**
enviados por El Eterno.

Rabí Aba dijo: que el **«ser vivo» es** y se refiere a las almas de
los integrantes del Pueblo de **Israel, porque ellos son los hijos del
Santo, Bendito Sea, y sus almas sagradas provienen de Él,** esto
me resulta sabido. Pero **las almas del resto de los pueblos** idólatras,
**¿de qué lugar son? Rabí Elazar dijo: de esos lados de la izquier-
da, que los hace impuros, obtienen sus almas, y por ellos todos
son impuros e impurifican a quienes se acercan a ellos.**

Ahora se interpreta el versículo referente al sexto día de la Creación: **«Dijo Dios: «Que la Tierra produzca seres vivos,** cada uno
según su especie: animal doméstico y reptil, y los animales salvajes
de la Tierra, cada uno según su especie» (Génesis 1:24). **Todo el resto
de los animales vivos, cada uno y uno según su especie** espiritual
toma y nutre su alma: quién del lado de la pureza –los animales puros– y quién del lado de la impureza –los animales impuros–, todos
ellos detallados en la Torá. **Rabí Elazar dijo: esto** que los seres vivos
son mencionados en el sexto día **apoya lo que hemos dicho,** es decir,
que **los «seres vivos»** que aparecen en le quinto día **son Israel, que
son seres vivos sagrados supremos.** Y lo que está escrito: **«Animal
doméstico y reptil, y los animales salvajes de la Tierra»** (*ibid*) **son el
resto de los pueblos** idólatras, **que no son** considerados **«seres vivos»
sino como dijimos** que sus almas provienen de las tres klipot impuras.

La Torá escribe acerca de la creación del hombre: **«Y dijo Dios:
hagamos al hombre a Nuestra Imagen, y a Nuestra Semejanza»**

(*ibid* 26). Significa: que el Hombre **fue compuesto por seis direccio-nes,** –su mano derecha en el Sur, su mano izquierda en el Norte, su cabeza hacia arriba, sus piernas hacia abajo, su rostro hacia el Orien-te, su espalda hacia el Occidente– **compuesto por todo, a la manera de lo Alto, con órganos rectificados según el misterio de la Sa-biduría, como corresponde, todo según la rectificación suprema.** En pocas palabras, y tal como lo enseñan los sabios cabalistas, si el hombre conoce sus propios misterios también conoce los misterios supremos ya que él y los mundos de lo Alto fueron creados en parale-lo. Y además lo que está escrito: **«Hagamos al hombre»,** representa el **misterio de lo masculino y de lo femenino** en estado conjunto, ambos incluidos en el nombre Adán, tal como fue explicado, **todo según la santa Sabiduría suprema.**

La expresión: **«a Nuestra Imagen y a Nuestra Semejanza»** en-seña que fueron creados de este modo **para que uno se complete con el otro,** Adán y Eva, **para ser único en el mundo, dominador de todo.**

El relato bíblico continúa: **«Y Dios vio todo lo que había hecho, y he aquí que era muy bueno.** Y fue de tarde, y fue de mañana, el sexto día» (*ibid* 31): **aquí se rectifica lo que no está dicho «que era bueno» en el segundo día, porque en él fue creada la muerte,** es decir, el Ángel de la Muerte, **y ahora está escrito: «Y he aquí que era muy bueno»** (*ibid*), lo cual demuestra que también en esta crea-ción del segundo día se esconde algo bueno. **Y de este modo dijeron los compañeros: «Y he aquí que era muy bueno»: es la muerte,** porque gracias a ella la persona teme y se cuida de pecar; y además, porque debido a ella se rectifica la impureza de la Serpiente. Ahora bien, cuando el versículo especifica: **«Y Dios vio todo** –*et kol*– **lo que había hecho, y he aquí que era muy bueno»,** cabe preguntar: **¿y es que no lo había visto antes? Sino que** ciertamente **todo vio el Santo, Bendito Sea,** absolutamente todo antes incluso de crearlo, **pero lo que dijo** *et kol* –a todo– es **para agregar a todas las genera-ciones que vendrán después de esto, y así todo lo que será inno-vado en el mundo en toda generación y generación antes de que** aparezca en el mundo. Es decir, las palabras «lo que había hecho» son todas las obras de la creación, y esto es, porque allí se creó el fundamento y la raíz de todo lo que habría de venir a innovarse después de esto en el mundo. Por esto el Santo, Bendito Sea, lo vio antes de que fuera algo concreto y materializado y lo dispuso todo en potencia en la obra de la creación.

Sobre la expresión bíblica: «el sexto día» –hashishí– (Génesis 1:31), se pregunta: ¿cuál es la diferencia con todos los otros días de la creación en los que no fue mencionada en ellos la letra hebrea He –el sexto día–? No es otra sino que aquí, cuando se completó el mundo, se unió lo femenino con lo masculino en una unión única: la letra He que representa al Maljut, lo Femenino, la última letra del Tetragrama, en el sexto, la sexta sefirá, el Iesod, lo Masculino, para que todo sea uno. Y la expresión «Así se completaron» –vaiejulu– (ibid) significa que se completaron y se integraron todo como uno, se completaron y rectificaron de todo y se perfeccionaron en todo.

«Así se completaron los Cielos y la Tierra, y todos sus componentes» (ibid 2:1). Rabí Elazar abrió su enseñanza y dijo: «¡Cuán grande es Tu bondad, que has guardado para los que te temen, que has hecho a quienes esperan en Ti, delante de los hijos de los hombres» (Salmos 31:20). Ven y observa: el Santo, Bendito Sea, creó al hombre en el mundo y lo estableció para que fuera perfecto en su servicio espiritual y para que sus caminos fueran perfectos, ya que se le otorgó el libre albedrío para merecer la luz suprema que el Santo, Bendito Sea, reservó para los justos, como está dicho: «Nadie lo ha visto, Elohim, fuera de Ti, que hiciste por el que a Él espera» (Isaías 64:4). Es decir, la recompensa que le espera simplemente no puede ser aprehendida por ningún humano.

¿Y cómo merecerá un hombre tal luz suprema? Mediante el estudio de la Torá, la cual aparece en El Zohar mencionada como Oraita, Luz. Porque todo el que se esfuerza sinceramente en el estudio de la Torá cada día, merecerá tener una parte en el Mundo Venidero, y se le considera como quien construye mundos. Porque a través de la Torá fue construido el mundo y fue perfeccionado, tal como está escrito: «El Eterno con Sabiduría fundó la Tierra, estableció los Cielos con entendimiento» (Proverbios 3:19). Y está escrito también en nombre de la Torá: «Yo era una herramienta de artesanía junto a Él y hacía todos los días Sus delicias» (*ibid* 8:30). Es decir, todo lo creó a través de mí, señala la Torá. Y todo quien se esfuerza en el estudio de ella, la Torá, perfecciona los mundos y les otorga existencia.

Continuando con el tema de la creación del mundo se enseña: ven y observa: con el aliento el Santo, Bendito Sea, hizo el mundo y por el aliento subsiste. Es decir, con el aliento de aquellos que se esfuerzan en el estudio de la Torá y mucho más por el aliento del soplo de los niños en la casa de estudio, un aliento puro, íntegro y carente por completo de todo pecado.

Se retorna al versículo anteriormente citado: «¡Cuán grande es tu bondad!» es el bien guardado, el cual es mencionado en referencia a la primera luz creada. «Para los que te temen» para quienes temen el pecado. «Que has hecho –*paalta*– a quienes confían en Ti». ¿Qué significa *paalta*? Es la obra de la Creación. Rabí Aba dijo por su parte: es el jardín del Edén, porque he aquí que con arte lo hizo el Santo, Bendito Sea, en la Tierra, tal como es en lo Alto, para que se fortifiquen en él los justos y se acostumbren a la Luz espiritual antes de ascender al Jardín superior **[47b]**, y esto es lo que está escrito: «que has hecho a quienes esperan en Ti, delante de los hijos de los hombres» (Salmo 31:20): porque él, el jardín del Edén de lo bajo, es en correspondencia con los hombres, y el otro, el jardín del Edén de lo Alto, se corresponde con los seres supremos sagrados, los ángeles. Rabí Shimón dijo a modo de discrepancia: también el jardín del Edén de lo Alto se corresponde con los hombres, para que allí se reúnan los justos que cumplen la voluntad de su Señor.

El versículo de la Torá que enseña: «Así se completaron los Cielos y la Tierra, y todos sus componentes» (Génesis 2:1), está en plural ya que fueron completadas las obras de lo Alto y las obras de lo Bajo. Los Cielos y la Tierra de lo Alto y de lo Bajo. Rabí Shimón dijo por su parte: se completaron la obra y el arte de la Torá escrita y la obra y el arte de la Torá oral. «Y todos sus componentes» (*ibid*): **son los detalles de** los preceptos de **la Torá, los rostros de la Torá,** es decir, los modos de interpretarla y entenderla, y **las setenta caras de** significados de cada palabra de **la Torá.**

Otra enseñanza: **«Así se completaron»: tomaron consistencia y se completaron uno a otro,** es decir, la Torá escrita y la Torá oral, lo cual corresponde a **«Cielos y Tierra»: singularidad y generalidad** –*prat uklal*–, en referencia a los detalles singulares explicados en la Torá oral y las líneas generales trazadas en la Torá escrita. Y lo que está escrito: **«y todos sus componentes»** refiere a **los misterios de la Torá, las purezas** detalladas **de la Torá y las impurezas** detalladas **de la Torá** (Eruvín 13b).

Sobre lo escrito que **«al séptimo día Dios completó** Su obra que había hecho, y cesó el séptimo día de toda Su obra que había hecho» (*ibid* 2), se comenta: **es la Torá oral que es el séptimo día,** asociado con el Maljut, **y en él se completó el mundo, porque él es la subsistencia de todo.**

Está escrito **«Su obra que había hecho»** (*ibid*) **y no «toda Su obra»,** como aparece posteriormente en el mismo versículo, **porque he aquí que la Torá escrita,** asociada con el Tiferet, **hizo surgir todo con el poder de la escritura,** la Biná, raíz de las letras, **que sale de la Sabiduría.** Esto no sucede con la Torá oral a la que se le suman innovaciones en cada generación y, por consiguiente, el termino «toda Su obra» no recae sobre ella.

Además, **tres veces aquí** está escrito «séptimo día»: «al séptimo día Dios completó», «cesó el séptimo día», «Elohim bendijo al séptimo día». He aquí **tres** veces. Y esto debe entenderse del siguiente modo: **«Al séptimo día Dios completó», es la Torá oral,** asociada con el Maljut, séptima sefirá, **porque con este séptimo día se completó el mundo, como lo mencionamos. «Cesó el séptimo día», es el Fundamento del mundo,** en alusión al Iesod, séptima sefirá a partir de la Biná. **En el libro del Rav Ieiva Sava** aparece escrito que esta última mención **es el Jubileo, la Biná, y sobre eso está escrito aquí «de toda Su obra», porque todo surge de él,** de la Biná. **Y nosotros** consideramos que **es el Fundamento, tal como dijimos, porque en el sosiego** del Maljut **hay más que en todo.** Y el tercer caso: «Elohim bendijo al séptimo día» (Génesis 2:3), es el Gran Sacerdote, el Jesed, séptimo a partir del Maljut, que bendice a todo y él toma primero de la Biná, como hemos aprendido: «El Sacerdote toma primero» (Ioma 14a). Y las bendiciones en él residen para bendecir, y es llamado «séptimo» a partir del Maljut.

Rabí Ieisa Sava dijo: estos dos pasajes –«cesó el séptimo día», «Elohim bendijo al séptimo día»– son uno en el Fundamento del mundo, el Iesod, y uno en la Columna central, el Tiferet. Y así: «Y lo santificó» (Génesis 2:3), ¿a quién santificó la Biná? A ese lugar, el Maljut, en el que el signo, el Iesod, existe en él, reside, como está dicho: «Él me lo hará ver y a su morada…» (2 Samuel 15:25). Y en ese lugar residen todas las santidades de lo Alto y surgen de él para la Comunidad de Israel con el fin de darle delicias, el pan del placer, del modo que he aquí que fue escrito en la Torá: «De Asher, substancioso es su pan y él provee deleites al rey» (Génesis 49.20). Significa: «De Asher» es la alianza perfecta, el Iesod; «substancioso es su pan», el Maljut: quien era el pan de la pobreza –lejem oni–, se transformó para ser el pan del deleite; «y él provee deleites al rey»: ¿quién es el «rey»? Es la Comunidad de Israel, el Maljut, y él, el Iesod, le da todas las delicias de los mundos que surgen de la Biná y todas las santidades que surgen de lo Alto, de la Jojmá. De este lugar, el Iesod, surgen en dirección al Maljut, y sobre esto está escrito: «Y lo –otó– santificó» (Génesis 2:3): ese es el signo –ot– del pacto, el Iesod, que santifica al Maljut, «porque en él cesó» (ibid): en él, en el Iesod, se encuentra el sosiego de todo, en él se encuentra el sosiego de los seres de lo Alto y el de los seres de lo Bajo; y además, en él cesa la Tierra, el Maljut, para encontrar sosiego. Y el pasaje «que creó Dios» (ibid) significa: del principio del «recuerda» el Shabat, el Iesod, surge el «guarda» el Shabat, el Maljut, para rectificar la obra del mundo. Y lo dicho: «para hacer» (ibid) se refiere al Maljut que es el arte del mundo, para la obra de todo, en alusión a todas las sefirot.

Además interpretó Rabí Shimón el asunto y el misterio de este versículo y dijo: está escrito: «guarda el pacto y la bondad» (Deuteronomio 7:9), lo cual significa: «**guarda**» es la **Comunidad de Israel, el Maljut; «el pacto» es el Fundamento del mundo, el Iesod; y** «**la bondad**» **es Abraham, el Jesed del Iesod. Porque la Comunidad de Israel, ella guarda el pacto y la bondad, y** por ello **es denominada** «**guardián de Israel**», y además **porque ella guarda la puerta de todo,** en referencia a la entrada del Mundo de la Emanación, **y de ella dependen todas las acciones del mundo. Ciertamente** lo escrito «**que ha creado para hacer**» (Génesis 2:3) significa: **para perfeccionar y rectificar todo, cada** sefirá correspondiente con cada **día y día** de la obra de Creación durante el Shabat, el Maljut, **y para que** la noche del Shabat **surjan espíritus y almas, e incluso espíritus y demonios** que fueron creados durante la víspera del primer Shabat del mundo. **Y si dices que no forman parte de la rectificación del mundo, no es así, porque éstos son para rectificar al mundo y para azotar con ellos a los pecadores del mundo, porque éstos marchan y los persiguen para amonestarlos** y castigarlos, y para que retornen al camino de la verdad, **y quien marcha hacia la izquierda,** el del Otro Lado, **se adhiere al lado izquierdo y es azotado por ellos. Por esto fueron** creados también **para la rectificación** del Mundo.

    Ven y observa: qué está escrito sobre el rey **Salomón:** «Y si él hiciere el mal, **lo castigaré con vara de hombres, y con plagas de hijos hombres**» (2 Samuel 7:14). **¿Quiénes son** estas «**plagas de hijos de hombres**»? **Estos son los espíritus dañinos** –mazikín– que son creados debido las poluciones nocturnas y se transforman en los encargados de castigar a la persona que las padeció. **Ven y observa: cuando fueron creados** los espíritus dañinos, **el día** de Shabat **fue santificado,** –ya que ellos fueron creados en víspera de Shabat, en el lapso de tiempo denominado *bein hashmashot*–, **y permanecieron como espíritus sin cuerpo. Y estas son las creaciones que no** [48a] **fueron completadas,** porque entró el Shabat y la tarea cesó, **y del lado izquierdo son, la escoria del oro. Y por esto, debido a que no fueron completados y son defectuosos, el Nombre Santo no reside en ellos y no pueden adherirse a él. Y su temor es por**

el Nombre Santo, y tiemblan y temen por él, como fue explicado (Guitín 68a) pero el Nombre Santo no mora en un lugar defectuoso.

Ven y observa: el hombre que es afectado porque no deja un hijo en este mundo, cuando muere y sale de él, no se apega al Nombre Santo y no es ingresado a atravesar y trasponer la cortina celestial, porque es defectuoso y está incompleto y un Árbol que ha sido arrancado de cuajo requiere ser replantado otra vez, es decir, reencarnarse nuevamente y procrear, para que el Nombre Santo esté completo en todas las direcciones y los defectuosos no puedan apegarse a él jamás.

Ven y observa: estas criaturas defectuosas, los espíritus dañinos y los demonios, lo son de lo Alto y de lo Bajo, y por lo tanto no pueden apegarse ni a lo Alto ni a lo Bajo, y sobre ellos está escrito: «Que Elohim ha creado para hacer», es decir, todavía queda por hacer, porque no fueron completados en lo Alto como en lo Bajo. Y si dices: he aquí que al fin y al cabo son espíritus, ¿por qué entonces se considera que no fueron completados en lo Alto? No es sino debido a que no fueron completados en lo Bajo, en la Tierra, no fueron completados en lo Alto. Y todos provienen del lado izquierdo, del Otro Lado, y permanecen ocultos a los ojos de los hombres porque no se les permitió a los ojos humanos el poder aprehenderlos, y se enfrentan a ellos, a los hombres, para hacerles el mal, castigándolos y provocándoles enfermedades. En tres cosas son como los ángeles de servicio, –poseen alas, poseen la capacidad de volar de un extremo al otro del mundo, y conocen el futuro como los ángeles– y en tres cosas son como los hijos del hombre, –comen y beben, se multiplican y mueren– como ha sido explicado (Jaguigá 16a).

Después de haber sido creados los espíritus en vísperas de Shabat, permanecieron estos espíritus tras el molino del hueco del gran Abismo, es decir, tras el carruaje impuro de la Biná de klipá, la noche del Shabat y el día del Shabat. Cuando salió la santidad del día y no fueron completados al concluir el Shabat, sa-

lieron al mundo y cada noche de sábado, cuando termina el Shabat
y su santidad, vuelan en todas las direcciones y el mundo debe
protegerse de ellos. Porque entonces todo el lado de la izquierda
se despierta y arde el fuego del *Guehenom*. Y todos aquellos espíritus del lado izquierdo salen y vuelan en el mundo, y buscan
revestirse en un cuerpo y no pueden. Por esto es necesario cui-
darse de ellos. Y se estableció pronunciar el Canto de los daños,
el salmo noventa y uno, al igual que en todo momento en el que el
miedo por ellos reina en el mundo.

Ven y observa: cuando el día es santificado por la entrada del
Shabat, un cobertizo de paz –*sukat shalom*– mora y se despliega
en el mundo. ¿Quién es este cobertizo de paz? Es la Shejiná, denominada «el Shabat», y entonces todos los espíritus y las tempestades y los demonios, y todos los lados de la impureza, todos se refugian y entran en el ojo del molino del hueco del gran
Abismo. Porque debido a que se despierta la santidad del Shabat
sobre el mundo, el espíritu de impureza no se despierta con ella,
y uno huye de delante de la otra, es decir, el espíritu de impureza
de la santidad del Shabat. Y entonces el mundo está con una protección suprema, y no es necesario rezar por protección, como
por ejemplo: «Él guarda a Su pueblo Israel para siempre. Amén»
y por esto en Shabat, el rezo denominado *Hashkivenu* no concluye
de este modo, tal como durante los días de la semana. Porque ésta
terminación fue establecida para los días de la semana, cuando
el mundo tiene necesidad de Su protección. Pero en Shabat, un
cobertizo de paz se despliega sobre el mundo, y está protegido
en todas las direcciones. E incluso los pecadores del *Guehenóm*
están protegidos y todo se encuentra en paz, los seres supremos
y los inferiores. Y por esto cuando se santifica el día se bendice
con la expresión: «Quien despliega el cobertizo de paz sobre nosotros y sobre todo su pueblo Israel y sobre Jerusalén». Ahora
bien: ¿por qué «sobre Jerusalén»? No por otra cosa sino porque
esta es la residencia de dicho cobertizo, la Shejiná, y se debe invitar a ese cobertizo para que se despliegue sobre nosotros y more

con nosotros y nos proteja como una madre que mora y extiende su resguardo sobre sus hijos. Y por ello en Shabat no tememos de ninguna dirección, y sobre esto expresamos: «Quien despliega sobre nosotros el cobertizo de paz».

Ven y observa: cuando los hijos de Israel bendicen e invitan a ese cobertizo de paz, la Shejiná, para ser su «huésped santo», y dicen: «Quien despliega sobre nosotros el cobertizo de paz», entonces la Santidad suprema desciende y extiende sus alas sobre Israel, cubriéndolo como una madre a sus hijos y toda especie maligna desaparecen del mundo. E Israel se sienta bajo la Santidad de su Señor y entonces este cobertizo de paz, la Shejiná, otorga almas nuevas a sus hijos. ¿Por qué razón lo hace en Shabat? Porque en ella residen las almas y de ella surgen. Y debido a que en Shabat mora y extiende sus alas sobre sus hijos, vierte almas nuevas a cada uno y uno.

Además dijo y enseñó Rabí Shimón: sobre esto también aprendimos: el Shabat es el paradigma del Mundo Venidero. Y así es ciertamente. Y por esto la Remisión –Shemitá–, asociada con el Maljut que reina en Shabat, y el Jubileo –Iovel–, asociado con la Biná que reina en el Mundo Venidero, son similares uno al otro, y el Shabat y el Mundo Venidero así es que se parecen de modo esencial. Y ese agregado del alma que se suma a la persona en Shabat proviene del misterio del «recuerda» el Shabat, y se posa sobre este cobertizo de paz que es tomado [48b] del Mundo Venidero, y este agregado le es otorgado al Pueblo sagrado. Y con ese agregado se alegran y se olvidan de ellos todos los asuntos profanos –de los días de la semana– y todas las aflicciones y todas las desgracias, como está dicho: «Ese día en el que El Eterno te dará reposo de tu tristeza y de tu ira y del duro trabajo...» (Isaías 14:3), en referencia al sosiego y a la paz espiritual que reina en Shabat.

Durante la noche del Shabat el hombre debe saborear de todo alimento que preparó para este día sagrado, con el fin de demostrar que este cobertizo de paz está colmado por todo. Pero solamente que debido al acto de saborear no afecte la integridad de al menos un alimento que estaba destinado para el día del Shabat. Y hay quienes dicen: **dos** alimentos, para las dos comidas del Shabat, **y está bien** dicho y enseñado. **Y con más razón, si deja más** alimentos **para el día** del Shabat, **y puede saborear** por la noche **otros alimentos; y por lo menos con dos alimentos** que deje para las comidas del día de Shabat **es suficiente, y así lo establecieron los compañeros** (Shabat 118b).

La vela del Shabat, las que se encienden en víspera del Shabat, **a las mujeres del pueblo sagrado se les otorgó que las encendieran. Y los compañeros he aquí que dijeron** en el Midrash Raba (capítulo 7): «**Ella,** Eva, **apagó la vela del mundo y lo oscureció...**», llevando a Adán a pecar y opacando la luz de su alma que incluía a todas las futuras almas de la humanidad. **Y bien** fue enseñado. **Mas el misterio de este asunto** es el siguiente: **este cobertizo de paz,** la Shejiná, **es la Reina del mundo y las almas que son la vela suprema residen en ella. Y por ello la reina** de cada casa, la mujer, **debe encender** la vela en víspera de Shabat, **pues en su sitio,** el Maljut, **ella se apega y hace su obra. Y la mujer debe tener alegría en su corazón y voluntad de encender la vela del Shabat ya que es un honor supremo para ella** el actuar como la Shejiná que ilumina a las almas, **y un gran mérito para sí misma para merecer hijos santos, que serán las velas** y la luz **del mundo a través de la Torá y el temor, y aumentarán la paz en la Tierra; y también otorga a su marido larga vida, y por ello debe tener cuidado en esto** y encender la vela del Shabat con la máxima pureza y amor en su corazón.

Ven y observa: en Shabat, la noche asociada con el Maljut **y el día** asociado con el aspecto masculino inferior, **el «recuerda» el Shabat y el «guarda»** el Shabat, **son como uno. Y sobre esto está escrito** en las primeras Tablas de la Ley: «**Recuerda al día del Shabat para santificarlo**» (Éxodo 20:8) **y está escrito** en las segundas Tablas de la Ley: «**Guarda el día del Shabat**» (Deuteronomio 5:12), **pues «recuerda» refiere a lo masculino y «guarda» a lo femenino, y todo es uno. Bienaventurados son** los miembros de **Israel que son la porción del Santo, Bendito Sea, Su destino y Su legado, y sobre ellos está escrito: «Bienaventurado el pueblo al que así**

le acontece, bienaventurado el pueblo cuyo Dios es El Eterno» (Salmos 144:15).

«El Eterno Dios, con el costado que había tomado del hombre, construyó una mujer y la llevó ante el hombre» (Génesis 2:22). Rabí Shimón dijo y enseñó la interpretación de otro versículo, que es necesaria para entender el tema que se analiza: está escrito: «Elohim comprendía –hevin– su camino –darká– y conocía su lugar» (Job 28:23). Este versículo posee varias connotaciones y puede ser interpretado de distintos modos. Pero ¿qué significa «Elohim comprendía su camino»? Como tu dices: «El Eterno Dios, con el costado que había tomado del hombre, construyó –vaíven–...»: esta es la Torá oral, asociada con el Maljut, el aspecto femenino inferior, en la que está el camino, asociado con el Iesod, para transmitir la abundancia espiritual a los mundos inferiores, como está dicho: «El que otorga un camino –derej– en el mar» (Isaías 43:16), por esto «Elohim comprendía su camino y conocía su lugar». «Y conocía su lugar»: ¿quién es su lugar, es decir, el lugar del Maljut? Es la Torá escrita, asociada con el aspecto masculino inferior, en la que hay conocimiento –daat–. Y acerca de los Nombres divinos mencionados se enseña que en realidad «El Eterno–Elohim» es un Nombre completo, y los dos son necesarios para rectificarla a ella, al Maljut, en todo aspecto, también la Misericordia –El Eterno– y también el Rigor –Elokim– Y por ello el Maljut es denominada Sabiduría –Jojmá– y es denominada Entendimiento –Biná–. Debido a que fue establecida a través del Nombre completo, «El Eterno–Elohim», el Maljut es totalmente completado por estos dos Nombres.

Ahora se analiza cada parte del versículo, debido a su extrema importancia y su profundo significado: «El costado» –tzela–, asociado con el Maljut, es el Lente que no ilumina, como está dicho en relación a la misma raíz: «Pero ellos se alegraron y se reunieron en mi tiempo oscuro y de adversidad –tzali–» (Salmos 35:15).

«Que había tomado del hombre» (Génesis 2:22): porque he aquí que el aspecto femenino inferior, el Maljut, asociado con la Torá oral, de la Torá escrita surgió, del aspecto masculino inferior.

«**Una mujer** –*ishá*–» (*ibid*), palabra hebrea que, de acuerdo al método interpretativo denominado Notrikón, puede leerse como «esh» y «Hei», es decir, fuego, la Gevurá y el Rigor, y la letra Hei, que representa al Maljut, lo cual viene a enseñar que el Maljut debe **unirse a la llama del lado izquierdo,** el Rigor, **porque la Torá,** o más específicamente la Torá oral, **fue entregada del lado del Rigor.** Y todo esto está sugerido en la palabra «**una mujer** –*ishá*–» **para que el fuego** –*esh*– **y la Hei sean unidos como uno.**

«**Y la llevó ante el hombre**» (*ibid*): **porque no debe** el Maljut **permanecer sola, sino integrarse y unirse a la Torá escrita,** el aspecto masculino inferior, porque **cuando se une con él, él la nutrirá a ella y la rectificará y le dará lo que necesita** para poder transmitir la abundancia espiritual a los mundos inferiores, **tal como está escrito: «Y la** –*et*– **Tierra»** (Génesis 1:1), **y he aquí que ya lo hemos explicado.**

De aquí aprendemos: quien casa a su a su hija con un hombre, **hasta que haya entrado en** la casa de **su esposo, su padre y su madre la preparan** con atavíos **y le otorgan todas sus necesidades.** Pero **cuando se une a su esposo, es él quien la nutre y le otorga sus necesidades.** ¿Y de dónde se aprende esto? **Ven y observa: al comienzo está escrito: «El Eterno Dios, con el costado** que había tomado del hombre, **construyó** una mujer y la llevó ante el hombre» (Génesis 2:22), **pues el Padre y la Madre la prepararon,** en referencia a los dos Nombres divinos, **y después «la llevó ante el hombre» para que todo se ligue como uno,** cada uno de los aspectos, porque si no están unidos ellos mismos difícilmente puedan unirse a otro, **y para que** luego **se unan uno con el otro, y entonces él,** el aspecto masculino inferior, **le dé lo necesario al** Maljut.

Otra cosa y otra enseñanza: el versículo relata que «**Elohim comprende su camino**» (Job 28:23), utilizando el Nombre divino asociado con el aspecto femenino superior, la Madre, para indicar que **cuando la hija** se encuentra aún **en la casa de su madre, ésta observa cada día todo lo que necesita su hija,** tal como está escrito: «Elohim comprende su camino», pero **una vez que se une a**

su esposo, él le provee todo lo que necesita y rectifica sus actos, tal como está escrito: «Y el conocía su lugar» [49a].

Está escrito en la Torá: «Y El Eterno Dios formó –vaitzer– al hombre de polvo de la tierra y le exhaló en sus fosas nasales el alma de vida; y el hombre se transformó en un ser vivo» (Génesis 2:7). Aquí se enseña que el Primer Hombre fue completado en todo aspecto, en la derecha –Jesed– y en la izquierda –Din–. Y he aquí que explicamos que únicamente estaba habitado por el Buen Instinto, situación que se vio modificada después del pecado del Árbol del Conocimiento del Bien y del Mal. Pero del pasaje que enseña: «Y El Eterno Dios formó…», –en el cual se utiliza la palabra hebrea vaitzer, formó, con dos letras Iud, y en el que también son mencionados los dos Nombres divinos–, se aprende que fue creado con el Buen Instinto y con el Mal Instinto. Es decir, de acuerdo con esta enseñanza, el Mal Instinto no ingresó a la persona como consecuencia de su inclinación al mal sino que fue incluido en él al momento de ser creado. ¿Por qué? Sino que el Buen Instinto es para sí mismo, para que la persona se incline hacia la espiritualidad y sirva a su Creador, mientras que el Mal Instinto es para despertarse al deseo de su mujer, unirse a ella y de este modo lograr que nuevas almas desciendan al mundo. Pero el Mal Instinto no fue incluido en la persona para arrastrarla hacia el pecado.

El misterio del asunto de la unificación espiritual en lo Alto se aprende de la unificación en lo Bajo, pues de aquí aprendemos que el Norte, la Gevurá que habita al aspecto masculino inferior, se despierta continuamente hacia lo femenino, y se une a ella, y por eso el Maljut es denominada «mujer» –ishá–, tal el Notrikón mencionado, esh y Hei, lo cual indica que la última letra del Tetragrama, el Maljut, la Hei, recibe del fuego de la Gevurá.

Y ven y observa: el Buen Instinto y el Mal Instinto, debido a que fue colocado lo femenino entre ellos, y se liga a ellos, pero no se liga hasta que el Mal Instinto se despierta hacia ella, y justo entonces se unen uno al otro, marido y mujer; y debido a que se ligan uno al otro, entonces se despierta el Buen Instinto, que es

la alegría que implica el cumplimiento de un precepto, en este caso el de «crecer y multiplicarse», entonces se aplaca el deseo carnal y la pasión física **y la lleva** a la mujer **a su lado,** de su marido, con la intención de cumplir la voluntad Divina..

Se prosigue explicando el versículo: «el –*et*– hombre» (*ibid*), **he aquí que ya lo hemos explicado** en El Zohar (34a), que «el hombre» incluye los dos aspectos, masculino y femenino. **Pero lo masculino y lo femenino estaban unidos** por sus espaldas **(y no podían) separarse y ubicarse cara a cara.** Sin embargo, una vez que se realizó el corte entre ellos, la nesirá, **¿qué está escrito?** «Polvo de la Tierra» (*ibid*), es decir, el polvo, el Maljut, se separa de la Tierra, en referencia en este caso al aspecto masculino inferior, y **ahora está por ser restaurado** el Maljut a través de la unión.

Ven y observa: la mujer cuando se ha unido a su esposo es denominada por el nombre de su marido: él es denominado *ish* y ella *ishá*, «hombre» y «mujer»; es decir, ella lleva en hebreo su mismo nombre; él es denominado **tzadik** y ella **tzedek,** justo y justicia; y de igual modo y siguiendo la misma línea, **él es** denominado *ofer* y ella *afar*; él *tzvi* y ella *tzviá*, como está dicho: «Ella es un ciervo –*tzvi*– para todas las tierras» (Ezequiel 20:6). Es decir, antes del proceso de corte o nesirá, llevaban el mismo nombre; después de dicho proceso, portan dos nombres aunque el de ella surge del de él.

Otra enseñanza: **está escrito: «No plantarás para vosotros un Árbol idolátrico** –*asherá*–, **ningún árbol, cerca del Altar de El Eterno, tu Dios, que harás para ti»** (Deuteronomio 16:21). Es decir, en el versículo se especifica únicamente **«cerca del Altar», pero por arriba de él o en cualquier otro lugar ¿quién lo permitió? Sino que he aquí que ya ha sido explicado que** la palabra *asher* designa **al esposo, pues la mujer es llamada por el nombre de su esposo:** *ashera*. Y por eso está escrito: «Al *baal* –literalmente: marido– y a *asherá*» (2 Reyes 23:4), lo cual señala que el objetivo de la idolatría era debilitar la relación entre los aspectos masculino y femenino de la Santidad. **Por eso está escrito: «No plantarás para vosotros** un Árbol idolátrico –asherá–, ningún árbol, cerca del Altar de El Eterno, tu Dios...», versículo en el que la palabra «cerca» debe interpretarse: en correspondencia con el lugar o en lugar de ese Altar de El Eterno, el Maljut, porque el Altar de El Eterno es el que se encuentra sobre esto para recibir la abundancia espiritual de su marido. Y por esto, en correspondencia, «No plantarás para vosotros un Árbol idolátrico, ningún otro...».

Ven y observa en el mismo tono: en todos lados, todos aquellos que rinden culto al Sol, son llamados «servidores del Baal», y aquellos que rinden culto a la Luna son llamados «servidores de Ashera», y sobre esto escrito: «Al Baal y la Asherá» (2 Reyes 23:4). Y la Asherá se llama por el nombre de su esposo, Asher.

Siendo así ¿por qué este nombre ha sido aparentemente anulado del Maljut y normalmente no es nombrada de este modo? Sino que el motivo por el cual es denominada Asherá es porque está escrito: «Lea dijo ¡Para mi felicidad! –beoshrí–. Pues las mujeres me felicitarán». Y lo llamó Asher» (Génesis 30:13). Es decir, el Maljut estaba feliz por la gran abundancia que había recibido, más que la de todas las naciones. Pero ahora, en el exilio espiritual, he aquí que no la alegran los otros pueblos, y ubicaron a otra en su lugar. Y no sólo esto sino que está escrito: «Todos aquellos que la honraban la despreciaron» (Lamentaciones 1:8). Y debido a esto se anuló este nombre pues el estado espiritual se vio modificado, para que no cobren fuerza estos a quienes sirven los otros pueblos idólatras creyendo que realmente la han reemplazado. Y nosotros la denominamos al Maljut con el nombre «altar», porque es de tierra, del aspecto masculino inferior, como está escrito: «Un altar de tierra Me haréis» (Éxodo 20:24). Por esta razón el hombre fue hecho del «polvo de la tierra» (Génesis 2:7), en referencia al Maljut –polvo– que fue separada del aspecto masculino inferior –tierra–.

Continúa relatando en detalle la creación del hombre: «Y le exhaló en sus fosas nasales el alma de vida» (ibid): el alma de la vida fue incluida en ese polvo, el Maljut, como una mujer que es fecundada por el hombre, porque se unen después del corte o nesirá y este polvo se colma de todo. ¿Y qué es «todo»? Los espíritus y el nivel de **las almas** denominado *neshamá*. Porque el nivel de nefesh ya se encontraba anteriormente, tal como está escrito: «Y **el hombre se transformó en un ser vivo** *–nefesh jaiá–*» (*ibid*), versículo que enseña que **ahora,** tras el corte o nesirá, **el hombre es establecido y existe para rectificar y nutrir** espiritualmente **al «ser vivo»,** el Maljut.

«El Eterno Dios, con el costado que había tomado del hombre, **construyó** una mujer y la llevó ante el hombre» (Génesis 2:22): **aquí también,** como en el caso del hombre, actuó **con el Nombre completo, porque he aquí que el Padre y la Madre la prepararon hasta que llegó junto a su marido.** Y se menciona **«el costado»** (*ibid*), **como está dicho: «Negra soy y bella, hijas de Jerusalén»** (Cantar de los Cantares 1:5), porque en su pequeñez, en el estado de «costado», era denominada «negra», **un Lente que no ilumina** por carecer de luz propia, **pero el Padre y la Madre la prepararon para** crecer y para **que su esposo se apaciguara con ella** al unirse al Maljut cara a cara.

Del pasaje que enseña: «y la llevó ante el hombre» (*ibid*) **aprendemos de aquí que necesitan, el Padre y la Madre de la novia, introducirla al dominio del novio, como está dicho: «He dado mi hija a este hombre»** (Deuteronomio 22:16). **De aquí en adelante su esposo se allegará a ella, porque he aquí que la casa es de ella** y él debe acudir a ella, **tal como está escrito** cuando Jacob se allegó a Lea: **«Él se llegó a ella»** (Génesis 29:23); y también está escrito: **«Y se llegó también a Rajel»** (*Ibíd.* 30).

Al comienzo está escrito: **«Y la llevó ante el hombre», porque hasta aquí,** hasta el palio nupcial, la jupá, **el Padre y la Madre deben actuar** y tomar responsabilidad sobre su hija, **pero después es él,** el marido, **quien se allega a ella, y toda la casa** y su conducción, en todos los niveles, **de ella es y** él **deberá pedir permiso de ella para allegársele. Y sobre esto se acotó: «Se topó con el lugar y allí pasó la noche»** (*ibid* 28:11), versículo en el cual palabra hebrea *vaifgá* es interpretada como un lenguaje que señala «pedido» o «solicitud», es decir, se enseña **que primero pidió permiso** al aspecto femenino, **«el lugar» y sólo después pasó allí la noche, y de aquí aprendemos que quien se une [49b] a su esposa debe antes mostrase solícito**

y enternecerla y alegrarla con palabras agradables, y si no, no pernoctará con ella, para que sus dos voluntades sean como una, sin forzamiento alguno.

La enseñanza del versículo que describe que Jacob «se topó con el lugar y allí pasó la noche, pues el Sol se había puesto...» (*ibid*), es para indicar que al hombre le está prohibido mantener relaciones durante el día. Y de la siguiente descripción que señala que «tomó de las piedras del lugar y las dispuso en derredor de su cabeza, y se recostó en aquel lugar» (*ibid*), de aquí aprendemos que aunque un rey posea lechos de oro y vestimentas honorables para pasar la noche, y la reina le prepare un lecho armado de piedras, él debe dejar el suyo y pasar la noche en lo que ella preparó, como está escrito: «Y se recostó en aquel lugar» (*ibid*).

Ven y observa: ¿Qué está escrito aquí? «Y el hombre dijo: «Esta vez es hueso de mis huesos y carne de mi carne. Ésta será llamada *Ishá* (mujer), pues del *Ish* (hombre) fue tomada». Esto que el hombre dice he aquí que es un modelo de la dulzura de las palabras que le transmiten a ella, a su mujer, ternura, y la atraen a su voluntad, para despertar en ella amor.

Ved cuán agradables son las palabras que Adán le dijo a Eva, cuántas palabras de amor hay en este pasaje de la Torá pues le dijo: eres «hueso de mis huesos y carne de mi carne» (*ibid*), para mostrarle a ella que realmente ambos son uno y no hay entre ellos separación alguna.

Y después de decirle todo lo anterior ahora comienza a alabarla: «Ésta será llamada mujer» (*ibid*): esta es una mujer, pues no se encontrará otra como ella; ella es la gloria de la casa. Todas las otras mujeres comparadas con ella son como un mono frente a un hombre. Pero «ésta será llamada mujer», Eva, la más perfecta de todo. Y enfatizó: «ésta» merece ser llamada mujer y ninguna otra, en alusión a Lilit. En pocas palabras, todo lo descrito en este pasaje de la Torá son palabras de amor, tal como está dicho: «Muchas mujeres han hecho bien, pero tú las sobrepasas a todas» (Proverbios 31:29).

Continua el texto bíblico: «por tanto, el hombre dejará a su padre y su madre y se unirá a su mujer, y se transformarán en una sola carne» (Génesis 2:24). Todas estas palabras son también el misterio del amor, todo para atraerla con amor y apegarse a ella. Y una vez que despertó su amor hacia ella y pronunció todas estas palabras ¿qué está escrito? «La serpiente macho era más astuta que cualquier otro animal salvaje que El Eterno Dios había hecho. Ella le dijo a la mujer: «¿Acaso Dios dijo «No comeréis de ningún Árbol del jardín»?» (ibid 3:1). He aquí que se despertó el Mal Instinto para unirse a ella, para conectarla con el deseo corporal, suscitando en ella otras palabras con las que el Mal Instinto se deleita. Hasta que después ¿qué está escrito? «Y la mujer percibió que el Árbol era bueno como alimento, y que era un deleite para los ojos, y que el Árbol era deseable como un medio para alcanzar la sabiduría, y ella tomó de su fruto y comió; y también le dio a su marido junto a ella y él comió.» (ibid 6). Es decir, ella lo acogió al Mal Instinto con su propia voluntad, y «también le dio a su marido junto a ella» (ibid). He aquí que ahora fue ella quien se despertó hacia él con deseo para despertar en él voluntad y amor. Y este asunto para mostrar que los actos de los hombres relacionados con la unión de lo masculino y lo femenino son de acuerdo con el modelo de lo Alto en el plano espiritual.

Rabí Elazar dijo: si es así, ¿cómo comprenderemos que en lo Alto el Mal Instinto se une con lo femenino? ¿Acaso cabe suponer que existe el Mal Instinto en el Mundo de la Emanación? Le dijo Rabí Shimón: he aquí que aclaré que estos asuntos están en lo Alto y están en lo Bajo, en referencia al Buen Instinto y al Mal Instinto: el Buen Instinto proviene de la derecha, del Jesed, y el Mal Instinto de la izquierda, de la Gevurá, y la izquierda de lo Alto, la Gevurá, se une a Nukva, el Maljut, ligándola como una en el cuerpo del aspecto masculino inferior, tal como está dicho: «Su izquierda está bajo mi cabeza» (Cantar de los Cantares 2:6). Y sobre esto, es decir, en base a este modelo de derecha e izquierda, Jesed y Gevurá, se interpretan estos versículos de unión Arriba y abajo pero hasta aquí, hasta este versículo de la Torá; **de aquí en adelante,** cuando aparece en el pasaje bíblico la serpiente, **las palabras** están recubiertas solamente como **por una fina capa de savia** e incluso **a los más pequeños de los niños se permite la interpretación de las** siguientes **palabras** y enseñanzas ya que se refieren a los asuntos del mundo inferior. **Y ya se han despertado sobre esto los compañeros.**

Rabí Shimón estaba yendo a Tiberíades y se encontraban con él Rabí Iosei, Rabí Iehuda y Rabí Jia. Entretanto percibieron a Rabí Pinjas ben Iair **que venía** a su encuentro, y **cuando se encontraron** (literalmente: «cuando se unieron como uno»), **descendieron de sus burros y se sentaron bajo uno de los árboles del monte. Dijo Rabí Pinjas: he aquí que nos hemos sentado; de esas supremas palabras que tú dices cada día querría escuchar. Rabí Shimón abrió** su enseñanza y **dijo** acerca del siguiente versículo: **«Y continuó sus recorridos desde el sur hacia Beit El, hacia el sitio donde allí se encontraba su tienda por primera vez, entre Beit El y Ai»** (Génesis 13:3). Ahora bien: ¿por qué está escrito **«y continuó sus recorridos»** en plural? **Debería decir «su recorrido»** pues vemos que se dirigió a un lugar determinado. **¿Qué significa «sus recorridos»?** No significa **sino que dos campamentos son** los que marchan con la persona: **uno, el suyo propio, y uno el de la Presencia Divina.** Es decir, el plural sugiere a los dos campamentos. **Porque he aquí que en todo hombre debe encontrarse lo masculino y lo femenino, con el fin de fortalecer su fe,** ya que su esposa, a quien se une, proviene del Maljut en el cual se encuentra el misterio de la Fe. **Y entonces la Presencia Divina jamás se apartará de él.**

Y si dices que en quien sale al camino no puede encontrarse lo masculino y lo femenino, ya que no tiene se une a su mujer, y por consiguiente **la Presencia Divina se apartará de él,** de lo cual se puede también deducir que Abraham no se encontraba en su camino acompañado por la Shejiná, ciertamente **no es así. Ven y observa: quien sale al camino debe ordenar su plegaria** –*Tefilat haderej*– **delante del Santo, Bendito Sea,** antes de partir, **para atraer sobre sí mismo la Presencia Divina de su Señor** para lograr que Ella lo acompañe y lo proteja en su recorrido desde **antes de salir al camino, cuando aún se encuentra** unido **lo masculino y lo femenino** y puede todavía allegarse a su esposa. **Una vez que ordenó su plegaria y su alabanza, y la Presencia Divina se posa sobre él,** entonces **puede salir. Porque he aquí que la Presencia se ha acoplado a él para que se encuentren** unidos **lo masculino y lo femenino: masculino y femenino en la ciudad,** en su casa, junto a su esposa, y **masculino y femenino en** su recorrido por **el campo, tal como está escrito: «La justicia** –Shejiná– **irá delante de él y sus pasos nos pondrá por camino»** (Salmos 85:14).

Ven y observa: todo [50a] **el tiempo que el hombre se demora en su camino, debe cuidar sus actos** de no pecar **para que el acoplamiento supremo no se aleje de él y se encuentre** a sí mismo **defectuoso sin** la unión de **lo masculino y femenino.** Porque incluso **en la ciudad lo necesita** al cuidado de no pecar, **cuando lo femenino está con él,** su esposa, para que la Shejiná no abandone su casa, **y con más razón aquí,** en el camino, **cuando el acoplamiento supremo se liga a él. Y no sólo esto** que la persona se completa a través de la Shejiná **sino que el acoplamiento supremo lo protege en el camino y no se separa de él hasta que regresa a su casa.**

Al momento de ingresar a su casa debe alegrar a su esposa y allegarse a ella si ésta se encuentra en estado de pureza ritual, **porque es su esposa quien le ha provocado el acoplamiento supremo. Al llegar a ella debe alegrarla por dos razones. Primero, porque la alegría de ese acoplamiento es la alegría** suprema del cumplimiento **de un precepto, y la alegría de un precepto es la alegría de la Presencia Divina. Y no sólo esto sino que simplemente incrementa la paz con su esposa** que lo aguarda, **tal como está escrito: «Sabrás que hay paz en tu tienda, y te allegarás a tu morada y no pecarás»** (Job 5:24). **¿Y es que acaso si no se allega** a su esposa comete un pecado? Así es ciertamente, **porque reduce la Gloria del acoplamiento supremo de la Shejiná que se le había unido** en el camino, y que su esposa lo provocó. **Y una,** es decir, la segunda razón por la que debe allegarse a su esposa al

regresar de un viaje, **es porque si su esposa queda encinta, el acoplamiento supremo vierte en ella un alma santa, porque dicho
pacto** que se establece al unirse a su esposa **es denominado «pacto del Santo, Bendito Sea».** Por esta razón **es necesario poner la**
debida **intención en** el cumplimiento de **esta alegría, tal como es
necesario en la alegría del Shabat, que es el** momento y el tiempo del **acoplamiento de los Sabios** con sus mujeres. **Y sobre esto**
se encuentra detallado en el versículo: **«Sabrás que hay paz en tu
tienda»,** porque he aquí que la **Presencia Divina viene contigo y
mora en tu casa, y sobre esto** se aclara: **«te allegarás a tu morada
y no pecarás».** ¿Qué significa «no pecarás»? Que no peque **al acoplarse** con su esposa **ante la Presencia por la alegría del precepto**
ya que de este modo provoca en Ella ahora un acoplamiento y una
unión similar a la de Shabat.

**De la misma manera, los eruditos de la Torá que se separan
de sus mujeres durante todos los días de la semana para ocuparse de la Torá,** –tal como era la costumbre de abandonar el hogar y
permanecer en la casa de estudio durante los días de la semana– **el
acoplamiento supremo,** la Shejiná, **se une a ellos y no se separa de
ellos para que se encuentren** juntos **lo masculino y lo femenino.
Cuando llega el Shabat, los eruditos de la Torá deben alegrar a
sus esposas** allegándose a ellas, **a causa de la Gloria del acoplamiento supremo** que provocan, **y orientar** la intención de **su corazón** durante el cumplimiento del precepto **de acuerdo a la voluntad
de su Señor, como se ha dicho.**

Lo mismo sucede con quien su esposa se encuentra **en los días
de su impureza** ritual, **y la guarda** a la ley de la Torá con respecto
a las prohibiciones de Nidá **como se debe. Todos estos días el acoplamiento supremo de la Shejiná se une a él para que se encuentren lo masculino y lo femenino. Y cuando la mujer vuelve a su**
estado de **pureza, él debe alegrarla** al allegarse a ella **con la alegría
del** cumplimiento del **precepto, una alegría suprema. Y todas las
razones que nosotros hemos mencionado están en un mismo
grado** y tenor y se aplican a los casos mencionados, tanto si se trata
del caso de un sabio de Torá como de aquel cuya esposa se encuentra

en estado de impureza ritual. **En resumen: todos los hijos de la fe deben orientar el corazón y la voluntad hacia este** precepto con la mayor profundidad posible.

Y si dices, entonces la importancia del hombre cuando sale al camino es mayor que en su casa, debido al acoplamiento supremo de la Shejiná **que se une a él.** Ven y observa: **cuando el hombre está en su casa, lo principal de la casa es su mujer porque la Presencia Divina no se aleja de la casa gracias a** los méritos de **su mujer. Como aprendimos que está escrito: «Isaac la trajo a** Rebeca **a la tienda de Sara, su madre»** (Génesis 24:67), sobre lo cual se aprende **que** a partir de ese momento **la vela** de Shabat **estaba encendida** y su llama perduraba tanto tiempo como en los días de su madre, Sara. **¿Cuál es la razón? Porque la Presencia Divina llegó a la casa** junto con su mujer.

El misterio del asunto: la Madre suprema, Biná, **no reside junto al** aspecto **masculino** inferior **sino cuando se corrige la casa,** el Maljut, **y se unen lo masculino y lo femenino. Entonces, la Madre suprema vierte bendiciones para bendecirlos. De la misma manera, la Madre inferior,** el Maljut, **no reside junto a lo masculino** inferior **sino cuando la casa es corregida y lo masculino se allega a su** aspecto **femenino y se unen como uno. Entonces la Madre inferior vierte bendiciones para bendecirlos. Y por eso por dos** aspectos **femeninos está ornamentado lo masculino en su casa,** por su esposa y por la Shejiná, **como en lo Alto,** ya que también sucede lo mismo con el aspecto masculino inferior, ornamentado por el Maljut y por Biná. **Este es el misterio de lo escrito:** «Las bendiciones de tu padre sobrepasaron las bendiciones de mis padres **hasta los límites infinitos de las colinas del mundo»** (Génesis 49.26): **este** término **«hasta»** –ad–, asociado con lo masculino, **el deseo de las** dos **colinas del mundo** se encuentra en él: lo femenino supremo **para rectificarlo, coronarlo y bendecirlo, y lo femenino inferior para unirse a él y para nutrirse de él.**

Y así sucede en lo Bajo: cuando un hombre contrae matrimonio, «el deseo de las dos **colinas del mundo» está en él y se ornamenta de dos** aspectos **femeninos, uno superior,** la Shejiná, **y uno**

inferior, su esposa. El superior para que le vierta bendiciones y el inferior para nutrirse de él y unirse a él. Y un hombre al estar en su casa «el deseo de las colinas del mundo» está con él y se ornamenta con ellas. Cuando sale al camino, no es así: la Madre superior, la Shejiná, se une a él y lo acompaña, pero la inferior permanece en la casa. Cuando regresa a su casa debe ornamentarse con los dos aspectos femeninos, tal como lo hemos dicho.

Rabí Pinjas dijo a Rabí Shimón: incluso en lo referente a las cáscaras, es decir, lo más simple y superficial de la Torá, de aquello que es tan claro como los enlaces de las aletas de los peces, nadie abre [50b] la boca ante ti.

Rabí Shimón dijo: así también la Torá se ubica entre dos casas, como está escrito: «En las dos casas de Israel» (Isaías 8:14). Una cerrada suprema, y una más revelada. La cerrada suprema es la gran voz, como está escrito: «Una gran voz y no se interrumpía» (Deuteronomio 5:19). Esta voz es interna, que no puede ser oída ni revelada. Y esto se refiere a que cuando sale de la garganta emite la Hei en silencio, y surge constantemente sin cesar. Y es fina, interior, que no es jamás audible. Y de aquí surge la Torá, que es la «voz de Jacob», que es audible, que sale de la inaudible. Y luego se aferra la palabra a ella y por su fuerza sale hacia fuera y por su poder. Y la «voz de Jacob», que es la Torá, se ubica entre dos aspectos femeninos: se aferra a esa interior que no puede ser escuchada y se aferra a esa de afuera, que es audible.

Hay dos inaudibles y dos voces audibles. Las dos inaudibles, una es la Sabiduría suprema secreta, que se ubica en el pensamiento y no se revela ni se deja oír. Y después sale y se revela mínimamente, en silencio, para que no se escuche, y ésta es la denominada «gran voz», que es fina y surge en silencio. Dos son las audibles, éstas que salen de aquí: la voz de Jacob y la palabra unida a ella. Esta «gran voz», que es en silencio y es inaudible, es la casa de la Sabiduría suprema, y todo lo femenino es denominado «casa». Y esa palabra última es la casa de la voz de Jacob que es la Torá. Y por eso la Torá comienza con la letra Bet: Beit Reshit, la casa del comienzo.

Rabí Shimón abrió y dijo: «En el principio creó Elohim…» (Génesis 1:1) es lo que está escrito «El Eterno Dios, con el costado que había tomado del hombre, construyó una mujer y la llevó ante el hombre» (2:22). Y lo escrito después: «los Cielos», es lo que está escrito: «La llevó ante el hombre»» (ibid); «y la Tierra» es como está dicho: «Hueso de mis huesos» (ibid 23). Ciertamente esa es la Tierra de la vida.

Además abrió Rabí Shimón su enseñanza y dijo: «Palabra de El Eterno a mi señor: siéntate a mi derecha, hasta que haga de tus enemigos un estrado a tus pies» (Salmos 110:1). Ahora bien, la expresión «Palabra de El Eterno a mi señor» se refiere a que el grado supremo se dirige al grado inferior y le dice: «Siéntate a mi derecha» para unir el Oeste al Sur y la izquierda a la derecha, con el fin de romper el poderío del resto de los pueblos. La «palabra de El Eterno» es Jacob; «a mi señor», es el «El Arca del Pacto, señor de toda la Tierra» (Josué 3:11). Otra explicación: «palabra de El Eterno» es el Jubileo y «a mi señor» es el año de Remisión –Shemitá–, sobre la que está escrito: «Amé a mi señor» (Éxodo 21:5). Y la expresión «siéntate a mi derecha» es porque la derecha habita en el Jubileo y la Shemitá quiere unirse a la derecha.

Ven y observa: esta Shemitá no se unió con una existencia completa, en la derecha y en la izquierda, desde el día que existe y fue creada. Y cuando quiso unirse, extendió su brazo izquierdo hacia ella y creó a este mundo. Pero debido a que fue del lado izquierdo no posee existencia hasta el tiempo del séptimo milenio. Sólo en ese día el mundo se unirá entonces a la derecha, y entonces habrá entre la derecha y la izquierda una existencia íntegra. Y se encontrarán nuevos Cielos y una nueva Tierra, y entonces no se moverá jamás de allí. Entonces ¿cómo explicaremos lo escrito: «Siéntate a mi derecha»? Sino hasta un tiempo conocido, como está escrito: «Hasta que haga de tus enemigos un estrado a tus pies», y no permanentemente. Pero en ese tiempo, no se moverá jamás de allí, como está escrito: «Porque te extenderás a la derecha y a la izquierda» (Isaías 54:3) para que todo sea uno.

Ven y observa: «Los Cielos» es la Presencia Divina suprema y «La Tierra» es la Presencia Divina de lo Bajo, con la unión de lo masculino y lo femenino como uno. Y he aquí que ya fue dicho, tal como se despertaron sobre este asunto los compañeros hasta ahora.

Se dispusieron a partir Rabí Shimón y Rabí Pinjas, se incorporaron, y dijo Rabí Shimón: hay algo entre nosotros que aún deseo revelar. Abrió Rabí Shimón su enseñanza y dijo: dos versículos están escritos: «Porque El Eterno tu Dios es un fuego consumidor» (Deuteronomio 4:24) y está escrito allí: «Mas vosotros que os habéis aferrado a El Eterno vuestro Dios, todos estáis vivos hoy» (*ibid* 4). Estos versículos los hemos explicado en varios lugares y se despertaron sobre ellos nuestros compañeros. Ven y observa: «Porque El Eterno tu Dios es un fuego consumidor», he aquí que se ha dicho esto entre los compañeros, que existe un fuego supremo que devora al fuego inferior, lo devora y lo aniquila, ya que hay un fuego más fuerte que el fuego, y esto ya ha sido explicado.

Pero ven y observa: quien quiere conocer la Sabiduría de la unificación sagrada que observe la llama que se eleva del interior de la brasa o del interior de una vela encendida. Pues he aquí que la llama no se eleva sino [51a] cuando está unida a algo material. Ven y observa: en la llama que se eleva hay dos luces. La primera es una luz blanca que ilumina, y una en la que se apega el negro o el azul. Esa luz blanca está arriba y se eleva de modo recto; debajo de ella, esa, la azul o negra, que le sirve de trono a esa luz blanca. Y esa luz blanca reposa sobre ella, y se aferran una a la otra convirtiéndose en una sola. Esa luz negra o de tonalidad azul que se encuentra abajo es el trono de gloria de la luz blanca. Y sobre esto el misterio del azul –*tejelet*–.

Y ese trono azul negro se aferra a otra cosa para encender –que esta cosa está por debajo– y ésta lo incita a aferrarse a la luz blanca. Esta luz azul negra a veces se transforma en roja, y esa luz blanca que está sobre ella no se modifica jamás, porque el blanco es constante; a diferencia del azul que cambia en estas tonalidades, a veces azul o negra, y a veces roja. Y esta luz está aferrada a dos lados: se aferra arriba a esa luz blanca y se aferra por debajo a esa cosa que está en la parte inferior. Esta luz se rectifica para iluminar y para unirse a él.

Y ésta es siempre consumidora y aniquila todo lo que le ponen. Pues todo lo que se le apega a ella, y mora por debajo, esa luz azul lo aniquila y lo consume, porque su modo es aniquilar y consumir. Porque de ella depende la aniquilación de todo, la muerte de todo, y por eso consume todo lo que se le apega por debajo. Pero la luz blanca que mora sobre ella no consume ni aniquila jamás y su luz no se modifica. Y sobre esto dijo Moisés: «Porque El Eterno tu Dios es un fuego consumidor» (Deuteronomio 4:24). «Consumidor», ciertamente, devora y aniquila todo lo que está debajo de Él. Y sobre esto dijo: «El Eterno tu Dios» y no «nuestro Dios», porque Moisés se encontraba en esa suprema luz blanca que no aniquila ni consume.

Ven y observa: no posee la facultad de despertarse para encenderse esta luz azul para unirse a la luz blanca, sino a través de Israel, que ellos se apegan por debajo. Ven y observa: aunque el modo de esta luz azul negra es aniquilar todo lo que se apega a ella desde abajo, Israel se apega a ella por debajo y continúa existiendo. Y es lo que está escrito: «Vosotros que os habéis aferrado a El Eterno vuestro Dios, todos estáis vivos hoy»: «El Eterno vuestro Dios» y no «nuestro Dios», esa luz azul negra que devora y aniquila todo lo que se une a ella por debajo, pero vosotros estáis aferrados a ella y existís, como está escrito: «Todos estáis vivos hoy». Y sobre la luz blanca mora una luz cerrada que la envuelve. Y el secreto supremo se encuentra aquí. Y todo se puede hallar en la llama que asciende y sabidurías supremas se encuentran en ella.

Rabí Pinjas vino, se aproximó a Rabí Shimón, y lo besó. Dijo: Bendito sea el Misericordioso que ha hecho que te encuentre aquí. Anduvieron con Rabí Pinjas tres millas para acompañarlo y despedirlo, y después volvieron Rabí Shimón y los compañeros.

Rabí Shimón dijo: esto que dijimos es un misterio de la Sabiduría respecto a la unificación sagrada. Porque debido a esto la última letra Hei del Nombre Santo, el Tetragrama, es la luz azul negra que se aferra a las letras Iud Hei Vav que es la luz blanca que ilumina. Ven y observa: a veces esa luz azul es una letra Dalet y a veces es una letra Hei. Sino que cuando Israel no se adhiere a ella en lo Bajo para encenderla, para unirla a la luz blanca, ella es Dalet. Pero cuando Israel la despierta para unirse a la luz blanca, entonces se llama Hei. ¿De donde lo sabemos? Porque está escrito: «Si hubiere una joven –naará– virgen...» (Deuteronomio 22:23). «Naará» está escrito, sin la letra Hei. ¿Por qué razón? Es porque no está unida a lo masculino. Y en todo lugar en el que no se encuentran lo masculino y lo femenino, la Hei no se encuentra y se aleja de allí y queda una Dalet. Pues ella, cada vez que se une a la luz blanca que ilumina, es llamada Hei, pues entonces todo se une como uno. Ella se apega a la luz blanca e Israel se apega a ella en lo bajo, y pueden existir bajo ella, encenderla, y entonces todo es uno.

Y este es el misterio del sacrificio, porque el humo que asciende despierta a esa luz azul para que se encienda, y una vez que se enciende, se une [51b] a la luz blanca y la vela arde en una sola unificación. Y debido a que el modo de ésta, la luz azul, es aniquilar y devorar todo lo que se apega a ella por debajo, cuando la voluntad existe y la luz se enciende en una sola unificación, entonces está escrito: «Un fuego de El Eterno desciende y consume la ofrenda ígnea» (1 Reyes 18:38). Y entonces se revela que esa vela que arde en una sola unificación, en una sola asociación, la luz azul, se apega a la luz blanca, y son uno. Y por debajo devora las grasas y las ofrendas ígneas, que significa que no devora en su base excepto cuando asciende y todo se liga y une a la luz blanca. Entonces se establece la paz en todos los mundos y todo se liga en una sola unificación.

Cuando esa luz azul termina de aniquilar lo que hay bajo ella, se apegan por debajo los sacerdotes, los levitas y los israelitas: éstos mediante la alegría de su canto, los levitas, éstos mediante la voluntad de su corazón, los sacerdotes, y éstos, los israelitas, con la plegaria. Y la vela arde sobre todos y se apegan las luces como una, e iluminan mundos y bendicen a los seres de lo Alto y a los seres de lo Bajo.

Y entonces está escrito: «Y vosotros que os aferrasteis a El Eterno vuestro Dios, todos estáis vivos hoy» (Deuteronomio 4:4): ¿Y «vosotros»? «Vosotros» debería decir, sin la letra Vav inicial. Sino que la letra Vav, cuyo sentido también es conectar y unir, viene a agregar a las grasas y a las ofrendas ígneas que se unen él, y que son devorados y aniquilados. Pero vosotros os aferráis a él, a esa luz azul negra que consume, y vosotros existís. Y eso es lo que está escrito «todos estáis vivos hoy».

Todas las tonalidades observadas por un hombre son consideradas buenas en los sueños excepto el azul, que devora y aniquila sin cesar. Y es el Árbol del Conocimiento en el que se encuentra la muerte y que mora sobre el mundo de lo Bajo y debido a que todo mora bajo él, él devora y aniquila. Y si dices: así también mora en los Cielos de lo Alto y varias huestes se encuentran allí, y todas existen. Ven y observa: todos los seres de lo Alto están incluidos en esta luz azul, pero con los seres de abajo no es así, porque ellos son algo material distinto en lo bajo, sobre lo cual se ubica y mora sobre ellos, y por eso los devora y los aniquila. Y no existe algo distinto en lo Bajo del mundo que no sea deteriorado, porque la luz azul consume y deteriora todo lo que habita sobre él.

En cuarenta y cinco tonalidades, y tipos de luces, se divide el mundo. Siete se dividen en siete abismos. Cada luz golpea a su abismo y las piedras ruedan dentro del abismo. Y entra esa luz en esas piedras y las hiende. Y agua emerge de ellas y se unen cada una y una sobre el abismo y lo cubre de ambos lados.

Las aguas emergen de estas hendiduras y entra la luz y golpea los cuatro lados del Abismo, y la luz converge hacia su compañera y se encuentran como una y reparten agua. Y se unen todas estas siete en los siete abismos y cavan en la oscuridad del Abismo. Y estas oscuridades se mezclan con ellas y ascienden aguas y des-

cienden y se enroscan en estas luces. Y se mezclan como una: luces, oscuridades y aguas. De éstas se hacen luces que no son vistas
como oscuras. Cada una golpea a su compañera y se dividen en
setenta y cinco canales del Abismo por el que corren las aguas.

Cada canal y canal se eleva en su voz y los abismos se estremecen. Y cuando esa voz se escucha, cada abismo convoca
a su compañero y dice: «Reparte tus aguas y yo entraré en ti»,
tal como está escrito: «Un abismo llama a otro con la voz de tus
canales» (Salmos 42:8).

Después de éstos se encuentran trescientos sesenta y cinco
nervios, algunos blancos, algunos negros y algunos rojos. Se
incluyen unos a otros y se hacen de una sola tonalidad. Estos
nervios urden diecisiete redes, y cada una de ellas se denomina
«red de nervios». Se urden uno con el otro y descienden a las
profundidades de los abismos.

Después de éstos hay dos redes que tienen la apariencia del
hierro y otras dos redes que tienen la apariencia del cobre. Dos
tronos se ubican encima, uno a la derecha y uno a la izquierda.
Todas estas redes se unen como una y aguas descienden de estos
canales e ingresan en estas redes.

Estos dos tronos: uno es el trono del firmamento negro, y uno
el trono del firmamento centelleante. Estos dos tronos, cuando
se elevan, ascienden en ese trono del firmamento negro, y cuando bajan, descienden en ese trono del firmamento centelleante.
Estos dos tronos, se ubican uno a la derecha y uno a la izquierda. En el mismo trono del firmamento negro, a la derecha, y ese
trono del firmamento centelleante, a la izquierda [52a]. Cuando
se elevan en el trono del firmamento negro, desciende el trono
del firmamento de la izquierda y descienden con él. Y ruedan
los tronos uno por uno, y toman a todas esas redes en su interior
y las ingresan a las profundidades del Abismo de lo Bajo. Y un
trono se yergue y se eleva hacia arriba de todos estos abismos.
Y otro trono se yergue abajo de todos los abismos. Entre estos
dos tronos ruedan todos estos abismos y todos estos canales se
insertan entre estos dos tronos.

Setenta y cinco canales son, siete por encima de todo, y todos los otros se aferran a ellos. Y todos están enclavados en sus ruedas de ese trono de ese lado, el derecho, y están enclavados en sus ruedas de este trono, de ese lado, el izquierdo. En ellos aguas ascienden y descienden. Las que descienden excavan los abismos y los hienden. Y estas que ascienden ingresan en esas hendiduras de las piedras y se elevan y llenan los siete mares. Hasta aquí las siete tonalidades de la luz en el misterio de lo Alto.

Otras siete luces se dividen en siete mares y un solo mar los incluye. Este mar único, es el mar superior, que contiene los siete mares. Estas siete luces ingresan a ese mar y lo golpean en sus siete lados. Cada lado y lado se divide en siete ríos, como está escrito: «Y lo golpeará en sus siete ríos» (Isaías 11:15) y cada río y río se divide en siete luces, y cada luz y luz se divide en otros siete caminos, y cada camino y camino se divide en siete senderos y todas las aguas del mar, todos ascienden hacia ellos. Siete luces ascienden y descienden en las siete direcciones. Las siete luces de lo Alto penetran en el mar; seis son: y de una suprema surgen. Tal como toman al mar, así divide sus aguas en todos estos mares y en todos estos ríos.

Una serpiente marina en lo Bajo, del lado izquierdo, deambula por todos esos ríos, viene hacia el lado de sus escamas, todas duras como el hierro y se allega para absorber y absorbe de este sitio. Todas estas las luces se oscurecen ante él, su boca y su lengua despiden fuego y su lengua es filosa como una poderosa espada. Hasta que llega a ingresar al Santuario del mar, y entonces el Santuario se impurifica y se oscurecen las luces, y las luces supremas ascienden del mar. Entonces el mar, las aguas del mar, se dividen hacia la izquierda y el océano se congela y sus aguas no fluyen. El misterio de esto es como está escrito: «La serpiente era la más astuta de todos los animales del campo que El Eterno Dios había hecho» (Génesis 3:1).

El misterio de la Malvada Serpiente, que es Samael y es el Mal Instinto, desciende de lo Alto hacia lo Bajo para llevar a los hom-

bres hacia el pecado y para tentarlos, y él nada sobre la superficie
de las aguas amargas. Y desciende para seducir en lo Bajo hasta
que caigan en su red. Esta Serpiente es la muerte del mundo y se
introduce en las entrañas más recónditas del hombre y es en el
lado izquierdo. Pero existe otra Serpiente de Santidad que reside
en el lado derecho: el Buen Instinto. Las dos acompañan al hombre, como fue explicado.

El versículo enseña que la serpiente era la más astuta «de todos
los animales del campo» (ibid), es decir, pues he aquí que en todo
el resto de los animales del campo no hay entre ellos tan sabio
para hacer el mal como ella, ya que ella es la escoria del oro, lo
principal de la escoria de la Gevurá y del Rigor. ¡Ay de quien es
atraído por ella! Porque ella le causará muerte, y a todos sus descendientes. Y tal como ha sido explicado. Por ejemplo, Adán fue
atraído tras ella en lo Bajo, y descendió a las profundidades de los
palacios de las klipot para conocer todo lo que existe en lo Bajo,
y mientras más descendía, así era arrastrada su voluntad y sus
caminos tras ellas, las klipot, hasta que llegaron Adán y Eva hasta
esa Serpiente y observaron los deseos del mundo y se desviaron
sus caminos en ese lugar. Entonces, como ya le habían abierto una
puerta, se incorporó y persiguió a Adán y a su esposa y se apegó
a ellos y les provocó la muerte y a todas las generaciones que
los sucedieron. Y hasta que llegaron los integrantes del Pueblo de
Israel al Monte de Sinaí, tras salir de Egipto, no se interrumpió
su veneno espiritual del mundo. Y he aquí que ha sido dicho y
explicado.

Cuando pecaron y se apegaron al Árbol del Conocimiento sobre el que mora la muerte en lo bajo, ¿qué está escrito? «Oyeron
la voz de El Eterno Dios que andaba –mithalej– en el jardín en
dirección hacia el anochecer (oeste); y el hombre y su mujer se escon-
dieron de El Eterno Dios en el Árbol del jardín» (Génesis 3:8). Ahora
bien: «mehalej» no está escrito aquí, lo cual aludiría al aspecto masculino inferior, sino «mithalej», lo cual sugiere al aspecto femenino,

al Maljut. Ven y observa: antes de que Adán pecase, se elevaba y alcanzaba la altura de la sabiduría de la Luz suprema y no se separaba del Árbol de la vida. Pero cuando creció su deseo por conocer y descender a lo Bajo, a los palacios de las klipot, se vio arrastrado tras ellas hasta que se separó del Árbol de la Vida, y conoció el Mal y abandonó al Bien. Y sobre esto está escrito: «Porque Tú no eres un Dios que se complace en la maldad, el mal no habitará [52b] junto a Ti» (Salmos 5:5). Significa: quien se deja arrastrar por el Mal no encontrará morada junto al Árbol de la Vida. Y antes de que Adán y Eva pecasen, oían la voz de lo Alto y sabían acerca de la Sabiduría suprema y estaban ubicados en el esplendor supremo y no sentían temor. Desde que pecaron, incluso una voz de lo Bajo se hizo insoportable para ellos.

De la misma manera, antes de que los hijos de Israel pecasen con la construcción del Becerro de Oro, cuando se situaron ante el Monte de Sinaí, los abandonó el veneno espiritual de esa Serpiente, pues entonces se anuló el Mal Instinto del mundo y lo expulsaron de ellos. Y entonces se aferraron al Árbol de la Vida y se elevaron hacia lo Alto y no descendieron hacia lo Bajo. Y entonces conocían y veían a los lentes supremos, e iluminaban sus ojos y se regocijaban al saber y al comprender. Entonces El Santo, Bendito Sea, les ciñó cobertores con las letras de su Nombre Santo, –la Iud sobre la cabeza, las dos Hei sobre los dos brazos, la Vav sobre el cuerpo– para que esa Serpiente no pudiese dominarles y no los impurificase como al principio, cuando Adán pecó. Mas después que pecaron con el becerro, los abandonaron todos esos grados y luces supremas, y los abandonaron esos cobertores armados que los protegían, que habían sido ornamentados por el Nombre Supremo sagrado, y atrajeron hacia ellos a la malvada Serpiente como antes y provocaron la muerte en el mundo entero.

Y después, ¿qué está escrito? «Y Aarón y todos los Hijos de Israel vieron a Moshé (Moisés), y he aquí que la piel de su rostro se había vuelto radiante; y temieron acercársele» (Éxodo 34:30). Ven y observa: ¿Qué está escrito anteriormente durante la apertura del mar? «Israel vio la gran mano» (*ibid* 14:31), y todos vieron el esplendor supremo y también las luces del esplendor que alumbraban por el Lente que ilumina. Es decir, incluso antes de llegar al Monte de Sinaí –durante el cruce del mar– el nivel espiritual del pueblo era más elevado que tras el pecado del becerro de oro. Y esto también queda evidenciado precisamente antes de la entrega de la Torá, cuando el Monte del Sinaí humeaba, como está escrito: «Y todo el pueblo veían las voces» (*ibid* 20:18). Y sobre el mar vieron sin temer, como está escrito: «Este es mi Dios, y yo lo glorificaré» (*ibid* 15:2). Pero después de haber pecado, ni siquiera podían mirar la faz del intermediario, que era Moisés, como está escrito: «y temieron acercársele» (*ibid* 34:30).

Ven y observa: ¿Qué está escrito sobre ellos? «Y los Hijos de Israel fueron desprovistos de sus testimonios desde el Monte Jorev» (*ibid* 33:6), porque fueron abandonados por esos armamentos protectores, los cobertores, con los que se ceñían en el monte Sinaí para que la Serpiente malvada no los dominara. Y después que los abandonaron las letras del Nombre Sagrado, ¿qué está escrito? «Moshé (Moisés) tomaba la Tienda y la instalaba fuera del campamento, lejos del campamento, y la llamaba Tienda de la Reunión. Y así era que todo el que buscaba a El Eterno salía a la Tienda de la Reunión, que se hallaba fuera del campamento» (*ibid* 33:7). Rabí Elazar dijo y explicó: ¿Qué relación hay entre este versículo y el otro versículo? No otra sino que debido a que Moisés sabía que se alejaron de ellos, de los integrantes de Israel, esos cobertores supremos, dijo: he aquí que obviamente de aquí en adelante la malvada Serpiente vendría a residir entre ellos, y si establezco el Santuario aquí, entre ellos, será impurificado. Inmediatamente: «Moisés tomaba la Tienda y la instalaba fuera del campamento, lejos del campamento». Debido a que Moisés vio que entonces dominaría sobre ellos la malvada Serpiente, lo que no sucedía antes de esto ya que, como se ha dicho, el dominio posterior al becerro de oro fue más poderoso aún que en un comienzo.

Acerca del versículo que enseña: «y lo llamaba Tienda de la Reunión» (*ibid*), se pregunta: ¿y es que acaso no era antes la Tienda

de la Reunión? No es sino que antes era una tienda, sin calificativo, y ahora «Tienda de la Reunión». ¿Qué significa y por que se
agrega la palabra «Reunión» –*moed*–? Rabí Elazar dijo: para bien,
y Rabí Aba dijo: para mal. Rabí Elazar dice «para bien»: así como
el *moed*, la festividad, es un día de alegría para la Luna, la Shejiná,
porque se le agrega santidad, y no se ve dominada por ningún
daño, también aquí la denominó con este nombre, para mostrar
que he aquí que la Tienda fue alejada de ellos, y de todos modos
no fue afectada por la Serpiente. Y por eso «y lo llamaba Tienda
de la Reunión» está escrito.

Y Rabí Aba dijo: «para mal». Porque he aquí que en un comienzo, antes del pecado, era una tienda, sin calificativo, como está
dicho: «Tienda que no será transportada, ni serán arrancadas
sus estacas, ni ninguna de sus cuerdas será rota por toda la eter-
nidad» (Isaías 33:20). Y ahora es denominada: «Tienda de la Reunión», palabra hebrea, *moed*, que señala un tiempo determinado
de existencia, con comienzo y fin. En un principio la Shejiná de la
Tienda podía darle una larga vida al mundo, para que no lo do-
mine la muerte. De aquí en adelante es denominada «Tienda de
la Reunión», como está dicho en referencia a un cementerio: «Una
casa de encuentro para todos los vivientes» (Job 30:23), ya que
todos los mortales se reunirán allí, y ahora se da un tiempo, una
vida limitada al mundo. Al comienzo no fue afectada y ahora se
ve afectada. Al comienzo había unificación y acoplamiento entre
la Luna y el Sol sin interrupción, y ahora es una «Tienda de la Reunión»: su acoplamiento es de tanto en tanto. Y por eso la llamó
«Tienda de la Reunión», lo que no era así antes.

Rabí Shimón estaba sentado una noche, ocupado de la Torá,
y estaban sentados delante de él sus alumnos Rabí Iehuda, Rabí
Itzjak y Rabí Iosei. Dijo Rabí Iehuda a modo de pregunta: he aquí
que está escrito: «Y los Hijos de Israel fueron desprovistos de
sus testimonios desde el Monte Jorev» (Éxodo 33:6), tal como fue
explicado. Y como dijimos que provocaron la muerte sobre ellos
mismos, ya que fue interrumpida en el Monte de Sinaí pero volvió

sobre ellos **desde ese momento** del pecado del becerro **en adelan-te, y que dominó sobre ellos la malvada Serpiente, que ya ha-bían quitado de ellos anteriormente.** Sobre esto cabe preguntarse si los integrantes de **Israel** que pecaron, **es posible** decir sobre ellos que permanecieron desprotegidos del cuidado de los Cielos. Pero a **Iehoshúa, que no pecó,** pues se encontraba fuera del campamento aguardando el descenso de Moisés, **¿acaso le fue quitado ese co-bertor supremo que recibió con ellos en el Monte de Sinaí, o no?** **[53a]. Si dices que no se le fue quitado, entonces ¿por qué murió como el resto de los hombres? Y si dices que le fue quitado ¿por qué? ¡He aquí que estaba con Moisés cuando Israel pecó! Y si dices que él no recibió esa corona en el Monte de Sinaí, como** los integrantes de **Israel la recibieron, ¿por qué** no?

Rabí Shimón **abrió** citando un versículo **y dijo** a modo de respues-ta: «**Porque El Eterno es justo, ama las justicias, el recto mirará Su rostro**» (Salmos 11:7). **Sobre este versículo los compañeros di-jeron lo que dijeron, pero** ahora diré mi interpretación: «**Porque El Eterno es justo**» significa que **Él es justo y su Nombre es «Justo», por eso «ama las justicias»** –en plural–. Y «**recto**» significa que **Él es recto, como está dicho: «Él es Justo y Recto»** (Deuteronomio 32:4). **Y sobre esto** está escrito que «**mirará Su rostro**» en referen-cia a **todos los habitantes del mundo,** porque El Eterno ejercerá su rigor **y rectificarán sus caminos, siguiendo el camino recto, como es debido.**

Ven y **observa: cuando el Santo, Bendito Sea, juzga el mun-do, no juzga sino de acuerdo con la mayoría de los hombres** y por ello Iehoshúa también fue desprovisto de sus cobertores. **Ven** y **observa: cuando el hombre pecó con el Árbol del que comió, provocó que en ese Árbol morara en él la muerte al mundo en-tero,** incluso la de los animales, **y** provocó un **daño separando a la mujer de su esposo. Y este pecado** y este daño **afectaron a la Luna hasta que Israel se situó ante el monte Sinaí. Después que Israel se situó ante el Monte de Sinaí desapareció ese daño de la Luna y pudo brillar continuamente. Pero cuando Israel pecó con el becerro, volvió como antes la Luna a afectarse, y la malvada Serpiente ejerce su dominio y se aferra a ella, y la atrae hacia ella.

Y cuando Moisés supo que Israel había pecado y que les habían sido quitados los cobertores sagrados supremos, supo con certeza que la Serpiente se aferra a la Luna, atrayéndola hacia ella, y que fue dañada. Entonces la sacó a su tienda **afuera** del campamento. Y como la Luna se encontraba dañada, a pesar de que Iehoshúa todavía se encontraba vestido con su cobertor, debido a que el daño moró sobre ella y regresó tal como había sido dañada por el pecado de Adán, no podía el hombre subsistir –y Iehoshúa se veía especialmente afectado porque él es comparado con la Luna, ya que recibía toda su luz de su maestro, Moisés– **fuera de Moisés que** era como que **ejercía su dominio sobre ella, y su muerte provino de otro lado supremo,** la «muerte del beso», **y por eso** el Maljut no **tenía permiso para hacer subsistir a Iehoshúa por siempre ni a** ningún **otro** hombre de la tribu de Leví, quienes tampoco habían cometido pecado alguno. **Y por esto es denominada «Tienda de Reunión»:** una tienda en la que reina una existencia limitada para todo el mundo.

Y sobre este misterio fue dicho que hay una derecha en lo Alto y hay una derecha en lo Bajo, hay una izquierda en lo Alto y hay una izquierda en lo Bajo. Hay una derecha en lo Alto de suprema santidad y hay una derecha en lo Bajo que es del «Otro Lado». Hay una izquierda en lo Alto de suprema santidad, que despierta el Amor para que se ligue la Luna en un lugar sagrado en lo Alto y se ilumine, y existe una izquierda en lo Bajo que separa al Amor de lo Alto y la separa para que el Sol no la ilumine y para evitar que se acerque a él. Y este es el flanco de la malvada Serpiente: porque cuando la izquierda de lo Bajo se despierta, entonces atrae hacia sí la Luna, y la separa de lo Alto, y su luz se oscurece, y se une a la malvada Serpiente, y entonces absorbe la muerte a lo Bajo para todos. Se une a la Serpiente y se aleja del Árbol de la Vida y por esto provocó la muerte a todo el mundo.

Y por esto el Santuario se impurificó por un tiempo limitado, cuando la Luna es restaurada y vuelve a alumbrar, y esto es el misterio de la «Tienda de Reunión». Y por esto Iehoshúa no murió sino por el consejo de la Serpiente a Eva y no por su propio pecado, Serpiente que se acercó y dañó al Tabernáculo como antes. Y este es el misterio de lo escrito: «El joven Josué, hijo de Nun, nunca se apartaba de en medio de la tienda» (Éxodo 33:11): porque a pesar de ser un «joven» en lo Bajo para recibir la luz, «nunca se apartaba de en medio de la tienda», y como fue dañada ésta, también fue dañado éste, a pesar de que el cobertor sagrado estaba sobre él. Debido a que la Luna fue dañada, así él ciertamente no pudo salvarse de ella, de la Serpiente, de ese modo concretamente.

Ven y observa: del mismo modo, por cuanto Adán pecó con el Árbol del Conocimiento, el Santo, Bendito Sea, le quitó su cobertor sagrado, las letras sagradas luminosas de Su Nombre con las que El Santo, Bendito Sea, lo coronó. Y entonces temieron y supieron que habían sido despojados de ellos, tal como está escrito: «Y supieron que estaban desnudos» (Génesis 3:7). Es decir: en un comienzo se revestían con coronas preciosas, armadas, que son la libertad de todo lo relacionado con el Ángel de la Muerte y los espíritus malignos. Después que pecaron fueron desvestidos de éstas y entonces supieron que la muerte les había sido designada y supieron que habían sido despojados de la libertad de todo, y provocaron la muerte a ellos y a todo el mundo. [53b]

¿Qué hicieron a continuación? «Y cosieron una hoja de higuera y se hicieron faldillas» (Ibíd.). Ya ha sido explicado que aprendieron todo tipo de hechicería y encantamiento, y se aferraron al Mal de lo Bajo, como ya fue dicho. Y en ese momento se disminuyó la estatura del hombre en cien codos. Y entonces se generó la separación entre los aspectos masculino y femenino, el hombre fue juzgado y la Tierra maldecida, y he aquí que ya ha sido explicado.

Por consiguiente «Y expulsó al –et– Hombre» (Génesis 3:24) del Jardín del Edén. Rabí Elazar dijo: No sabemos quién expulsó a quién ya que en el versículo no se especifica si el Santo, Bendito

Sea, expulsó a Adán o no. Y si entendemos que Adán fue expulsado por El Eterno debido al contexto general del pasaje bíblico y al relato del resto de los versículos, entonces cabe preguntar por qué vuelve a ser repetido el hecho de su expulsión. **Pero la palabra** hebrea *et* **fue invertida** de su lugar en el versículo y colocada delante de la palabra Adán para guardar y reservar el misterio. Porque debería estar escrito: **«Y expulsó** *–et–* a *Él»*, es decir, *et*, en alusión a la Shejiná, **precisamente** fue expulsada. **¿Y quién expulsó a** *et*, a la Presencia Divina? **El Hombre; el Hombre, obviamente,** a través de su pecado **expulsó a** *et*, **y por eso está escrito** anteriormente: «Y lo sacó El Eterno Elohim del Jardín del Edén» *(ibid* 23). ¿Por qué lo sacó? **Porque Adán había expulsado a** *et*, la Shejiná, **como lo hemos dicho** y explicado.

El pasaje de la Torá continua el relato: «Y al expulsar al hombre, **colocó** al este del Jardín del Edén los querubines y el filo de la espada giratoria para custodiar el camino que conduce al Árbol de la Vida» *(ibid* 24). ¿Quién colocó los querubines? **Él, el hombre, los dispuso en ese lugar** a estos ángeles dañinos **y provocó que se cerraran los caminos y los senderos** que conducen de regreso al Jardín del Edén, **y dispuso juicios en el mundo y atrajo a las maldiciones a partir de ese día en adelante.**

Se explica otro pasaje del mismo texto: «Y al expulsar al hombre, Él colocó al este del Jardín del Edén los querubines **y el filo de la espada giratoria** para custodiar el camino que conduce al Árbol de la Vida» *(ibid* 3:24). Significa: colocó en ese lugar a **todos los** espíritus **que ejercen los juicios sobre el mundo, los que se invisten de múltiples tonalidades con el fin de castigar al mundo** de acuerdo con la pena que merecen: **a veces son** como **hombres** que castigan con piedad, **a veces son** como **mujeres** que castigan con rigor, **a veces** como **un fuego ardiente** al castigar a los malvados **y a veces son** como **vientos** enviados para cumplir misiones en el mundo, **y no hay nadie que pueda enfrentarlos** porque se modifican y transforman de modo permanente, **y todo esto «para custodiar el camino** que conduce al Árbol de la Vida» (*ibid*), para que no vuelvan a hacer el mal como al comienzo.

«El filo de la espada» (*ibid*) son los seres que atizan el fuego y castigan duramente sobre las cabezas de los malvados y los pecadores en el Guehenóm, y cuyas tonalidades y formas se transforman en varios tipos, de acuerdo con los actos de los hombres, ya que siempre el castigo es acorde con el pecado y su objetivo es corrector. Y por esto son denominados «filo» –*lahat*–: lit: llama, como está dicho: «Aquel día que vendrá los abrasará –*lihat*–» (Malaquías 4:1). Y he aquí que también está dicho: «la espada», es la espada de El Eterno, como está dicho: «La espada de El Eterno está llena de sangre» (Isaías 34:6). Rabí Iehuda dijo a modo de discrepancia que «el filo de la espada» no alude a los seres que castigan tras la muerte sino que son todos esos espíritus de lo Bajo, que pasan de forma en forma, y todos son encargados en el mundo de hacer el mal y de desviar y seducir a los malvados del mundo para que transgredan más los preceptos de su Señor.

Antes de pecar, cuando el Primer Hombre conservaba intacta la imagen divina con la que fue creado, todos los seres temían ante él. Sin embargo, cuando desvió su camino, la situación se transformó por completo. Ven y observa: cuando un hombre peca, atrae hacia sí mismo numerosos tipos de seres malignos y numerosos agentes punitivos, y teme ante todos y no puede superarlos. El rey Salomón conocía la sabiduría suprema, y el Santo, Bendito Sea, le ciñó la corona del reino y temía ante él todo el mundo. Debido a que pecó, se atrajo hacia sí mismo numerosos seres malignos y numerosos agentes punitivos y temió de todos y entonces pudieron hacerle el mal. Y lo que poseía en sus manos se lo quitaron.

Y por eso en el camino que marcha la persona y en ese camino al que se apega, es decir, de acuerdo a sus actos, así atrae para sí mismo una fuerza encargada que sale a su encuentro y se comporta con él de acuerdo con sus acciones. Así Adán, atrajo otra fuerza impura, que lo impurificó a él, y a todos los hombres del mundo. Ven y observa: cuando pecó, Adán atrajo sobre sí una fuerza impura, que lo impurificó a él, y a todos los hombres del mundo, y esta es la malvada serpiente que a él lo impurificó e impurificó al mundo. Como aprendimos: cuando el Ángel de la Muerte saca las almas de los hombres, queda de él un cuerpo impuro e impurifica la casa e impurifica a todos los que se aproximan a él, como está escrito: «Quien toca a un muerto...» (Números 19:11), y por esto, debido a que él Ángel de la Muerte ha tomado el alma e impurificado el cuerpo, entonces les es dado permiso a todo el resto de fuerzas de impureza para residir sobre el cuerpo. Porque ese cuerpo es impurificado debido a esa malvada Serpiente que mora en él. Y por esto en todo lugar en el que esa malvada Serpiente se encuentra, lo impurifica y es impuro.

Y ven y observa: todos los hombres del mundo que duermen sobre sus lechos durante la noche, y la noche extiende sus alas sobre todos los hombres del mundo, prueban el sabor de la muerte. Y por el hecho de degustar la muerte, ese espíritu impuro deambula sobre el mundo e impurifica al mundo, y se posa sobre las manos del hombre y se impurifica. Y cuando se despierta y el alma le regresa, todo lo que toque con sus manos, todo se impurifica, debido a que mora sobre ellas el espíritu de impureza. Por eso el hombre no debe recibir la vestimentas para vestirse de quien no realizó la ablución de la manos porque atraería sobre sí ese espíritu impuro y resultaría impuro. Y ese espíritu impuro tiene permiso para morar en todo lugar que encuentra la marca de su lado, el de la impureza. Y por eso el hombre no debe realizar la ablución de las manos a través de alguien que él mismo no realizó la ablución de las manos, porque atraería hacia él ese espíritu impuro y lo recibiría ése que realiza la ablución de las manos a través de él, porque tiene permiso de morar sobre [54a] el hombre. Por eso el hombre debe protegerse de todos lados del flanco de esa malvada Serpiente, para que no ejerza su dominio sobre él. Y en un futuro el Santo, Bendito Sea, en el Mundo Venidero lo eliminará del mundo, tal como está escrito: «Quitaré de la Tierra al espíritu de impureza» (Zacarías 13:2), y así está escrito también: «La muerte será tragada para siempre» (Isaías 25:8).

A continuación se analiza e interpreta el siguiente versículo: «El hombre conoció a su mujer Javá (Eva) y ella concibió y dio a luz a Caín, y dijo: «He adquirido –*kaniti*– un hombre con El Eterno» (Génesis 4:1). Rabí Aba abrió su enseñanza citando otro versículo a modo de introducción, tomando en cuenta la complejidad de su interpretación: «¿Quién sabe si el espíritu de los hombres asciende y el espíritu del animal desciende abajo, a la tierra?» (Eclesiastés 3:21). Este versículo posee numerosas connotaciones y significados y lo mismo sucede con todas las palabras de la Torá: innumerables connotaciones y significados hay en cada una y una, y todas son verdad porque, tal como los sabios nos enseñan «setenta caras tiene la Torá», y así es exactamente. Y toda la Torá se interpreta según setenta facetas –*shivim panim*– que corresponden a los setenta lados y setenta facetas. Y así sucede con cada palabra y palabra de la Torá, y todo lo que surge de cada palabra y palabra, innumerables connotaciones que se interpretan de ella en todas las direcciones.

Ven y observa: cuando el hombre sigue el camino de la verdad, él va hacia la derecha y hacia la santidad, y atrae sobre sí el espíritu de santidad suprema desde lo Alto. Y este espíritu se eleva hacia la Voluntad sagrada para unirse a su raíz en lo Alto y apegarse a la santidad suprema que no se separa de él. Pero cuando el hombre sigue el camino malo y se desvía voluntariamente de su camino, atrae hacia él al espíritu impuro del lado izquierdo y lo impurifica y es impurificado por él, como está dicho: «No os impurificaréis con ellos –de modo voluntario– y seáis impuros por ellos –incluso en contra de vuestra voluntad» (Levítico 11:43). Y así nos enseñaron los sabios que quien viene a impurificarse de modo voluntario, lo impurifican después incluso en contra de su voluntad.

Y ven y observa: cuando el hombre anda por el camino de la verdad y la santidad, y atrae sobre sí el espíritu supremo sagrado y se adhiere a él, el hijo que le nacerá y salga de él al mundo, él atraerá a sí mismo suprema santidad y será sagrado de acuerdo a la Santidad de su Señor, como está escrito: «Santificaos y sed santos, porque Yo soy El Eterno, vuestro Dios» (ibid 20:7), versículo que refiere al momento de las relaciones íntimas. Pero cuando el hombre anda por el lado izquierdo, el de la Sitra Ajra o el Otro Lado, atrae hacia él al espíritu de la impureza y se adhiere a él, y el hijo que salga de él al mundo, él atraerá sobre sí mismo un espíritu de impureza y será impuro, con esta impureza de ese lado, el Otro Lado, y sobre esto está escrito: «¿Quién sabe si el espíritu de los hombres asciende...» (Eclesiastés 3:21). Es decir, cuando el hombre está apegado a la derecha, se eleva hacia lo Alto y cuando él está apegado a la izquierda, entonces ese lado de la izquierda, que es el espíritu impuro, desciende de lo Alto a lo bajo y establece su morada en ese hombre y no se aparta de él. Y el hijo que ha nacido de esa impureza, de ese espíritu impuro proviene ese hijo.

Se prosigue explicando: Adán se apegó a ese espíritu impuro y su mujer se apegó a él anteriormente al tomar contacto con la Serpiente, y lo tomó y recibió esa impureza, y de él dio a luz un hijo. Este hijo era hijo del espíritu de impureza. Y por eso dos hijos tuvo Adán: uno de ese espíritu de impureza, Caín, y el otro cuando volvió Adán en arrepentimiento más tarde, Abel. Y por esto éste provenía del lado impuro y éste del lado puro.

Rabí Elazar dijo: cuando la Serpiente inoculó ese veneno espiritual en Eva, lo recogió y concibió de él, y cuando Adán se allegó a ella, dio a luz dos hijos: uno provenía del lado de lo impuro, Caín, y el otro, Abel, del lado de Adán. Y Abel se parecía a la forma de lo Alto, y Caín se parecía a la forma de lo Bajo. Y por esta razón sus caminos se separaron uno de otro. Ciertamente Caín era hijo del espíritu de impureza, que es la Serpiente malvada, y Abel era el hijo de Adán, y debido a que Caín provenía del Ángel de la Muerte, es decir, la Serpiente, asesinó a su hermano, porque él y su tendencia asesina era del lado de él, del lado de la Serpiente. Y de él provienen todas las residencias del mal, y los entes dañinos, y los demonios, y los espíritus que vienen al mundo. Rabí Iosei dijo: Caín –*Kain*– es el nido –*kina*– de las residencias malignas que provienen del lado impuro al mundo.

Y después Caín y Abel trajeron un sacrificio. Éste sacrificó según su propio lado, del flanco de la impureza, y éste sacrificó según su propio lado, del flanco de la Santidad, tal como está escrito: «Transcurrido cierto –*ketz*– tiempo, Caín llevó una ofrenda ante El Eterno del fruto de la tierra; Hevel (Abel), él también presentó una ofrenda de los primerizos de su rebaño, y de los más selectos. El Eterno accedió a Hevel (Abel) y su ofrenda, mas a Caín y su ofrenda no prestó atención. Esto le causó a Caín gran enojo y se le abatió el rostro» (Génesis 4:3). Rabí Shimón dijo: «Trascurrido cierto –*ketz*– tiempo». ¿Qué significa «cierto tiempo» –*ketz*–? Es, tal como lo enseña el versículo, lo que el mismo Dios le dijo a Noaj (Noé): «Ha llegado ante Mí el fin –*ketz*– de toda la carne; pues la tierra está llena de hurto; y he aquí que estoy por destruirlos de la tierra» (*ibid* 6:13). ¿Y quién es aludido por este versículo? Es el Ángel de la Muerte, quien provoca el fin de toda vida. Y Caín de ese «cierto –*ketz*– tiempo» trajo su ofrenda, precisamente como está escrito: «cierto –*ketz*– tiempo», lo cual se refiere a un tiempo limitado, y no dijo «*ketz iamin*» lo que significaría un período marcado por la renovación permanente, sin límite ni coto. Y por eso está escrito en el libro de Daniel: «Y tú irás hacia el fin –*ketz*– y reposarás y te levantarás para recibir tu heredad…». Le dijo Daniel a El Eterno, a modo de pregunta aclarativa: «¿iré al *ketz iamim* o al *ketz iamin*?» Le dijo y le respondió El Eterno: irás al «*ketz haiamin*», hacia el flanco de la Santidad. [54b] Y Caín trajo su ofrenda del *ketz haiamim*, lo cual alude a que la trajo del Otro Lado.

«Caín llevó una ofrenda ante El Eterno del fruto de la tierra…», como está dicho: «Del fruto del Árbol…» (*ibid* 3:3). Tal como se aprende de esta enseñanza, existe una correspondencia entre el pecado de Adán al comer del fruto del Árbol del Conocimiento y el pecado de Caín, que llevó una ofrenda del fruto de la tierra: ambos crean separación y división entre los aspectos masculino y femenino. Rabí Elazar dijo: «Del fruto de la tierra», como está dicho: «¡Ay

del malvado! Porque según la obra de sus manos le será hecho»
(Isaías 3:11). «La obra de sus manos» es el Ángel de la Muerte, a
quien atrajo hacia su persona por la obra de sus manos: el asesinato
de su hermano; «le será hecho», porque entonces el Ángel de la
Muerte es atraído hacia ellos, los hombres, y se apega a ellos para
asesinarlos y para impurificarlos, y por esto Caín sacrificó desde
su lado, el de la impureza.

«Hevel (Abel), él también presentó una ofrenda de los primerizos de su rebaño, y de los más selectos» (Génesis 4:4), incluyendo
al lado del supremo, –al Maljut lo elevó y lo unió al aspecto masculino inferior– porque trajo del lado sagrado, y por esto: «El Eterno
accedió a Hevel (Abel) y su ofrenda, mas a Caín y su ofrenda no
prestó atención» (ibid): el Santo, Bendito Sea, no lo aceptó y por
eso «esto le causó a Caín gran enojo y se le abatió el rostro» (ibid
5), porque su rostro no fue acogido, ese rostro proveniente de su
lado; pero el Santo, Bendito Sea, acogió a Abel y por eso está escrito: «Y ocurrió que cuando estaban en el campo Caín se levantó
contra su hermano Hevel (Abel) y lo mató» (ibid 8): el «campo» se
refiere a la mujer, como está dicho: «porque en el campo la encontró» (Deuteronomio 22:25). Porque Caín también tenía celos
de la mujer suplementaria gemela que nació con Abel, tal como
está escrito: «Y ella (Eva) continuó –vatosef– concibiendo» (Génesis 4:2). Y los sabios cabalistas nos enseñan que como en este último
versículo aparece dos veces la palabra hebrea «et», esto alude a las dos
hermanas gemelas que nacieron junto con Abel. Y he aquí que ha
sido dicho y explicado.

El relato de la Torá continua: «ciertamente, si mejoras, serás
perdonado. Pero si no mejoras, el pecado aguarda en la puerta. Su
deseo está dirigido hacia ti, pero aun así puedes conquistarlo» (ibid
7). Como fue dicho y explicado por la traducción al arameo, le fue
comunicado que si corrige sus actos y se arrepiente, El Eterno lo per-
donará. Pero seet –«si mejoras»–, también debe ser entendido como
dijo Rabí Aba que seet significa: si rectificas tus actos te elevarás
hacia lo Alto, la Santidad, y no volverás a descender a lo Bajo,

a las klipot. **Rabí Iosei dijo: ésta palabra** y enseñanza **ahora fue dicha, y es cierta, pero** yo **así escuché** la explicación de la misma relacionada con el concepto de perdón y expiación (Génesis 18:26), es decir, *seet*: **si rectificas tus actos se apartará de ti y te abandonará este apego del espíritu impuro. Y si no «el pecado aguarda en la puerta»** (*ibid*). **¿Qué es «en la puerta»? Es el Juicio supremo que es la Puerta de todo,** el Maljut, **como está dicho: «Abridme la puerta de la justicia»** (Salmos 118:199). Y lo que escrito que **«el pecado aguarda»** significa que **el lado al que te has apegado y que has atraído hacia ti, te aguarda para cobrar de ti** tu pecado, **tal** como bien surge de **su traducción** al arameo.

Rabí Itzjak dijo: ven y observa: cuando Caín mató a Abel, no sabía cómo saldría su alma de él, y lo mordía con sus dientes como una serpiente. Y he aquí que lo explicaron los compañeros en el Talmud (Tratado de Sanedrín 37b). **En ese momento lo maldijo el Santo, Bendito Sea, y andaba** y deambulaba **por todo rincón del mundo y no había un lugar que lo recibiera. Hasta el día en que se golpeó la cabeza** al comprender que sólo de él dependía su situación **y retornó** en arrepentimiento **ante su Señor.** Entonces **la Tierra lo recibió pero en la residencia inferior,** pues su arrepentimiento era completo. **Rabí Iosei dijo** por su parte: **la Tierra lo recibió para andar sobre ella, tal** como está escrito: **«El Eterno puso una marca sobre Caín»** (Génesis 4:15). **Rabí Itzjak** también **dijo** y agregó: **no es así** que la Tierra lo recibió para andar en ella, **sino en lo bajo la Tierra lo recibió, en una residencia inferior** a nuestra Tierra, **como está escrito: «He aquí que tú me echas hoy de la faz de la Tierra»** (*ibid* 14). Es decir, **«de la faz de la Tierra»** fue expulsado, pero de lo bajo no fue expulsado. **¿Y en qué lugar lo recibió la Tierra? En Arka,** una de las siete tierras que se encuentran por debajo, en el interior de la Tierra, **y todos los habitantes de allí, sobre ellos está escrito: «Desaparezcan de la Tierra y de debajo de estos Cielos»** (Jeremías 10:11). **Y allí** Caín **estableció su residencia, tal** como está escrito: **«Y habitó en Tierra de Nod, al oriente del Edén»** (Génesis 4:16), lo cual hace referencia al sitio llamado Arka.

Tosefta – Añadido

Debido a que Caín dijo: «mi pecado es demasiado grande como para soportarlo» (*ibid* 13), el Santo, Bendito Sea, le perdonó la mitad de su castigo. Es decir, debido que El Eterno decretó al principio y Le dijo: «vagabundo *–na–* y errante *–nad–* serás en la Tierra» (*ibid* 12), pero ahora permanece solamente con *nod* como castigo, tal como está escrito y sugerido en el versículo: «Y salió Caín de delante de El Eterno y habitó la Tierra de Nod» (*ibid* 16), es decir, cuando salió de delante de El Eterno fue con el fin de ser *nad*, errante, en la Tierra y no *na*, vagabundo. Y además dijeron: cuando Caín salió de delante de El Eterno, Adán le dijo: «Hijo mío ¿qué haré con tu juicio?» Caín le dijo: Padre, ya me han anunciado que el Santo, Bendito Sea, me perdonó y mi castigo se reduce a la mitad: solamente a Nod. Le dijo Adán: ¿Cómo es esto? Le dijo su hijo: porque regresé al camino de la verdad y me arrepentí y me confesé acerca de mi pecado ante El Eterno. Adán dijo: ¿Es que tan grande y poderoso es el poder del retorno ante El Eterno *–teshuvá–* y yo no lo sabía? Comenzó a alabar a su Señor y a agradecer a Él. Abrió y dijo: «Salmo, cántico para el día del Shabat, bueno es alabar a El Eterno» (Salmos 92:1): es decir: es bueno alabar y arrepentirse y confesarse delante de el Santo, Bendito Sea. Es importante aclarar que los términos «alabar» y «confesar» en hebreo, comparten la misma raíz idiomática. Por lo tanto, cada vez que en este último diálogo aparece en el texto el sentido de alabanza, también debe ser comprendido como confesión.

(Fin de la Tosefta)

Y Rabí Itzjak dijo y enseñó: desde el momento en que Caín asesinó a Abel, Adán se separó de su mujer. Dos espíritus femeninos solían llegar y acoplarse con él, y dio a luz espíritus y demonios que deambulan por el mundo. Y que esto no te resulte difícil de entender, porque he aquí que cuando el hombre se encuentra en su sueño, vienen espíritus femeninos y juegan con él, y se excitan con él, y de esta excitación y ardor dan a luz posteriormente.

Y éstos son denominados las «plagas de los hijos del hombre» que hostigan a los hombres, y no se transforman sino en formas humanas, y no poseen cabellos en la cabeza ya que no poseen raíces en lo Alto. Y sobre lo que está escrito acerca de Salomón: «Yo lo castigaré con vara de hombre y con las plagas de los hijos del hombre» (2 Samuel, 7:14). E incluso de igual modo espíritus masculinos se allegan a las mujeres del mundo en sus sueños y quedan encintas de ellos y dan a luz espíritus. Y todos son llamados «plagas de los hijos del hombre».

Después de ciento treinta años, se revistió Adán [55a] con un espíritu de pureza, dejando atrás el espíritu de celos debido al contacto entre Eva y la Serpiente, y entonces se unió a su mujer y dio a luz un hijo y llamó su nombre Shet (Génesis 4:25). El misterio del final de las letras de este nombre es acorde con las relaciones de las combinaciones de las letras del abecedario hebreo: *Shin* y *Tav.* Rabí Iehuda dijo al respecto: es el misterio del espíritu perdido de Abel, quien fue asesinado, y que se revistió en otro cuerpo en el mundo, tal como está escrito: «Porque Elohim me ha dado –shat– otro hijo en lugar de Abel» (*ibid*), lo cual alude a que Shet es la reencarnación de Abel. Y Rabí Iehuda dijo también: está escrito: «Cuando Adán había vivido ciento treinta años, engendró a su semejanza y su imagen, y lo llamó Shet» (*ibid* 5:3), de lo cual surge que sus otros hijos no tenían su imagen ya que solamente acerca de Shet está especificada esta semejanza. Y este fue «a su semejanza y su imagen», al establecerse el cuerpo y al establecerse el alma, del modo correcto, como lo dijo y enseñó Rabí Shimón en nombre de Rav Ieiva Sava, que sus otros hijos, Caín y Abel, permanecían apegados al veneno espiritual de la Serpiente y a ese espíritu de impureza de aquel que cabalgó en ella, la Serpiente, que es Samael. Y debido a esto no tenían la forma y la imagen de Adán. Y si dices: he aquí que has dicho anteriormente que Abel venía de «Otro Lado», es decir, del lado de la Santidad y no del de la Serpiente, así es, pero ambos –Caín y Abel– si bien existía una diferencia entre ellos, no tenían ninguno completamente la forma de abajo, es decir, la de Adán.

Rabí Iosei dijo y enseñó lo siguiente acerca de que Caín y Abel no tenían la forma de Adán: **y he aquí que está escrito «El hombre conoció a su mujer Javá (Eva) y ella concibió y dio a luz** –*vateled*– **a Caín,** y dijo: «He adquirido –*kaniti*– un hombre con El Eterno» (*ibid* 4:1), **pero** curiosamente **no está escrito: «***vaioled* **a Caín» en** masculino, señalando también quién era su padre sino que sólo menciona a su madre; **e incluso con respecto a Abel no está escrito «***vaioled***» sino «y también** –de igual modo– **dio a luz a su hermano Hevel (Abel)»** (*ibid*), lo cual marca que este hijo también es asociado únicamente con su madre; **y este es el misterio del tema** que los dos, Caín y Abel, no fueron concebidos a semejanza de Adán. **Pero con respecto a este** hijo, Shet, **¿qué está escrito?** *Vaioled:* **«engendró a su semejanza y su imagen»** (*ibid* 5:3).

Rabí Shimón dijo: durante **ciento treinta años Adán** perma**neció separado de su mujer y** durante **todos estos ciento treinta años daba a luz espíritus y demonios en el mundo a causa de ese poder del veneno** espiritual **que había absorbido en él** al unirse a Eva, después que ésta estuviera en contacto con la Serpiente. **Cuando se agotó de él ese veneno** espiritual, **volvió y sintió celos por su esposa,** tal lo explicado anteriormente, **y dio a luz a un hijo. Entonces está escrito: «engendró a su semejanza y su imagen»** (*ibid*).

Ven y observa: todo hombre que marcha hacia el lado de la izquierda e impurifica su camino, todos los espíritus de la impureza son atraídos hacia él. Y un espíritu de impureza se apega a él y no lo abandona ya que fue el hombre quien primera y voluntariamente se inclinó hacia el lado de la impureza. **Y el apego de ese espíritu impuro se encuentra** precisamente **en este hombre y no en otro, y debido a esto, el apego de ellos,** de estos espíritus impuros, **no sucede sino solamente en los que se apegan a ellos. Bienaventurados son los justos que andan por el camino recto, y ellos son los justos verdaderos y** gracias a ellos también **sus hijos son justos en este mundo. Y sobre ellos está escrito: «Porque hombres rectos habitarán la Tierra»** (Proverbios 2:21).

Rabí Jia dijo y enseñó: ¿Qué significa lo escrito: «La hermana de Tuval–Caín era Naamá» (Génesis 4:22)? ¿Qué aprendemos aquí que el versículo menciona que su nombre era Naamá? ¿Para qué nos enseñan su nombre? No por otra cosa, sino porque era tal su belleza, sugerida en la raíz de su nombre, que desviaba a los hombres tras ella, e incluso a los espíritus y a los demonios. Rabí Itzjak dijo y enseñó por su parte que éstos, «los hijos de Elohim», Aza y Azael, quienes buscaron intervenir ante El Eterno para que no creara al hombre, son los que fueron desviados tras ella. Rabí Shimón dijo y agregó: Naamá era la madre de los demonios y ella salió del flanco de Caín. Y ella fue encargada junto con Lilit de provocar la enfermedad de difteria de los bebés. Rabí Aba le dijo a Rabí Shimón: ¡y he aquí que el maestro dijo que ella era la encargada de jugar con los hombres y seducirlos en sus sueños! Él le dijo y respondió: Así es ciertamente como tú señalas, pero en realidad los dos actos –el de seducir y el de enfermar a lo bebés– son en realidad como uno sólo, es decir, uno provoca el otro, (Tratado de Nidá 13a) pues ella viene y juega con los hombres, y a veces engendra espíritus en el mundo por intermedio de ellos. Y hasta ahora ella existe para jugar con los hombres y seducirlos en sus sueños. Rabí Aba le dijo: y he aquí que aprendimos (Tratado de Jaguigá 16a) que ellos, los demonios, mueren como los hombres. Entonces ¿por qué razón ella existe hasta ahora y no ha muerto? Le dijo: así es, pero Lilit y Naama, y Agrat hija de Majalat, que provienen del lado de ellos, de Aza y Azael, todas existen, hasta que el Santo, Bendito Sea, elimine al espíritu impuro del mundo, como está escrito: «Quitaré de la Tierra al espíritu de impureza» (Zacarías 13:2).

Rabí Shimón dijo: desdichados son los hombres que no saben, o no atienden a estas enseñanzas y no meditan en ellas. Y todos son impenetrables, porque no comprenden cuán colmado está el mundo de criaturas extrañas que son inaprehensibles, y también de asuntos ocultos, porque si se le diera permiso al ojo para observar lo velado y lo inaprehensible, se sorprenderían los hombres de cómo es posible existir en el mundo estando éste tan colmado de criaturas incorpóreas y dañinas (Tratado de Berajot 6a).

Ven y observa: esta Naamá es la madre de los demonios y de su flanco provienen todos estos demonios que se excitan a través de los hombres y toman el espíritu del deseo de ellos. Y juegan con ellos y los seducen hasta que los hacen que viertan su simiente en vano. Y debido a que un *baal keri* –quien vierte su simiente vanamente– proviene del lado del espíritu impuro, debe lavarse y sumergirse a sí mismo en un baño ritual –*mikve*– para purificarse. Y he aquí que ya ha sido explicado por los compañeros.

El versículo enseña: «Este es el libro de las generaciones de Adán» (Génesis 5:1), es decir, de las formas de todas las almas que saldrían en un futuro del Primer Hombre. Rabí Itzjak dijo: El Santo, Bendito Sea, mostró a Adán las formas de todas esas generaciones que vendrán al mundo, ya que Adán, por tratarse de un alma general, incluía a todos sus descendientes, y a todos los sabios del mundo y a todos los reyes del mundo que vendrían para existir y reinar sobre Israel. Cuando Adán llegó a ver a David, rey de Israel, que nacería y moriría inmediatamente, le dijo al Creador: de mis años de vida yo le presto setenta años y fueron disminuidos de Adán setenta años. Y se los sumó el Santo, Bendito Sea, a David. Y por esto David alabó y dijo: «Me has alegrado (58b) con Tu obra ¡El Eterno! En la obra de tus manos me gozo» (Salmos 92:5) ¿Quién me ha provocado alegría en el mundo? «Tu obra»: es el Primer Hombre, que es la obra del Santo, Bendito Sea, y no la obra de un ser de carne y sangre. Es decir, es producto de la obra de las manos del Santo, Bendito Sea, y no de un ser humano. Y por esto se quitaron estos setenta años de Adán de los mil años que debía vivir.

El Santo, Bendito Sea, le mostró todos los sabios de cada generación y generación, hasta llegar a la generación del Rabí Akiva. Vio su modo tan profundo de estudiar la Torá, y como incluso las letras y sus coronas eran interpretadas y descifradas por este sabio, y se alegró. Vio su muerte y el modo en que los romanos lo torturaron y se entristeció (Tratado de Menajot 29a). Abrió y dijo el Primer Hombre: «¡Cuán preciosos me son, Dios, Tus queridos! ¡Cuán

grande es la suma de los juicios que realizas sobre sus cabezas!»
(Salmos 139:17).

Una nueva explicación del versículo: «**Este es el libro** de las generaciones de Adán» (Génesis 5:1): «Este es **el libro**» **ciertamente,**
pues se trata de un libro y no simplemente de un relato –*sipur*–. **Y he
aquí que ha sido explicado que cuando Adán estaba en el Jardín
del Edén, el Santo, Bendito Sea, hizo descender un libro para
él por intermedio de Raziel, el santo ángel,** a quien se considera
el maestro del Primer Hombre, **que está a cargo de los sagrados
secretos supremos, y en él,** el libro, **estaban grabados los signos
supremos,** Nombres superiores, **y la sagrada Sabiduría, y setenta
y dos variedades de Sabiduría había en él que se dividían de él
en seiscientos setenta signos de secretos supremos. En el medio
del libro hay grabados de Sabiduría para conocer las mil quinientas llaves que no fueron entregadas a los** ángeles **supremos
sagrados. Y todo esto,** este recóndito misterio, **fue encerrado en
este libro.**

Hasta que el libro **le llegó a Adán, y cuando llegó hasta Adán
los ángeles de lo Alto se reunían para conocer y escuchar** estos
maravillosos misterios, **y** decían: «**Exaltado seas sobre los Cielos,
Elohim, sobre toda la Tierra sea Tu Gloria**» (Salmos 57:6). **En ese
momento, le fue sugerido al ángel sagrado Adarniel** que se acer-
cara al Primer Hombre, **y** entonces **le fue dicho: «Adán, Adán, esconde la Gloria de tu Señor,** en referencia a todos estos misterios
supremos escritos en el libro, **porque no fue dado permiso a los** entes **superiores para conocer la Gloria de su Señor fuera de ti». Y
estaba con él, oculto y guardado, este libro, hasta que salió Adán
del Jardín del Edén. Porque en un principio,** antes de pecar, **lo leía**
y meditaba en él, **y utilizaba a diario los secretos de su Señor y le
eran revelados los misterios supremos,** aquello que no conocían
los servidores de lo Alto.

Cuando pecó transgrediendo el mandato de su Señor, ese
libro **se fue de él** y se remontó de sus manos. Entonces **Adán se
golpeaba su cabeza y lloraba y entró en las aguas del río Guijón**

hasta el cuello para demostrar su arrepentimiento y para que los sufrimientos lo expiaran, **y las aguas hicieron en su cuerpo arrugas
y arrugas, y se transformó** el esplendor de **su esplendor. En ese
momento, el Santo, Bendito Sea, le sugirió a Refael** que lo curara
y le devolvió el libro, aunque no completo. **Y en él se ocupaba** y en
él meditaba **Adán, y se lo dejó a Shet, su hijo, y así sucesivamente
a todos los descendientes, hasta que le llegó a Abraham y con
él sabía contemplar la Gloria de su Señor. Y he aquí que** esto **ha
sido dicho** y explicado. **Y así a Janoj también le fue entregado un
libro, y a partir de él pudo contemplar la Gloria suprema.**

«**Los creó hombre y mujer.** Los bendijo y los llamó Hombre el
día que fueron creados» (Génesis 5:2). **Rabí Shimón dijo** al respecto:
los secretos supremos son revelados por esos dos versículos, es
decir, por el versículo que se comienza a analizar ahora y por el versículo anteriormente interpretado. «**Los creó hombre y mujer» para
dar a conocer la Gloria suprema, el misterio de la fe,** en referencia
a la unificación de los aspectos masculino y femenino inferiores, **porque del interior de este misterio el hombre fue creado.** Además
**ven y observa: con el misterio con el que se crearon los Cielos y
la Tierra fue creado Adán, porque sobre ellos,** los Cielos y la Tierra,
está escrito: «Estas son las generaciones de los Cielos y Tierra»
(*ibid* 2:4), **y sobre Adán** también **está escrito: «Este es el libro de
las generaciones de Adán»** (*ibid* 5:1). Asimismo, **sobre ellos está
escrito: «Cuando fueron creados»** (*ibid* 2:4), y también **con respecto a Adán está escrito: «El día que fueron creados»** (*ibid* 5:2). **Es
decir,** aprendemos de la utilización del lenguaje que comparten un
mismo misterio.

Sobre lo escrito que **«los creó hombre y mujer»** (*ibid*), se aprende
**de aquí que toda forma en la que no se encuentra lo masculino
y lo femenino no es una forma suprema, tal como corresponde,
y según el misterio de la Mishná** que alude a la creación del hombre (Tratado de Pirkei Avot, tercer capítulo), **lo hemos explicado.**

Ven y observa: **en todo lugar donde no se encuentra lo masculino y lo femenino como uno,** es decir, cuando el hombre no tiene

una esposa, **el Santo, Bendito Sea, no coloca Su morada en ese lugar y las bendiciones no se encuentran sino en un lugar donde hay masculino y femenino** unificados, **como está escrito: «Él los bendijo y llamó el nombre de ellos Adán, el día en que fueron creados»** (*ibid* 5:2). Es decir, los dos fueron creados pero denominados con un solo nombre: Adán, como uno. **Pero no está escrito** en singular: **«Lo bendijo y llamó el nombre de él Adán», porque incluso Adán no es llamado sino a lo masculino y lo femenino** cuando se reúnen **como uno.**

Rabí Iehuda dijo sobre el mismo tema: **desde el día en el que el Templo fue destruido,** –lo cual es entendido por los sabios cabalistas como la separación del aspecto masculino y femenino inferiores– **las bendiciones no se encuentran en el mundo y se pierden cada día, como está escrito: «El justo ha perdido»** (Isaías 57:1). **¿Qué ha perdido? Ha perdido las bendiciones de las que era portador, como está escrito: «Hay bendiciones sobre la cabeza del justo»** (Proverbios 10:6), **y está escrito: «Se ha perdido la fe»** (Jeremías 7:28). **De igual modo está escrito: «Él los bendijo»** (*ibid* 5:2) **y está escrito «Y los bendijo Elohim»** (*ibid* 1:28), es decir, siempre se refiere a cuando los aspectos masculino y femenino se reúnen.

Es de Shet que surge el linaje de todas las generaciones del mundo, y el **de todos los justos verdaderos que estuvieron en el mundo. Rabí Iosei dijo** y enseñó: **estas últimas letras que se encuentran en** el abecedario hebreo con el que fue escrita **la Torá** –Shin y Tav– **permanecen** intactas **después que Adán traspasó** y transgredió **sobre todas las letras de la Torá** a través del pecado del Árbol del Conocimiento **[56a]; y cuando retornó** en arrepentimiento **ante su Señor, se aferró** solamente **a esas dos** letras, **y desde entonces regresaron** el resto de **las letras, pero en orden** alfabético **inverso:** *tashrak.* Es decir, primero la Tav, después la Shin, luego la Reish, a continuación la Kuf, etc. **Y por esto es que** Adán **nombró al hijo que le había nacido «a su semejanza, conforme a su imagen»: Shet, que son las últimas letras** del abecedario y las que él tomó y rectificó al retornar en arrepentimiento. **Y no fueron rectificadas** el resto de **las letras hasta que se ubicaron** los miembros de **Israel en el Monte de Sinaí** para recibir la Torá, momento en el que se interrumpió el veneno espiritual de la Serpiente, **y entonces retornaron las letras a su orden, como en el día en el que fueron creados los Cielos y la Tierra. Y se perfumó** y se rectificó **el mundo y recobró su existencia** plena.

Rabí Aba dijo: el día en el que Adán transgredió el mandato de su Señor, los Cielos y la Tierra quisieron desprenderse de sus lugares. ¿Por qué razón? Debido a que ellos no existen sino gracias al pacto, como está escrito: «Si no fuera por Mi pacto con el día y la noche, es como si no hubiese dado las leyes de los Cielos y la Tierra» (Jeremías 33:25). Y Adán transgredió el pacto, como está dicho: «Mas ellos, como Adán, transgredieron el pacto» (Oseas 6:7). Y si no fuera porque era revelado ante el Santo, Bendito Sea, que en el futuro Israel se ubicarían ante el Monte de Sinaí para cumplir este Pacto, el mundo no hubiese subsistido.

Rabí Jizkia dijo: todo el que se confiesa sobre sus pecados, El Santo, Bendito Sea, lo expía y perdona sus pecados. Ven y observa: cuando el Santo, Bendito Sea, creó el mundo, estableció este pacto y sobre él hizo existir al mundo. ¿Cómo lo sabemos? Porque está escrito: «En el principio», *bará shit*, lo cual alude a la sexta sefirá, el Iesod, y **éste es el pacto sobre el que el mundo existe sobre él.** Y además la palabra *shit* comparte raíz idiomática con la palabra *shitin*, en alusión a los fundamentos del Templo, **porque de él,** es decir, a través de estos fundamentos, **fluyen y surgen las bendiciones hacia el mundo y sobre él fue creado el mundo.** Y Adán transgredió este pacto y lo desplazó de su lugar. Pero **este pacto es sugerido por la letra Iud, letra pequeña,** la más pequeña de las letras, que es **lo principal y el fundamento del mundo.**

Cuando Adán engendró un hijo, se confesó por su pecado y lo llamó Shet, y no mencionó en él la letra **Iud para que fuese** llamado *Shit* **porque** precisamente **él lo transgredió** el pacto y el fundamento, como se ha explicado. **Y por esto,** porque al nacer Shet su padre Adán retornó al camino de la verdad, **el Santo, Bendito**

Sea, a partir de él implantó el mundo y todas las generaciones de los justos del mundo son de su linaje.

Y ven y observa: cuando el pueblo de Israel se ubicó en el Monte de Sinaí, ingresó entre estas dos letras, la Shin y la Tav, el misterio del pacto. ¿Y quien es? La letra Bet, la que, junto con las otras dos letras del nombre, conforma la palabra Shabat. Y entró entre las dos letras que permanecieron rectificadas y El Eterno le dio el Shabat a Israel. Y cuando ingresó la Bet, misterio del pacto, entre estas dos letras que son la Shin y la Tav, y se convirtieron en Shabat, entonces se logró una gran rectificación, como está dicho en el versículo, lo cual señala la relación entre el Shabat y el Pacto, que: «Los Hijos de Israel observarán el Shabat, para hacer al Shabat pacto eterno por sus generaciones» (Éxodo 31:16).

Como se hizo un principio de relación de todas las generaciones del mundo a través de estas dos letras, Shin Tav, del mismo modo estaban pendientes hasta el momento de la entrega de la Torá en el Monte de Sinaí cuando se considera que el mundo fue establecido como corresponde. Y entró entre ellas el Pacto sagrado y se rectificó completamente y se transformó en Shabat. Dijo Rabí Iosei: estas dos letras se rectificaron con la letra Bet en el Monte de Sinaí, y entonces las demás letras se invirtieron desde el día que nació Shet, volvieron y se mantuvieron las letras de cada generación y generación en orden inverso, hasta que llegó Israel al Monte de Sinaí y se rectificaron y recuperaron su ordenación original. Dijo Rabí Iehuda: en lo bajo se invirtieron, y en cada generación y generación el mundo estaba rodeado por las letras. Pero no se asentaban en sus lugares de acuerdo al orden correspondiente. Cuando la Torá fue entregada a Israel, todo fue rectificado.

Rabí Elazar dijo: en los días de Enosh, los hombres poseían sabiduría de la sabiduría de las hechicerías y de las magias, y de la sabiduría para detener los poderes supremos de los Cielos. Y no había ningún hombre, desde el día que salió Adán del Jardín del Edén llevando consigo la sabiduría de «las hojas del árbol», es decir, el aspecto más superficial de todas las sabidurías, **que se ocupara de ella,** de esta sabiduría superflua, **porque he aquí que Adán y su mujer, y quienes nacieron de ellos, hasta que vino Enosh, la abandonaron.** Cuando llegó Enosh, las observó a estas sabidurías **y vio** que a través de estas **sabidurías** se podía lograr afectar a **diversas** fuerzas y poderes **superiores,** y entonces las enseñó públicamente. **Y se ocuparon de ellas y las practicaron, e hicieron hechicería y magia, y enseñaron a partir de ellas hasta que se difundió esta sabiduría en la generación del diluvio. Y todos las practicaban para el mal y se fortificaron con esas sabidurías contra Noé,** quien intentaba amonestarlos y advertirlos acerca del Rigor divino, **y dijeron que ningún juicio del mundo podía recaer sobre ellos porque he aquí que practicaban la sabiduría para rechazar a todos quienes ejecutaban las sentencias. Y a partir de Enosh, todos comenzaron a ocuparse de estas sabidurías, tal como está escrito: «Entonces el llamar en nombre de El Eterno se hizo algo profano»** (Génesis 4:26), porque utilizaban el Nombre divino para hacer el mal.

Rabí Itzjak dijo: todos estos justos que había entre ellos después de esa generación, la de Henos, **todos intentaban amonestarlos, como Iered, Metushelaj y Janoj, pero no pudieron** obtener resultado alguno ya que no les prestaban atención. **Hasta que se expandieron los pecadores, que se revelaban contra su Señor, y dijeron: «¿Qué** provecho obtendremos si **servimos al Todopoderoso?»** (Job 21:15). ¿Y es posible que dijeran esta tontería? Así es, **y no ocurre sino que** precisamente **como conocían todas estas sabidurías y a todos los encargados del mundo que estaban dispuestos sobre ellos,** estaban seguros de ellos mismos y de su saber en caso de necesitar utilizarlos en su defensa, **hasta que el Santo, Bendito Sea, revirtió al mundo a su estado anterior** a ser creado a través del Diluvio, **porque he aquí que [56b] al principio el agua** superior **estaba mezclada con el agua** inferior. **Y después,** durante el Diluvio, **hizo volver al mundo a su estado anterior, pero el mundo no fue destruido del todo, porque he aquí que con mi-**

sericordia los supervisó, como está escrito: «El Eterno al diluvio hizo retornar» (Salmos 29:10), y no está escrito el Nombre **Elohim**, el cual alude al Rigor.

Se enseña también que **en los días de Enosh, hasta los niños de esa generación, todos atendían esas sabidurías supremas** provenientes del Otro Lado **y se dedicaban a ellas. Dijo Rabí Ieisa: si es así,** que realmente suponían que podían detener con su sabiduría superflua el Juicio divino, entonces **eran** realmente **tontos, porque ignoraban que el Santo, Bendito Sea, en un futuro traería las aguas del diluvio y perecerían en ellas.** Es decir, su sabiduría no les permitía ni siquiera anticiparse en lo más mínimo a los futuros acontecimientos. **Rabí Itzjak dijo: lo sabían, pero la estupidez se aferró a sus corazones, porque ellos** conocían a ese ángel que estaba **encargado del fuego y a ese encargado del agua, y sabían controlarlos para que no pudieran ejecutar el juicio sobre ellos, pero ignoraban que el Santo, Bendito Sea, domina sobre la Tierra, y que de Él llega el juicio al mundo. Sino que veían que el mundo estaba encomendado en manos de esos encargados de quienes dependen todas las cosas de este mundo** y llegaron a suponer que su poder era independiente de lo Alto. **Y por eso no prestaron atención al Santo, Bendito Sea, y no reparaban en Sus actos hasta que la Tierra se arruinó** por los efectos del Diluvio. **Y el Espíritu Sagrado proclamaba cada día y decía: «Sean consumidos de la Tierra los pecados, y los malvados dejen de ser» (Salmos 104:35). El Santo, Bendito Sea, fue paciente con ellos todo ese tiempo que estos justos, Iered, Metushelaj y Janoj existieron en el mundo. Cuando se retiraron del mundo, entonces hizo caer el Santo, Bendito Sea, el juicio sobre ellos y fueron perdidos, como está dicho: «Y fueron borrados de la Tierra» (Génesis 7:23).**

La Torá presenta el siguiente versículo: **«Y Janoj anduvo con Dios; luego ya no** vivió **más, pues Dios se lo llevó»** (*ibid* 5:24). **Rabí Iosei abrió** su enseñanza citando otro pasaje bíblico: **«Mientras el rey estaba en el reclinatorio, mi nardo dio su aroma»** (Cantar de los Cantares 1:12). **Este versículo ya fue explicado, pero ven y observa** otra interpretación: así es el camino del Santo, Bendito Sea: cuando el hombre está apegado a Él y Él hace morar Su Presencia sobre él y Él sabe que después de un tiempo pecará, se anticipa y recolecta su buen aroma de él y lo retira del mundo antes del momento de la caída y la corrupción, como está escrito: «Mientras el rey estaba en el reclinatorio, mi nardo dio su aroma». Significa: «Mientras el rey» es el Santo, Bendito Sea; «en el reclinatorio» se refiere a ese hombre que está apegado a Él y sigue Sus caminos; «mi nardo dio su aroma» son las buenas obras de él y es a causa de ellas que es retirado del mundo antes de llegar su tiempo de morir, para preservarle su recompensa en el Mundo Venidero. Y sobre esto el rey Salomón dijo: «Hay vanidad que se hace sobre la Tierra: que hay justos a quienes sucede como si hicieran obra de impíos» (Eclesiastés 8:14). Es decir: hay justos a quienes corresponde y les llega un trato como si se tratara de los actos de los malvados, tal como ha sido explicado, que debido a sus buenos actos el Santo, Bendito Sea, los retira del mundo antes que les llegue su hora de morir y los juzga; y el rey Salomón agrega también: «y hay malvados a quienes sucede como si hicieran obra de justos» (ibid), porque el Santo, Bendito Sea, prolonga sus días y prolonga Su paciencia hacia ellos, y todo esto como ha sido dicho: éstos justos para que no se corrompan y éstos malvados porque han de retornar a Él o porque saldrán de ellos hijos sobresalientes.

Ved y observa: Janoj era un justo, pero el Santo, Bendito Sea, vio en él que después se habría de corromper y lo retiró antes que se corrompiera, tal como está escrito: «Para recoger rosas» (Cantar de los Cantares 6:2), debido a que los justos exhalan un buen aroma como las rosas, el Santo, Bendito Sea, los recoge antes que se corrompan. Y también está escrito que Janoj «luego ya no vivió más, pues Dios se lo llevó» (Génesis 5:24), es decir, «ya no vivió más» y no prolongó sus días como los otros hombres que prolongaban sus días y sus vidas. ¿Cuál es la razón? Porque el Santo, Bendito Sea, lo llevó antes de que llegase su hora.

Rabí Elazar dijo por su parte: El Santo, Bendito Sea, lo tomó a Janoj de la Tierra y lo hizo ascender hasta los altos Cielos debido al nivel de espiritualidad que había alcanzado, y le otorgó en sus manos todos los tesoros supremos y las cuarenta y cinco llaves de los secretos grabados que utilizan los ángeles de lo Alto. Y todo fue entregado en su mano, como ya lo hemos explicado.

La Torá relata que «El Eterno vio qué grande era la maldad del hombre sobre la Tierra, y que siempre maligno era el fruto de los pensamientos de su corazón» (Génesis 6:5). Rabí Iehuda abrió su enseñanza citando otro versículo: «Porque Tú no eres un Dios que se complace en la maldad, el mal no habitará junto a Ti» (Salmos 5:5). Este versículo ya ha sido citado y explicado, pero ven y observa: quien se apega al Mal Instinto y se deja arrastrar tras él, se impurifica él por su elección y después lo impurifican a él aún más, como ya lo dijimos. Ahora bien, lo escrito «qué grande es la maldad del hombre» significa: que todo lo malo posible hacían y no se completó su culpabilidad hasta que llegaron a verter sangre gratuitamente sobre la Tierra. ¿Y quiénes se considera que eran los que vertieron sangre de modo gratuito? Los que corrompían sus caminos sobre la Tierra, tal como está escrito y especificado en el versículo: «siempre maligno» –rá–: aquí está escrito «siempre maligno» [57a] y allí, en otro versículo está escrito: «Y Er, el primogénito de Iehudá, fue malo –rá– ante los ojos de El Eterno» (Génesis 38:7). Es decir, son comparados en sus actos y en su maldad relacionada con el derramamiento vano de la simiente humana.

Rabí Iosei dijo a modo de pregunta: ¿Y acaso «mal» –ra– no es un malvado –rashá–? Es decir, por qué se define como «malo» ante los ojos de El Eterno y como un «malvado» a la persona que realiza esta trasgresión. Le dijo Rabí Iehuda: No es similar, porque «malvado», incluso si levanta la mano sobre su compañero aunque no le haga nada es llamado malvado, como está escrito: «Y le dijo al malvado ¿por qué golpearás a tu prójimo?» (Éxodo 2:13): no está escrito «golpeaste» sino «golpearás», y lo llama malvado aunque aún no lo haya golpeado. Pero «malo» –rá– no es llamado sino quien corrompe sus caminos y se impurifica e impurifica la Tierra, y otorga poder y fuerza al espíritu de la impureza llamado «mal» a través de esta trasgresión, como está escrito acerca de la generación del Diluvio: «siempre maligno» (Génesis 6:5). Y una persona que ha vertido su simiente vanamente no entra al Palacio y no ve la faz de la Presencia Divina, porque por eso, por el verter la simiente de este modo, la Presencia Divina se aleja del mundo.

¿De dónde lo sabemos? De Jacob, tal como lo relata la Torá: Iaacov (Jacob) llamó a sus hijos y dijo: «Reuníos y os anunciaré lo que habrá de aconteceros al Final de los Días. Juntaos y escuchad, oh hijos de Iaacov (Jacob), y escuchad a Israel vuestro padre» (Génesis 49:1–2). Sin embargo, los sabios nos enseñan que finalmente, y a pesar de la voluntad de Jacob de anunciar lo que habría de suceder al Final de los Días, la Shejiná se apartó de él y no pudo hacerlo. Por ello, cuando la Presencia Divina se retiró de él, pensó que en sus hijos se encontraba un defecto relacionado con este pecado mencionado, y que a causa de ello se había fortalecido en el mundo el espíritu de impureza y había disminuido la luz de la Luna –identificada con la Shejiná– y había resultado dañada. Y si dices ¿por qué habría de ser así? ¿Acaso el patriarca debía verse perjudicado por un hijo supuestamente pecador? Sí, debido a que este pecado impurifica el Santuario y provoca el alejamiento de la Presencia Divina de todo lugar, y entonces la Presencia Divina se alejó también de encima de Jacob. En todo caso, resulta importante aclarar que el motivo del retiro de la Shejiná fue para que Jacob no revelara el Fin, pero no debido al pecado de alguno de sus hijos. Por lo tanto, mucho más entonces que la Presencia Divina se aleja de ese que impurifica sus caminos y se impurifica a sí mismo, ya que él otorga poder al espíritu de impureza. Y debido a esto cuando se impurifica es denominado «malo» –ra–.

Ven y observa: cuando el hombre se impurifica a través de este pecado, no es recordado para bien por el Santo, Bendito Sea, y en todo momento es recordado por ese Otro Lado que es denominado Mal, para mal, tal como está escrito: «Quien pasa la noche saciado, no será visitado por el mal» (Proverbios 19:23). Es decir, cuando la persona marcha en un camino recto «no es visitado por el mal», en referencia a los espíritus del Otro Lado. Y sobre esto está escrito acerca de la generación del Diluvio: «grande era la maldad del hombre sobre la Tierra, y que siempre maligno era el fruto de los pensamientos de su corazón» (Génesis 6:5) y está escrito: «El mal –ra– no habitará junto a Ti» (5:5). Y éste, el que vierte en vano su simiente, es denominado malo –ra– y no malvado –rashá–. Y está escrito: «Aunque ande en el valle de la sombra de la muerte, no temeré mal alguno, porque Tú estás conmigo» (Salmos 23:4).

Otro versículo de la Torá nos enseña: «Y Se consoló El Eterno por haber hecho al hombre sobre la Tierra y Su corazón se entristeció» (Génesis 6:6). Rabí Iosei abrió su enseñanza citando otro versículo: «¡Ay de los que traen la iniquidad con cuerdas de vanidad y el pecado con coyundas de carreta!» (Isaías 5:18), pasaje que debe ser entendido del siguiente modo: «Ay de los que traen la iniquidad» son los hombres que pecan cada día ante su Señor y que imaginan ante sus ojos a estos pecados como si fueran «cuerdas de vanidad», cuerdas muy finas, prácticamente nulas, y piensan que ese acto que realizan y ese pecado que hacen no es nada y que no los atiende el Santo, Bendito Sea, hasta que convierten a ese pecado en algo poderoso y grande «como coyundas de carreta», que es poderoso, imposible de ser rotas.

Y acerca del versículo anterior ven y observa la siguiente enseñanza: cuando el Santo, Bendito Sea, hace juicio con los pecadores del mundo, aunque éstos pequen ante El Santo, Bendito Sea, y Lo encolericen cada día, no desea extraviarlos del mundo. Y cuando atiende sus acciones, Él siente compasión por ellos, porque ellos son obra de Sus manos, y les prolonga la vida en este mundo para que ellos tengan tiempo de retornar al camino de la verdad. Y debido a que son la obra de Sus manos Él se consuela, se compadece de ellos y los preserva. Y cuando quiere hacer juicio con ellos porque continuaron pecando y haciendo el mal, para decirlo de algún modo, «se entristece», puesto que debido a que son obra de Sus manos, lo entristecen al obligarlo a castigarlos, como está dicho: «Y la alegría no ingresó delante de él» (Daniel 6:18), en referencia al rey Dariavesh, de quien se aprende que incluso un rey de carne y hueso se entristece ante el juicio, tal cual lo sucedido entre este rey y Daniel.

¿Y esto realmente es así que existe la tristeza en el ámbito divino? Pues he aquí que está escrito: «Esplendor y magnificencia ante Él, poder y alegría en Su lugar» (1 Crónicas 16:27), (Tratado de Jaguigá 5b). Rabí Iosei dijo y enseñó: ven y observa: «Su corazón se entristeció» (Génesis 6:6) está escrito, es decir, su corazón está triste y no otro lugar, lo cual sugiere al Maljut. Y acerca de lo que especifica el versículo el lugar de la tristeza, el «corazón», es tal como está dicho: «Que haga conforme a Mi corazón y a Mi alma» (1 Samuel 2:35), términos que nuevamente aluden al Maljut. Rabí Itzjak dijo al respecto: «El Eterno Se consoló», tal como está dicho: «El Eterno reconsideró –lit: se consoló– el mal que declaró que haría con Su pueblo» (Éxodo 32:14).

Rabí Ieisa dijo que esta palabra debe ser comprendida para bien, mientras que Rabí Jizkia dijo para mal. Rabí Ieisa dijo para bien, tal como está dicho que el Santo, Bendito Sea, se compadece ante quienes son obra de Sus manos y los preserva; y «Se entristece» debido a que ellos pecan ante Él. Y Rabí Jizkia dijo: para mal, porque cuando el Santo, Bendito Sea, quiere destruir a los pecadores del mundo, es como si en ese mismo momento ya se consuela por ellos porque «la decisión» divina es equivalente a la acción humana, y, para decirlo de algún modo, recibe consuelo, como alguien que recibe consuelo por lo que ya perdió. Y debido a que recibe consuelo, ciertamente hace juicio y no hace depender al hecho del retorno –teshuvá– y el arrepentimiento. ¿Cuándo el asunto depende del retorno y el arrepentimiento? Mientras el Santo, Bendito Sea, no haya recibido consuelo. Pero una vez que ha recibido consuelo por ellos, el asunto para nada depende del retorno al camino recto, y la justicia es hecha. Y entonces Dios agrega un juicio a un juicio, y da poder a ese lugar de juicio en el que se hace la justicia y elimina a los pecadores del mundo. Y todo está sugerido en el versículo, como está escrito: «Y se consoló el Eterno»: aceptó consuelo, y después: «y se entristeció Su corazón», lo cual alude a que reforzó el juicio para hacer justicia (Tratado de Shabat 147a).

Rabí Jia dijo: «Y Se consoló El Eterno por haber hecho al hombre sobre la Tierra y Su corazón se entristeció» (Génesis 6:6): recibió consuelo y regocijó cuando hizo, el Santo, Bendito Sea, al hombre sobre la Tierra, porque realmente se parecía a los seres de lo Alto a pesar del intento de los ángeles para que no creara al Hombre, y además, al verlo ya creado, todos los ángeles de lo Alto alabaron al Santo, Bendito Sea, cuando vieron Su forma suprema y dijeron [57b]: «Lo has hecho poco menor que Elohim, –lo cual en este caso se refiere a los ángeles– y lo coronaste de gloria y honor» (Salmos 8:6). Después, cuando Adán pecó, el Santo, Bendito Sea, se entristeció a causa del pecado porque dio argumentos a los ángeles servidores, que le habían dicho al comienzo, cuando Él quiso crearlo: «¿Qué es el hombre para que tengas de él memoria y el hijo del hombre para que lo recuerdes?» (ibid 5).

Rabí Iehuda dijo también en discrepancia con lo enseñado por Rabí Jizkia: «y Su corazón se entristeció» porque necesitaba hacer con él juicio, como está dicho: «Cuando salían delante de la gente armada y decían: glorificad a El Eterno porque Su misericordia es para siempre» (2 Crónicas 20:21) y Rabí Itzjak dijo: ¿por qué no está escrito aquí: «Porque es bueno»? Sino porque destruyó la obra de sus manos ante Israel lo cual no puede ser considerado bueno ante Sus ojos. De la misma manera, cuando Israel atravesó el mar vinieron los ángeles de lo Alto para entonar un cántico ante el Santo, Bendito Sea en esa noche, como era su costumbre. Les dijo el Santo, Bendito Sea: ¿Y qué, la obra de Mis manos se ahoga en el mar y vosotros entonáis un cántico? Por eso está escrito: «Y en toda aquella noche no se acercaron los unos a los otros» (Éxodo 14:20), en referencia a los ángeles, para evitar que entonaran un cántico. De la misma manera aquí, cada vez que Él elimina a los malvados del mundo, entonces se entristece por ellos.

Rabí Aba dijo y enseñó: cuando Adán pecó delante del Santo, Bendito Sea, y transgredió su mandato, entonces la tristeza se apoderó de Él. El Santo, Bendito Sea, le dijo: Adán, ¡ay, que has debilitado el poder supremo! Y en este momento se oscureció una luz, en relación con el Maljut. E inmediatamente lo expulsó del Jardín del Edén y le dijo: Yo te he hecho entrar al Jardín del Edén para que ofrezcas sacrificios, y tú has dañado el altar porque no has ofrecido sacrificios. De aquí en adelante trabajarás la tierra en lo bajo para rectificar a la Tierra de lo Alto, y decretó sobre él la muerte para que pueda expiar por el veneno espiritual de la Serpiente. Y el Santo, Bendito Sea, se apiadó de él y lo ocultó al momento de morir cerca del Jardín del Edén. ¿Qué hizo Adán? Construyó una caverna y fue enterrado en ella él y su mujer. ¿Cómo sabía elegir a este lugar precisamente? No fue sino que vio una luz tenue que salía del jardín del Edén y entraba a ese lugar. Y deseó que lo enterraran allí y ese es un lugar cercano de la entrada al jardín del Edén.

Ven y observa: ningún hombre sale de este mundo sin ver al Primer Hombre en el momento de fallecer, y éste le pregunta a quien acaba de morir por qué razón deja el mundo, por qué pecado, y cómo y de qué modo salió su alma de su cuerpo (Tratado de Berajot 8a). El hombre que acaba de morir le dice a Adán: ¡Ay, que por ti y porque comiste del Árbol del Conocimiento yo dejo el mundo! Es decir, a causa de tu pecado y por tu culpa. Y él responde: hijo mío, yo he transgredido un solo mandato y fui castigado por él. Mira tú cuántos pecados y cuántos preceptos de tu Señor has transgredido. Rabí Jia dijo y enseñó al respecto: aún hoy existe el Primer Hombre y ve a los patriarcas dos veces por día y confiesa su pecado y les muestra el lugar donde se encontraba con la gloria suprema: el Jardín del Edén. Y marcha y mira a todos aquellos justos y piadosos que descendieron de él y heredaron esa gloria suprema del Jardín del Edén. Y todos los Patriarcas reconocen y dicen: «¡Cuán preciosa es, Dios, Tu bondad! Por eso los hijos de Adán se amparan a la sombra de tus alas» (Salmos 36:8).

Rabí Ieisa, por su parte, dijo también que todos los hombres del mundo, en el momento de salir del mundo observan al Primer

Hombre para testificar que debido a los pecados del hombre es
que dejan el mundo y no por causa de Adán. Como se enseña:
«No hay muerte sin pecado». A excepción de tres hombres que
murieron a causa del malvado consejo de la Serpiente antigua,
que sedujo a Eva, y estos son: Amram, Levi y Biniamín. Y hay
quienes dicen: también Ishai. Quienes no pecaron, y no existe
contra ellos pecado personal por el cual murieran, fuera de lo
mencionado acerca del consejo de la Serpiente, como dijimos, lo
que provocó la muerte en todo el mundo.

Ven y observa: todas las generaciones que estuvieron en los
días de Noé, todas cometieron sus pecados en el mundo abiertamente, a la vista de todos. Rabí Shimón andaba un día por las
cercanías de las **puertas de Tiberíades**: vio unos hombres que ten-
saban la cuerda de sus arcos para lanzar flechas a unas vasijas de
arcilla, lo cual se refiere al derramamiento vano de la simiente. Dijo:
¿y qué es este pecado revelado con el fin de irritar a su Señor?
Fijó sus ojos en ellos y fueron lanzados dentro del mar y murieron. Ven y observa: todo pecado cometido abiertamente rechaza
y aparta a la Presencia Divina de la Tierra y aleja Su morada del
mundo. Y ellos, los miembros de la generación de Noé, andaban con
la cabeza en alto y cometían sus pecados abiertamente, y recha-
zaron a la Presencia Divina del mundo, hasta que el Santo, Bendito Sea, los rechazó a ellos y los hizo desparecer de él, del mundo,
y sobre esto está escrito: «Aparta al malvado de la presencia del
rey...» (Proverbios 25:5) y «Aparta la escoria de la plata...» (*ibid* 4).

Continúa la Torá: «Y dijo El Eterno: «Mi espíritu ya no permanecerá por siempre en el hombre, pues él no es más que carne;
sus días serán ciento veinte años» (Génesis 6:3). Rabí Elazar dijo
y enseñó: ven y observa: cuando el Santo, Bendito Sea, creó el
mundo, Él lo hizo para que podamos utilizarlo [58a] en semejanza a lo Alto. Y cuando los habitantes del mundo son justos y
siguen el camino recto, el Santo, Bendito Sea, despierta un espíritu de vida de lo Alto hasta que ese espíritu de vida alcanza el lu-

gar donde se encuentra Jacob. Y de allí fluye esa corriente de vida hasta que el espíritu es vertido en el mundo en el que reside el rey David, y de allí fluyen las bendiciones a todo lo de lo Bajo. Y ese espíritu supremo se expande y se derrama hacia lo Bajo, y es posible la subsistencia de este mundo. Y debido a esto está escrito y expresado: «Su bondad es para siempre» –lit: *leolam,* mundo: **este es el mundo del rey David. Y por está escrito** el término hebreo *leolam* sin la letra **Vav**, ya que alude al Maljut que no posee nada propio. **Porque he aquí que cuando ese espíritu** de vida **se disemina en este mundo,** el Maljut, **de allí surgen las bendiciones y la vida para que todo exista** en los mundos inferiores.

Pero cuando los hombres pecaron, como en la generación del Diluvio, **se marcha todo** lo relacionado con estas bendiciones, **para que el espíritu de vida no llegue al mundo y gocen de él los** seres **inferiores y existan por él.**

Se prosigue el análisis: «Y dijo El Eterno: «Mi espíritu ya no permanecerá por siempre en el hombre, **pues él no es más que carne; sus días serán ciento veinte años»** (Génesis 6:3). Es decir, **para que no se vierta ese espíritu de vida en ese mundo,** el Maljut. **¿Cuál es la razón? Para no aumentar** el poder de **la serpiente del grado bajo, y que se fortalezca en él este espíritu de santidad para que no se mezcle con el espíritu de impureza.** Y la expresión **«pues él no es más que carne»** alude a la Serpiente antigua **para que** no **sea bendecida** por la Santidad, **y por eso es** llamada **«carne», como** está dicho: **«El fin de toda carne ha llegado ante Mí»** (Génesis 6:13), y sobre este versículo **Rabí Shimón dijo: es el Ángel de la Muerte** que provoca el fin a toda carne. Y lo escrito en el versículo que «sus días serán ciento veinte años» (Génesis 6:3) **es la duración de la relación** entre el cuerpo y el alma.

«En aquellos días **los gigantes** –*Nefilim*– **estaban sobre la tierra,** y también después, cuando los hijos de los soberanos tomaban a las hijas del hombre, quienes les daban a luz. Ellos eran los poderosos, que, desde la antigüedad, eran hombres de fama.» (*ibid* 4). **Rabí**

Iosei enseñó: estos son los ángeles Aza y Azael, como dijimos, que el Santo, Bendito Sea, los hizo caer –*lipol*– de la santidad de lo Alto. Y si dices: ¿y cómo pudieron subsistir en este mundo material y físico? Rabí Jia dijo sobre ellos: estos son sobre los que está escrito: «y que aves vuelen sobre la Tierra» (*ibid* 1:20). Y he aquí que ya ha sido dicho que estos se aparecen a los hombres bajo su aspecto humano. Y si dices: pero de todos modos, cómo pueden transformarse estos seres espirituales y existir de un modo físico, he aquí que fue dicho que se transforman en innumerables formas. Y cuando descienden, se corporizan en el aire del mundo y se parecen a los hombres. Y estos son Aza y Azael, que se rebelaron en lo Alto y el Santo, Bendito Sea, los hizo caer y por eso llevan el nombre de Nefilim: literalmente: «los caídos». Y se corporizaron en la Tierra y existieron en ella, sin poder quitarse de él, de su vestido y forma terrenal. Y después se descarriaron tras las mujeres de este mundo y hasta ahora ellos existen y enseñan hechicería a los humanos. Y engendraron hijos y los llamaron *Anakim* –gigantes– *Guiborim* –héroes–, y estos *Nefilim* fueron denominados «hijos de Elohim», como ya se ha dicho y explicado (*El Zohar* 37a).

Con el objeto de explicar el siguiente versículo: «Y dijo El Eterno: «Borraré de la faz de la Tierra al hombre que he creado, desde los hombres hasta los animales y los reptiles, y las aves de los Cielos; pues he reconsiderado el hecho de haberlos creado». (Génesis 6:7), Rabí Iosei abrió y citó anteriormente otro pasaje: «Porque Mis pensamientos no son vuestros pensamientos y no vuestros caminos, Mi camino» (Isaías 55:8). Ven y observa: cuando un hombre quiere vengarse de otro, permanece silencioso y no dice nada, porque si se lo comunicara el otro hombre se cuidaría y no podría con él. Pero el Santo, Bendito Sea, no se comporta así. No aplica la justicia al mundo antes de proclamar y avisarles una vez, dos veces, tres veces, porque no hay a quien amoneste y a quien diga «qué haces» y pueda protegerse de Él o resistirse a Él. Ahora bien, sobre el versículo con el que comienza esta enseñanza, ven y observa: Y dijo El Eterno: «Borraré de la faz de la Tierra al hombre que he creado, desde los hombres hasta los animales y los reptiles, y las aves de los Cielos; pues he reconsiderado el hecho de haberlos creado» (Génesis 6:7). Es decir, les comunicó por medio de Noé y les advirtió en numerosas ocasiones y no lo escucharon. Y después que no escucharon, Él trajo sobre ellos el juicio y los hizo desaparecer de la faz de la Tierra.

Ven y observa: ¿Qué está escrito acerca de Noé? «Y lo llamó *Noaj* (Noé), diciendo: "Éste nos traerá alivio de nuestro trabajo y del dolor de nuestras manos, por la tierra que ha maldecido El Eterno"» (Génesis 5:29). ¿Por qué aquí aparece la expresión «diciendo» Es decir, ¿diciendo a quién? Además, ¿y por qué el versículo especifica que «éste» nos traerá alivio? ¡Resulta obvio ya que el pasaje se refiere a Noé! Sino que es una alusión de que el Santo, Bendito Sea, lo denominó a *Noaj* porque traería alivio para la Tierra. «Diciendo», ¿qué significa «diciendo»? Sino que a este lugar, el Maljut, lo llamó Noé. ¿Y quién es? La Tierra santa.

Se continúa el análisis: «Y lo llamó Noaj (Noé)...diciendo: "Éste nos traerá alivio"», significa que El Santo Bendito Sea le hizo abajo, tal como en lo Alto. Está escrito aquí, en éste versículo: «Éste –ze– nos traerá alivio» y está escrito allí, en el libro de los Profetas: «Este –ze– es El Eterno y lo aguardaremos» (Isaías 25:9). Bienaventurados los justos que están inscritos en la inscripción del anillo del Rey supremo, para ser inscritos en Su Nombre y Él coloca nombres en la Tierra, como corresponde a la esencia de cada uno en particular.

Está escrito en el versículo: «Y llamó a –et– su nombre *Noaj* (Noé)» y está escrito con respecto al patriarca: «y llamó su nombre Jacob». Ahora bien, ¿por qué no está escrito también *et* en segundo versículo? Sino que allí, en el caso de Jacob, es un grado, el Tiferet, y aquí, en el caso de Noé, es otro grado, el Maljut, como está dicho: «Y vio a –et– El Eterno» (Isaías 6:1): «Y vio El Eterno» –sin el término *et*– no está escrito sino «a –et– El Eterno». También aquí «y llamó a su nombre Jacob», en referencia a su grado, el Tiferet. El

Santo, Bendito Sea lo llamó concretamente Jacob, pero aquí *«et»*, en el caso de Noé, **incluye a la Presencia Divina.**

Ahora bien, **¿de dónde sabía** el padre de Noé que su hijo traería alivio? **Sino cuando maldijo el Santo, Bendito Sea, al mundo, tal como está escrito: «Maldita será la Tierra por tu causa»** (*ibid* 3:17), **Adán dijo ante [58b] el Santo, Bendito Sea: Soberano del mundo ¿hasta cuando será el mundo maldito? Él le dijo: hasta que engendres un hijo** que nazca **circunciso, como tú.** Y los hombres **esperaban** que esto sucediera **hasta que nació Noé. Y cuando nació, vio que estaba circunciso, marcado por el signo sagrado, y vio que la Presencia Divina estaba apegada a él, y entonces llamó a su nombre por lo que haría después.**

En un principio, los hombres padecían la maldición de la tierra y **no sabían sembrar, cosechar, y arar, y era con sus propias manos que trabajaban la tierra. Cuando llegó Noé, les estableció el oficio** agrícola y **todas las herramientas necesarias para preparar la tierra y para que produjera frutos. Tal como está escrito: «Este nos traerá alivio de nuestro trabajo y del dolor de nuestras manos, por la tierra** que ha maldecido El Eterno» (Génesis 5:29): **pues él hizo salir** y rescató **a la Tierra de su maldición, ya que ellos sembraban los granos** de trigo **y recolectaban espinas y zarzas. Por esta razón está** también **escrito** acerca de Noé que era un **«hombre de la Tierra»** (*ibid* 9:20), porque alivió el trabajo de los hombres. **Rabí Iehuda dijo** por su parte: **«hombre** –*ish*– **de la Tierra», como está dicho: «Esposo** –*ish*– **de Naomí»** (Rut 1:3), **porque fue llamado justo y** también **sacó a la Tierra de su maldición gracias a los sacrificios que ofreció, como está escrito: «No volveré más a maldecir la Tierra por causa del hombre»** (Génesis 8:21). **Y por esto fue llamado «hombre de la Tierra» y por eso le fue dado su nombre por lo que sucedería.**

Rabí Iehuda abrió su enseñanza citando un versículo: **«Ved y observad las obras de Elohim, quien puso estragos en la Tierra»** (Salmos 46:9). **Este versículo ya ha sido explicado y mencionado. Sin embargo** ahora lo explicaremos del siguiente modo: **«Ved y ob-**

servad...–*jazú*–»..., es decir, se utiliza este verbo hebreo tal **como está dicho: «Una dura visión** –*jazut*– **me fue comunicada»** (Isaías 21:2), para relacionarlo con el concepto de la profecía, pues **en las obras del Santo, Bendito Sea, se revela la profecía suprema a los hombres.** Y la continuación: **«quien puso estragos en la Tierra»,** debe ser comprendida como referente a **estragos** –*shamot*– **ciertamente, porque el Nombre** –*Shem*– Elokim **determina todo** lo relacionado con los estragos ya que está asociado con el Rigor y el Juicio. **Porque si estuviera** escrito **«las obras de Iud, Hei, Vav, Hei** –el Tetragrama–» **debería estar escrito** seguidamente que **«puso existencia en la Tierra»,** pues el Nombre del Tetragrama es el que genera existencia y no estrago. **Pero debido a** que está escrito que **«las obras»** son **con el Nombre de Elohim,** por eso **«puso estragos en la Tierra».**

Rabí Jia le dijo: ¿**ahora te has despertado en esto** a lo que se refiere el Nombre de Elokim? **Yo no dije así** lo interpreté **pues tanto este Nombre** –el Tetragrama– **y este Nombre** –Elohim–, **todo en esencia es alabanza. Pero lo que yo dije sobre el** significado de este pasaje **es como se despertaron** sobre este asunto **los compañeros: que** El Eterno **coloca los Nombres** –*shemot*– **en la Tierra,** en referencia a los **Nombres** divinos **concretamente** a través de los cuales se conduce el mundo, **y, ¿por qué?, para que los utilicen** los hombres **en el mundo y para generar existencia en el mundo.**

Rabí Itzjak dijo al respecto: **todo lo dicho e interpretado es** correcto, **e incluso lo que dijo Rabí Iehuda, bien lo dijo. Porque si el mundo fuese** conducido **por el Nombre de Misericordia,** el Tetragrama, **existiría para siempre.** Pero como fue creado el mundo sobre el Rigor y existe sobre el Rigor, por eso **«Él ha hecho estragos en la Tierra»,** y esto bueno, porque de no ser así y si el castigo no existiese, **el mundo no podría existir ante los pecados del hombre.**

Ven y observa: cuando nació Noé lo designaron por un nombre de consuelo, que alude al mismo, **para que el nombre** mismo **provocara** el consuelo. Pero el Santo, Bendito Sea, no así lo determinó, por este motivo, sino **porque Noé, invirtiendo las letras** hebreas de su nombre, Nun, Jet, es **Jen,** como está escrito: «Noé halló gracia –*jen*– ante los ojos de El Eterno» (Génesis 6:8). **Rabí Iosei dijo: Jen es** lo mismo que **Noé,** es decir, el nombre Noé lo llevó a hallar gracia –*jen*– ante los ojos de El Eterno, porque **tratándose de los justos sus nombres provocan** y determinan **hacia el bien, y tratándose de los pecadores sus nombres provocan** y determinan **hacia el mal.** Es decir, **con respecto a Noé está escrito: «Noé halló gracia ante los ojos de El Eterno», y en el caso de Er, primogénito de Iehudá, las letras se invirtieron para el mal:** *Er* se transforma en *Ra,* malo: **«Er fue malo ante los ojos de El Eterno»** (ibid 38:7).

Ven y observa: cuando nació Noé vio las obras de los hombres que pecaban ante el Santo, Bendito Sea, se ocultaba a sí mismo para protegerse de su mala influencia **y se esforzaba en el servicio de su Señor para no marchar por sus caminos. Y si dices: ¿en qué se esforzó** para entender cómo servir a su Señor? **En ese Libro de Adán y el Libro de Janoj. Se esforzaba en ellos para servir a su Señor.** Ahora bien, **ven y observa que así es porque he aquí que Noé ¿de dónde sabía ofrecer sacrificios a su Señor? Sino** que se dedicó a este servicio espiritual **debido a que descubrió la Sabiduría** en estos libros acerca de **sobre qué existe el mundo y supo que sobre los sacrificios existe, y que de no ser por los sacrificios no existirían los** seres **supremos y los** seres **inferiores.**

Rabí Shimón andaba por el camino y lo acompañaba Rabí Elazar, su hijo, Rabí Iosei y Rabí Jia. Mientras marchaban, Rabí Elazar dijo a su padre: el camino está rectificado delante de nosotros: deseamos escuchar palabras y enseñanzas de la Torá. Rabí Shimón abrió su enseñanza citando un versículo y dijo: «E incluso mientras va el necio por el camino, le falta el corazón...» (Eclesiastés 10.3). Es decir: cuando el hombre desea rectificar su camino ante el Santo, Bendito Sea, hasta que no sale al camino debe influirse por Ella, la Shejiná, y orar por el éxito en su camino, (Tratado de Berajot 30a) tal como aprendimos que está escrito: «La justicia irá delante de él, y sus pasos nos pondrá por camino» (Salmos 85:14), es decir, la plegaria es para que la Presencia Divina no se aparte de él y que lo proteja en su viaje. En cuanto a aquel que

no cree en la protección de su Señor sino en su propia fuerza y poder, ¿qué está escrito [59a] con respecto a él?: «E incluso mientras
va el necio por el camino, le falta el corazón» (Eclesiastés 10.3).
¿Quién es el corazón? Es el Santo, Bendito Sea, que no andará
con Él por el camino y falta Su ayuda en su camino, porque ese
hombre que no cree en su Señor, hasta que no sale al camino no
se topa de frente con los peligros que asechan no requiere la ayuda
de Su Señor. E incluso en su camino, cuando está marchando, no
se esfuerza en estudiar palabras y enseñanzas de Torá, y debido a
esto su corazón falta, porque no va acompañado por su Señor y
no se encuentra en su camino.

La continuación del versículo: «Y va diciendo a todos que es necio»
(ibid), significa que incluso cuando escucha una palabra de expresión de fe en su Señor, dice que es una tontería esforzarse en ella.
Como aquel a quien le preguntaban las personas acerca del signo
del Pacto inscrito en la carne del hombre, del cual él carecía, y dijo:
no se trata de un signo de fe. Escuchó Rav Ieiva Sava y lo miró, fijó
sus ojos en este necio, y se convirtió en un montículo de huesos.
Y nosotros que andamos por este camino, con la ayuda del Santo, Bendito Sea, necesitamos decir palabras y enseñazas de Torá.

Entonces Rabí Shimón abrió su enseñanza citando un versículo y dijo: «Enséñame, El Eterno, Tu camino; caminaré yo en Tu
verdad; afianza mi corazón para que tema Tu Nombre» (Salmos
86:11). Este versículo es difícil de entender, porque he aquí que
estudiamos: todo está en manos del Santo, Bendito Sea, fuera de
ser justo o pecador (Tratado de Berajot 33a), lo cual depende del libre albedrío de los hombres. Y David, entonces, ¿cómo solicitó esto
del Santo, Bendito Sea? Sino que David así dijo: «Enséñame Tu
camino», ese camino recto y rectificado revelando y descubriendo
mis ojos de la ceguera natural y para conocerlo y reconocerlo. Y
después dijo: «caminaré yo en Tu verdad», es decir, tras reconocer
el camino cierto, caminaré yo mismo y con mis propias fuerzas por
el sendero de la verdad y no me desviaré ni a la derecha ni a
la izquierda; y luego agregó: «afianza mi corazón»: mas, ¿quién
es mi corazón? Tal como está dicho: «Roca de mi corazón y mi

porción» (Salmos 73:26), en relación a la Shejiná, y todo esto yo pido «para que tema Tu Nombre», para apegarme al temor a Ti, y para cuidar mi camino, como corresponde. Y además la expresión «para que tema Tu Nombre» se refiere a la Shejiná, lugar al que pertenece mi parte y mi raíz espiritual y en el que reside el temor al Eterno.

Ven y observa: toda persona que tema al Santo, Bendito Sea, mora junto a él la fe, en alusión a la Shejiná, como corresponde. Porque he aquí que ese hombre es íntegro en el servicio a su Señor. Y en quien no mora el temor a su Señor, no mora con la fe y no es apto para que le sea dada una porción en el Mundo Venidero.

Nuevamente Rabí Shimón abrió su enseñanza y dijo: «La senda de los justos es como la luz de la aurora, que aumenta hasta que el día es perfecto» (Proverbios 4:18). Bienaventurados son los justos en este mundo y en el Mundo Venidero, porque el Santo, Bendito Sea, desea el honor de ellos. Ven y observa: ¿que está escrito? «El camino de los justos es como la luz de la aurora». Ahora bien, ¿qué significa «como la luz de la aurora»? Como esa luz que ilumina, que el Santo, Bendito Sea, creó durante la Obra del Principio, ésta que guardó para ellos, para los justos en el Mundo Venidero, luz conocida como el Or Haganuz. «Que aumenta», es decir, por ella asciende en su luminosidad de modo permanente y no disminuye su poder en lo más mínimo. Pero acerca de los pecadores, qué está escrito: «El camino de los malvados es como la penumbra, no saben con qué tropiezan» (*ibid* 19): «no saben», pero ¿es que realmente no lo saben? Sino que los pecadores marchan por un camino retorcido en este mundo y no quieren observar que en el futuro el Santo, Bendito Sea, los juzgará en Aquel Mundo y los hará entrar al juicio del *Guehenóm*, y ellos clamarán y dirán: «¡Ay de nosotros! Que no inclinamos nuestros oídos y no atendimos las enseñanzas de la Torá en este mundo inferior». Y cada día dicen ese «ay» porque no logran encontrar sosiego para sus almas.

Ven y observa: en un futuro El Santo, Bendito Sea, iluminará a los justos en el Mundo Venidero con esa luz espiritual que se encuentra reservada para ellos, y les dará la recompensa por sus porciones en un lugar que ningún ojo ejerce su dominio para aprehender, como está dicho: «Ni ojo ha visto, Elohim, fuera de Ti, que hiciste por el que a Él aguarda» (Isaías 64:3), y está escrito también: «Y saldrán y verán los cadáveres de los hombres que pecaron contra Mí» (*ibid* 66:24), y está escrito además: «Hollaréis a los malvados, los cuales serán ceniza bajo las plantas de vuestros pies» (Malaquías 3:21). Bienaventurados son los justos en este mundo y en el Mundo Venidero, que sobre ellos está escrito: «Los justos heredarán la Tierra para siempre» (Isaías 60:21) y está escrito de la misma manera: «Ciertamente los justos alabarán Tu Nombre, los rectos morarán en Tu presencia» (Salmos 140:14).

¡Bendito sea El Eterno para siempre, Amén y Amén!

APÉNDICE

La Sabiduría de la Unificación

En la página 41a de *El Zohar* hallamos el siguiente pasaje ciertamente hermético e inescrutable:

Rabí Shimón dijo: he aquí que encontramos en los libros antiguos el orden de los secretos más recónditos con respecto a la unificación de los mundos. A veces es necesario ordenar la plegaria como corresponde y establecer conexiones y unificaciones con el fin de endulzar al Señor como corresponde, y saber realizar unificaciones completas, para rasgar firmamentos y abrir las entradas y las puertas para que no haya nadie que se le oponga. Bienaventurados los justos porque saben seducir a su Señor y anular los decretos, e instalar a la Presencia divina en el mundo y hacer descender las bendiciones, y saben suprimir a los portadores de juicios para que gobiernen en el mundo.

Mas ¿qué significa y a qué se refiere Rabí Shimón cuando enseña que a veces es necesario saber realizar unificaciones? ¡Y no sólo esto, sino que también de sus palabras surge que el saber hacerlo logra rasgar firmamentos y abrir las entradas y las puertas de los Cielos!

En las próximas páginas intentaremos aclarar, aunque sea de un modo muy general, el misterio de las unificaciones espirituales.

El término

La palabra hebrea «*ijud*», unificación, comparte raíz lingüística con la palabra «*ejad*», uno, y además de referirse al concepto de unir o relacionar también señala la idea de pertenencia y cercanía. Y resulta sumamente sencillo entender que cuando se aumenta la cercanía entre dos entidades cuyas raíces eran comunes en un comienzo, se incrementa la noción de pertenencia entre ellas, lo cual lleva a que este proceso alcance su punto más elevado cuando logran unirse completamente.

Estos conceptos aplicados a la relación del hombre con su Creador, o más específicamente al servicio espiritual de la persona que busca servir de modo completo a Dios, deben ser aprehendidos del siguiente modo.

Uno de los principios esenciales de quien decide servir a Dios de modo verdadero es el seguir la enseñanza de los Salmos: «He puesto a El Eterno ante mí de modo permanente» (16:8), como también la del libro de Proverbios: «Y en todos tus caminos conócelo» (3:6). Es decir, la persona debe fortalecer la conciencia de la existencia del Creador y meditar de modo permanente en Él, unificando y ligando a El Eterno cada acto y cada labor que realiza a lo largo de su vida, incluso en las acciones aparentemente más triviales e insignificantes. En su modo más simple y sencillo, por ejemplo, una persona que compra una ropa nueva debería pensar en vestirla por primera vez en un momento relacionado con su servicio al Creador, tal como una clase de Torá o una de las comidas del Shabat, el séptimo día.

Un nivel más profundo

Una persona que estudia el libro de El Zohar y los textos del Arí Hakadosh comprende el modo en que los mundos se encuentran concatenados (ver: El Zohar, volumen 1, página 17 en adelante) y se sensibiliza ante el hecho de que el mundo físico en el que habitamos es nada más que el eslabón más bajo de una cadena que desciende desde mundos infinitamente más altos y elevados. Por consiguiente, al observar cualquier cosa que lo rodea, inmediatamente la persona recuerda que fue emanada por El Creador y también delinea en su mente el cuadro general de concatenación, ubicando y determinando el sitio exacto al que pertenece aquello que en este mismo momento percibe. De este modo, conecta, liga y unifica a «lo emanado» con El Emanador, ya que no existe nada que deba ser aprehendido o captado como un ser independiente de la Voluntad del Creador. Y los Sabios cabalistas nos enseñan que a través de este simple acto de unificación que realiza mentalmente una persona que se encuentra ubicada en el Mundo de la Acción, ligando y uniendo un ente físico a su raíz espiritual, provoca la revelación de la divinidad oculta en cada ser e induce a que la abundancia espiritual surja desde el *Ein Sof* y abrace a este objeto sobre el cual ha meditado. Los Sabios también enfatizan que el que genera esta unificación entre lo creado y el Creador, es amado infinitamente por El Eterno.

¿Pero acaso este nimio acto mental provoca un particular amor en los Mundos Superiores? Sí, porque el objetivo general del hombre en su paso por este mundo oscuro es precisamente el de no perder jamás la conciencia de la Raíz ni dejarse engañar por las sombras que ocultan a la Divinidad detrás de absolutamente todos los acontecimientos, sucesos y objetos que conforman el mundo. Ciertamente la palabra hebrea *olam*, mundo, comparte raíz lingüística con la palabra *neelam*, oculto, y señala a su vez la misión de los hombres: a partir del ocultamiento revelar la Luz del aspecto divino de la realidad.

Resulta de fundamental importancia hacer notar que la posibilidad de llevar a cabo estas unificaciones depende del nivel de estudio de la persona, lo cual enfatiza y subraya la importancia del conocimiento de los misterios de la Torá.

Los preceptos y la unificación

Dentro de esta misma categoría de servicio espiritual se encuentran aquellos que estudian las raíces y los efectos más profundos del cumplimiento de los preceptos de la Torá, y en el momento de cumplirlos meditan en ellos. De acuerdo con las enseñanzas de los Sabios esto provoca también una gran unificación que provee de una enorme abundancia espiritual a todos los mundos y a su persona, considerando que el precepto mismo –*mitzvá*- es un acto que vincula y genera cercanía entre Quien ordena –*Metzavé*- y quien recibe la orden –*metzuvé*-. Mas el nivel de vinculación y unificación depende y es estrictamente proporcional precisamente al conocimiento del sentido más profundo del sentido y significado de los preceptos de la Torá.

El estudio de El Zohar y la unificación

El Rabino Moshé Cordovero –*Ramak*- enseña que el estudio de El Zohar provoca también una gran unificación en lo Alto, tal como lo hicieron Rabí Shimón Bar Iojai y sus alumnos al revelar los misterios que posteriormente fueron transmitidos y enseñados. Ya que cuando Rabí Shimón enseñaba acerca de la rectificación espiritual de un determinado Rostro o de una determinada Sefirá, al hacerlo provocaba que la divinidad inherente a ese nivel se revelara también en nuestro mundo. Y lo mismo sucede cuando una persona estudia un texto determinado de El Zohar y lo repite una y otra vez, captando sus distintos niveles, lo cual provoca el despertar de esta rectificación determinada y esa unificación específica, generando una vez más a través de su estudio una gran iluminación en todos los mundos, incluyendo al nuestro.

Es sumamente importante aclarar que la capacidad personal de recibir esta luz que surge a través de las unificaciones no solamente depende del nivel de su estudio y profundización, sino también de su nivel de desapego del mundo material y de la purificación de cada persona en particular.

Distintos grados de unificaciones

Los distintos grados de unificaciones mencionados en El Zohar y los demás libros clásicos de Cábala pueden ser resumidos, de modo general, tal como lo presentamos a continuación:

1. La unificación de la concatenación de los mundos, lo cual se refiere a lo ya mencionado anteriormente, y que implica siempre dos

entidades: la superior que influencia a la inferior. En todos los casos quien influye es asociado con el aspecto masculino, y quien recibe la influencia con el aspecto femenino.

2. La unificación de los Rostros de Aba e Ima, aspectos Masculino y Femenino superiores.

3. La unificación de los Rostros de Zeir Anpín y Nukva, aspectos Masculino y Femenino inferiores, equivalente a la unificación del Tiferet con el Maljut.

4. La unificación más baja entre el Iesod y el Maljut.

La elevación de las chispas –*nitzotzot*-.

Los Sabios cabalistas enseñan que la tarea principal del ser humano sobre la tierra es apartar las chispas sagradas que cayeron entre las klipot debido al pecado del Primer Hombre y debido a otras causas, acto que genera las distintas unificaciones. Y es a través del ocuparse de la Torá y de la plegaria, de los preceptos y de los buenos actos que se logra separar estas chispas sagradas para devolverlas a su lugar de origen y permitirles retornar a él.

En un plano más práctico, cuando la persona logra el despertar desde lo bajo –*itoreruta deletata*- se consigue que estas chispas se eleven de acuerdo con el misterio de las «aguas femeninas» en dirección al Maljut, la Shejiná denominada con el Nombre conformado por las letras Alef, Dalet, Nun y Iud. Entonces, gracias a estas «aguas femeninas» que la alcanzan el Maljut se rectifica y se adorna, y ella eleva estas «aguas femeninas» en dirección al Zeir Anpín, denominado con el Nombre del Tetragrama, logrando la unificación entre ambos. De este modo se logra también la unificación de ambos Nombres Divinos: el Tetragrama y Adnut, del siguiente modo: **Iud,** Alef, **Hei,** Dalet, **Vav,** Nun, **Hei,** Iud. Así se logra la unificación suprema que provoca la abundancia espiritual de las «aguas masculinas» que descienden en dirección a los mundos inferiores.

Este último grado de unificación también es conocido como la unificación del Iesod y el Maljut, ya que el Iesod incluye en su interior todas las luces de seis sefirot, y también debido a que el Iesod traspasa la abundancia espiritual desde el Zeir Anpín hasta el Maljut, y por lo tanto se considera que el Iesod rectifica al Maljut.

Unificaciones permanentes y temporales

Los Sabios cabalistas nos enseñan que existen unificaciones permanentes que son las necesarias para que un flujo de abundancia espiritual mantenga la existencia del mundo. En este caso la participación de los hombres es de menor importancia ya que, incluso sin sus actos, la unificación permanente mantiene y sustenta al mundo en su estado más bajo y elemental.

Existen otras unificaciones a través de las cuales la persona que las realiza provoca que la abundancia espiritual de un momento determinado -a pesar de que sin su acto igualmente habría de generarse- de todos modos aumente y se incremente. Por ejemplo, el Día de Iom Kipur es un día cuya esencia es el perdón y la expiación, pero si la persona conoce el misterio de la unificación de este día en particular puede aumentar e incrementar tanto el perdón como la expiación.

Por último, mencionaremos la unificación correspondiente a los tiempos del exilio espiritual. Y cuando la persona las realiza provoca, por un lado, la anulación de las fuerzas espirituales malignas –jitzonim- y por el otro complace en ese momento a la Shejiná que se encuentra en el exilio, y de este modo aproxima el tiempo de la Redención.

En relación con este último punto el Rabí Moshé Cordovero (*Asis Rimonim*) nos enseña que mientras no existe la unificación del hijo y la hija –niveles masculino y femenino inferiores- no se produce la unificación del Padre y la Madre –niveles masculino y femenino superiores-. Y la carencia de la unificación del hijo y la hija sucede en un tiempo de destierro y exilio, y tal estado espiritual es considerado un estado espiritual de divorcio.

GLOSARIO

Resulta importante aclarar que en el presente glosario aparecen las definiciones puntuales de las palabras, los términos y los conceptos principales, ya que los más generales han sido incluidos en la Introducción del Volumen I. También, debido a la complejidad y profundidad de ciertos temas, en el glosario simplemente se describe el tópico de modo extremamente resumido, el cual muchas veces aparece luego explicado por el mismo texto de El Zohar. De todos modos, esperamos que resulte de ayuda para el lector.

– A –

Aba: Uno de los cinco Rostros o Partzufim, en este caso identificado con la sefirá de Jojmá. Véase página 36 en la Introducción del Volumen I.

Academia Celestial: En el lenguaje de los sabios cabalistas se refiere al lugar espiritual al que ascienden los justos tras su muerte para continuar estudiando Torá y completar sus niveles espirituales.

Adam Kadmón: Lit.: Hombre Primordial. Se refiere a uno de los estados principales y esenciales de la concatenación y creación de los Cuatro Mundos. Véase página 63 en la Introducción del Volumen I.

Adonai: Nombre divino relacionado con la sefirá de Maljut y la letra Tav. Es uno de los diez Nombres divinos sobre los que recae la prohibición de ser borrado.

Ain: Una de las veintidós letras del abecedario hebreo. Su valor numérico es 70. Los sabios cabalistas la asocian con el signo de Capricornio, el enojo y el mes hebreo de Tevet.

Alef: Primera letra del abecedario hebreo. Su valor numérico es 1.

Alef Hei Iud Hei: Nombre divino relacionado con la sefirá de Keter. Es uno de los diez Nombres divinos sobre los que recae la prohibición de ser borrado.

Amá: Medida de longitud equivalente, aproximadamente, a medio metro.

Amalek: El primer pueblo que atacó por la espalda a Israel al salir de Egipto. Archienemigo espiritual de Israel, se considera que el Nombre de El Eterno no estará completo hasta que el recuerdo de este pueblo sea borrado, lo cual constituye un precepto bíblico. En el lenguaje de los sabios cabalistas, representa a la klipá que se opone al nivel de Daat de Santidad.

Amidá: Conjunto de Dieciocho bendiciones que se pronuncia tres veces al día, mañana, tarde y noche, las cuales resumen los pedidos tanto del individuo como los de la comunidad en general. En el lenguaje de los sabios este rezo también es denominado simplemente como «el rezo». Sus otros nombres son Amidá y Shmona Esré.

Arameo: Lengua relativamente cercana al hebreo. Hasta el exilio en Babilonia el arameo era conocido sólo por los sabios, mas allí el pueblo aprendió el idioma popular y casi olvidó el hebreo. El arameo del Talmud es coloquial, a diferencia del arameo literario que aparece en la Biblia (Daniel, Ezra).

Arij Anpin: Uno de los cinco Rostros o Partzufim, en este caso identificado con la sefirá de Keter. Véase pág. 76 en la Introducción del Volumen I.

Arvit: Rezo nocturno, uno de los tres rezos que se pronuncian a diario. De acuerdo con la enseñanza de los sabios del Talmud, este rezo fue establecido por el patriarca Jacob.

Atik Iomin: Uno de los Rostros o Partzufim. Véanse pág. 75 y ss. en la Introducción del Volumen I.

Aza y Azael: Véanse págs. 156, 243, 273-274, 296 en el Volumen I.

– B –

«Baraita»: Del arameo «externa». Se trata de enseñanzas que no fueron incluidas dentro de la recopilación de la Mishná. Estas mishnaiot fueron compiladas por separado y en parte son citadas en el Talmud.

Bet: Segunda letra del abecedario hebreo. Su valor numérico es 2.

Bein Hashmashot: Tiempo comprendido entre la puesta del Sol y el momento en el que se divisan en el cielo tres estrellas. Es un período en el que dudamos si es de día o de noche y existen distintas opiniones acerca de su duración.

Biná: Lit.: Entendimiento. Una de las tres sefirot más elevadas, junto con el Keter y la Jojmá. Si establecemos un paralelismo con el cuerpo humano, corresponde al cerebro, el hemisferio izquierdo, y el corazón.

Birkat Hamazón: Bendición posterior a las comidas ordenada por la Torá. Está compuesta por otras cuatro bendiciones: la bendición por la comida, la bendición y agradecimiento por la Tierra de Israel, la bendición por la reconstrucción de Jerusalén y la bendición por el bien recibido de Dios.

Birkot Hashajar: Lit.: Bendiciones de la mañana. Se refiere a las primeras bendiciones que se pronuncian al levantarse, y que constituyen un corpus dentro del Sidur o libro de oraciones.

Brit Milá: Circuncisión. Se realiza a todo hijo varón de Israel al octavo día de su nacimiento. Es realizado por un Mohel, persona especialmente preparada para efectuarlo, y se considera que libera al niño de importantes grados de impureza ritual.

– D –

Daat: Lit.: Conocimiento. Una de las diez sefirot, la cual es contada y nombrada en el caso de no incluirse al Keter entre las sefirot. Está asociada con la letra hebrea Bet y el candelabro del Tabernáculo. Véase pág. 39 en la Introducción del Volumen I.

Dalet: Cuarta letra del abecedario hebreo. Su valor numérico es 4.

Diez locuciones: Se refiere a las diez veces que durante los seis días de Creación aparece escrito «Y dijo Dios». De aquí se aprende también que el mundo fue creado a partir de la Palabra divina. El primer versículo bíblico es considerado por los sabios del Talmud como la primera de las locuciones.

– E –

Ein Sof: Lit.: Sin límite o Infinito. Expresión que refiere a la Voluntad ilimitada del Creador, antes del Tzimtzum y del comienzo del proceso de Creación. Véanse pág. 14 y ss. en la Introducción del Volumen I.

Elohim: El primero de los Nombres divinos que aparece en la Torá, el cual está asociado con la Gevurá, el Juicio y el Rigor divinos, con la vocal de shvá, el brazo y mano izquierdos, la letra Guimel, y con la mesa del Tabernáculo. Es uno de los diez Nombres divinos sobre los que recae la prohibición de ser borrado.

Elohim Tzevakot: Nombre divino relacionado con la sefirá de Hod. Es uno de los diez Nombres divinos sobre los que recae la prohibición de ser borrado.

Erev rav: Referente a la Mixtura de gente que, sin pertenecer al Pueblo de Israel, salió junto a sus integrantes cuando éste se liberó de Egipto, tal como lo relata la Torá en el libro del Éxodo. Los sabios cabalistas nos enseñan que los miembros de esta Mixtura afectan a Israel durante el exilio, y debido a esta razón Moisés debe reencarnarse en cada generación para ayudar y salvar a su pueblo de la influencia dañina de estas almas. En el lenguaje de los sabios cabalistas también tal Mixtura de gente aparece asociada con todos aquellos entes que aún no pudieron ser rectificados y que son afectados por la klipá o cáscara de Noga.

– F –

Femenino: En el lenguaje de los sabios cabalistas la idea de lo femenino no se reduce a mujer o hembra, sino a la energía receptiva y a la materia que busca su forma. Todo, a su vez, en todos los planos, está conformado por su aspecto masculino y por su aspecto femenino. Lo femenino está relacionado con la Biná.

– G –

Gabriel: Una de las principales divisiones entre los campamentos de ángeles celestiales es en cuatro, encabezados por cuatro ángeles más importantes: Mijael, Gabriel, Uriel y Refael.

Gan Eden: Lit.: Jardín del Edén. Se refiere al paraíso bíblico en el que habitaban Adam y Eva, pero también al lugar celestial, espiritual, compuesto por habitaciones e hileras, una más interna que la otra, y en la más interior de las cuales se encuentra el Mesías, luego los justos, los piadosos, etc.

Gezeirá shavá: Uno de los métodos utilizados para interpretar la Torá, basado en palabras similares o repetidas que figuran en dos versículos distintos. En estos casos los sabios aplican leyes de un versículo respecto al otro en base a este método comparativo.

Gimel: Tercera letra del abecedario hebreo. Su valor numérico es 3.

Gog y Magog: Si bien los exegetas divergen en la identidad de este o estos pueblos, y su rey o reyes, todos están de acuerdo en que la guerra de Gog y Magog se refiere a que las naciones del mundo se enfrentarán a Israel en Jerusalén y que se trata de un hito relacionado con la llegada del Mesías y el final de los seis mil años del mundo.

Guehenóm: Lit.: Infierno. Lugar espiritual en el que se expían las transgresiones realizadas en este mundo. Todo lo descrito acerca del Infierno, tal como el fuego, los castigos, el sufrimiento, etc., se refiere a niveles espirituales de corrección, siempre con el objetivo de que el alma alcance la perfección absoluta.

Guematria: Sabiduría basada en el valor numérico de las letras hebreas, según la cual dos palabras que comparten el mismo valor numérico están conectadas de modo esencial.

Gevurá: Lit.: Juicio o Rigor. Una de las diez sefirot. Si establecemos un paralelismo con el cuerpo humano, corresponde con el brazo izquierdo y la mano. Véanse págs. 33, 41 y 43 en la Introducción del Volumen I.

– H –

Havdalá: Bendición que se pronuncia al finalizar el Shabat y las festividades, para indicar la separación entre la Santidad de ese día y el resto de los días de la semana. Se realiza sobre el vino, las especias aromáticas y el fuego.

Hei: Quinta letra del abecedario hebreo. Su valor numérico es 5. Los sabios cabalistas la asocian con el signo de Aries, la fuerza del habla y el mes hebreo de Nisán.

Hei Vav Iud Hei Tzevakot: Nombre divino relacionado con la sefirá de Netzaj. Es uno de los diez Nombres divinos sobre los que recae la prohibición de ser borrado.

Heijal: Generalmente traducido como Palacio. Refiere al Maljut, y sobre él se escribe en el Sefer Ietzirá «que está orientado hacia el centro» (Capítulo 4, Mishná 4). También, en el lenguaje de El Zohar, los heijalot o palacios son los pasadizos espirituales de cada mundo, por los que asciende la plegaria de los hombres en dirección a lo Alto.

Hod: Lit.: Esplendor. Una de las diez sefirot. Si establecemos un paralelismo con el cuerpo humano, corresponde a la pierna izquierda, el riñón y el testículo. Véase pág. 38 en la Introducción del Volumen I.

Holej: Uno de los signos musicales que se utilizan para leer la Torá y que encierra misterios muy profundos.

– I –

Iejidá: Una de las cinco partes que conforman el concepto judío del Alma. En este caso, nos referimos a la parte más elevada, la cual también, como la Jaiá, se encuentra por encima de la persona. Los sabios cabalistas la asocian también con el Keter.

Iesod: Lit.: Fundamento. Una de las diez sefirot. Si establecemos un paralelismo con el cuerpo humano, se corresponde con el órgano sexual. Véase pág. 38 en la Introducción del Volumen I.

Ietzer Hará: Lit.: Mal Instinto: en el lenguaje de los sabios cabalistas alude a la fuerza espiritual que intenta desviar a la persona del camino correcto. Junto con el Buen Instinto –Ietzer Hatov– son los responsables de establecer un equilibrio permanente para que el hombre pueda ejercer su libre albedrío, elegir, y recibir su recompensa o su castigo.

Ijudim: El término se relaciona en el lenguaje de los sabios cabalistas con la palabra hebrea *ejad*, uno, lo mismo que hace referencia a la unión, la asociación, y a la cercanía. En acto, significa unir, asociar y acercar algo a su fuente y raíz, con el objeto de que ambos se transformen en uno. El hombre, a través de su servicio espiritual, es capaz de generar ijudim, por ejemplo, entre dos Rostros o Partzufim y también entre dos Nombres divinos.

Ima: Uno de los cinco Rostros o Partzufim, en este caso identificado con la sefirá de Biná. Véase pág. 75 en la Introducción del Volumen I.

Ishim: De acuerdo con Maimónides (Iesodei Hatorá 2:7) la diferencia de nombres entre los ángeles está en relación con los diferentes niveles que ocupan, y según esto se los denomina: «Jaiot Hakodesh», cuyo nivel es el superior, y «Ofanim», «Erelim», «Jashmalim», «Serafim», «Malajim», «Elohim», «Benei Elohim», «Kerubim» e «Ishim». Estos últimos son los ángeles que hablan con los profetas y que son vistos por ellos en una visión.

Itapja: Véanse págs. 294-295 en el Volumen I.

Itkafia: Véanse págs. 294-295 en el Volumen I.

Iud: Décima letra del abecedario hebreo. Su valor numérico es 10. Los sabios cabalistas la asocian con el signo de Virgo, la fuerza de la acción y el mes hebreo de Elul.

Iud Hei: Nombre divino relacionado con la sefirá de Jojmá. Es uno de los diez Nombres divinos sobre los que recae la prohibición de ser borrado.

Iud Hei Vav Hei (con la vocalización de Elohim): Nombre divino relacionando con la sefirá de Biná. Es uno de los diez Nombres divinos sobre los que recae la prohibición de ser borrado.

– J –

Jaiá: Una de las cinco partes que conforman el concepto judío del Alma. En este caso, nos referimos a la parte asociada con las fuerzas espirituales externas y superiores a la persona. Los sabios cabalistas la asocian también con la Jojmá. Véase pág. 23 en la Introducción del Volumen I.

Jaiot Hakodesh: De acuerdo con Maimónides (Iesodei Hatorá 2:7) la diferencia de nombres entre los ángeles está en relación con los diferentes niveles que ocupan, y según esto se los denomina: «Jaiot Hakodesh», cuyo nivel es el superior, y «Ofanim», «Erelim», «Jashmalim», «Serafim», «Malajim», «Elohim», «Benei Elohim», «Kerubim» e «Ishim». Estos últimos son los ángeles que hablan con los profetas y que son vistos por ellos en una visión.

Jesed: Primera de las consideradas «las siete sefirot inferiores». Si establecemos un paralelismo con el cuerpo humano, se corresponde con el brazo derecho y la mano. Véanse págs. 38 y 41 en la Introducción del Volumen I.

Jet: Octava letra del abecedario hebreo. Su valor numérico es 8. Los sabios cabalistas la asocian con el signo de Cáncer, la fuerza de la vista y el mes hebreo de Tamuz.

Jirik: Vocal relacionada por los sabios cabalistas con la sefirá de Netzaj y la letra Kaf.

Jojmá: Lit.: sabiduría. Es una de las tres sefirot más elevadas, junto al Keter y la Biná. Si establecemos un paralelismo con el cuerpo humano, se corresponde con el cerebro y el hemisferio derecho. Véase pág. 36 en la Introducción del Volumen I.

Jolam: Vocal relacionada por los sabios cabalistas con la sefirá de Tiferet y la letra Dalet.

Jubileo: En hebreo: Novel. El quincuagésimo año que llega tras completar siete veces los siete años de Remisión –Shemitá–. Es un año de descanso para la tierra y de liberación de esclavos (Levítico 25).

– K –

Kaf: Una de las veintidós letras del abecedario hebreo. Su valor numérico es 20.

Kal vajomer: Inferencia del más débil al más fuerte: uno de los trece métodos utilizados para interpretar la Torá. El mismo indica que si tenemos dos asuntos, uno grave y uno leve, y se trata el caso leve con rigor, inferimos que se aplicará rigor también al caso grave. Por ejemplo, si un acto determinado se permite en Shabat, día de máxima Santidad, seguramente estará permitido en un día festivo.

Kamatz: Uno de los signos de puntuación o vocales. Los sabios cabalistas lo asocian con el Nombre divino Alef, Hei, Iud, Hei, la sefirá de Keter, la letra Alef, y los Querubines del Tabernáculo.

Kasher: Cuando el término se aplica a un alimento, se refiere a uno que cumple con las normas y las leyes de la Halajá, la Ley de la Torá, tal como los animales puros sacrificados de acuerdo con las normas rituales, etc. Cuando el término recae sobre un individuo, significa que tal persona es idónea y apta.

Kedushá: Lit.: Santificación: Bendición de máxima Santidad perteneciente al rezo de Amidá o Shmoná Esré.

Kel: Nombre relacionado con la sefirá de Jesed. Es uno de los diez Nombres divinos sobre los que recae la prohibición de ser borrado.

Keter: Lit: Corona. Es la primera y la más elevada de todas las sefirot. Si establecemos un paralelismo con el cuerpo humano, corresponde al cráneo. Véase pág. 34 en la Introducción del Volumen I.

Kidush: Oración de santificación que se pronuncia sobre el vino, en el Shabat y las festividades, lo cual constituye un precepto. El vino encierra misterios muy profundos, y los mismos son sugeridos a menudo por los sabios cabalistas.

Klipot: Cáscaras espirituales. Los sabios cabalistas explican que debido a que El Eterno quiso conducir al mundo con justicia (Deuteronomio 32:4), se establecieron fuerzas malignas que determinaran un equilibrio entre el Lado del Bien y el Lado del Mal. Las fuerzas espirituales malignas que buscan castigar a los pecadores en este mundo o en el Infierno, son denominadas Sitra Ajra y también Klipot, ya que la Santidad, la Kedushá, es denominada «fruto», y estas fuerzas actúan como cáscaras del fruto. Los sabios determinan que hay cuatro tipos de Klipot, tres completamente malignas, y la cuarta, Noga, a veces actúa para el Bien y a veces para el Mal.

Kuf: Una de las veintidós letras del abecedario hebreo. Su valor numérico es 100. Los sabios cabalistas la asocian con el signo de Piscis, la risa y el mes hebreo de Adar.

– L –

Lamed: Una de las veintidós letras del abecedario hebreo. Su valor numérico es 30. Los sabios cabalistas la asocian con el signo de Libra, el coito y el mes hebreo de Tishrei.

Lea: Matriarca, una de las esposas de Jacob. En el lenguaje de los sabios cabalistas se refiere a una de las partes en las que se divide el Rostro femenino denominado Nukva. Corresponde a la parte que va desde el pecho hacia arriba y es considerado «el mundo oculto» o alma deitkasia.

Leviatán: Animal marítimo de grandísimas proporciones. En el lenguaje de los sabios se describe una pareja, macho y hembra, que fueron creados por El Eterno, pero se mató a la hembra para evitar su reproducción, lo cual representa un gran peligro para el mundo. Este misterio también indica que la hembra fue salada y reservada para los justos en el Mundo Venidero. También se enseña que ante la llegada del Mesías, El Creador alimentará a los justos con la carne del Leviatán y con su piel les construirá una Suká, una cabaña.

Lilit: Adán estuvo separado de su mujer, Java, por espacio de 130 años, durante los cuales se unió con espíritus femeninos, y engendró una especie mixta de humano y demonio. Algunos suponen a Lilit como la madre de buena parte de estas criaturas. Otro midrash (Otzar hamidrashim 34:4) nos cuenta que Lilit fue la primera criatura femenina humana, creada junto a Adán, pero que no lograban armonizar, disputando constantemente –en especial en lo referente a la sexualidad– en busca del poder. Hasta que ella utilizó el Nombre Inefable para evaporarse en el aire y convertirse en un ente no denso. Dios se apiadó por el sufrimiento causado por la soledad del varón, y envió tres emisarios para que hicieran entrar en razón a la rebelde Lilit. Ella se enfrentó rudamente a los mensajeros de Dios, y decidió que el objetivo de su existencia sería el de dañar a los recién nacidos descendientes de Adán. En el cuerpo humano el bazo representa a Lilit, la «esposa» de Satán, el Ángel de la Muerte. Ella es también considerada como la «madre» de la Mixtura de gente (Éxodo 12:38). Ella atrapa a la gente con la riqueza y luego la mata (Tikunei Zohar, 140a).

Límite de desplazamiento: Dos mil amot alrededor de los cuales se encuentra la persona asentada en Shabat. Está prohibido en Shabat salir fuera de la ciudad dos mil amot cuadrados, en cualquier dirección.

– M –

Maasé Bereshit: Lit.: Obra de Creación. Término que los sabios utilizan para hacer referencia a la Creación del Mundo Físico, durante los primeros seis días de Creación, en oposición a Maasé Merkavá, que se refiere a los Mundos espirituales superiores.

Maasé Merkavá: Lit.: Obra del Carruaje. Se refiere a la visión del profeta Ezequiel cuando se abrieron los Cielos (Ezequiel 1; 8:3). El término «Carruaje» no aparece en el texto del profeta Ezequiel sino en el primer libro de Crónicas (28:18). Según Maimónides, este concepto se ocupa de todo lo referente a lo trascendente a la naturaleza. Algunos sabios cabalistas lo entienden como una de las ramas de estudio de la mística hebrea.

Masculino: En el lenguaje de los sabios cabalistas la idea de lo masculino no se reduce a hombre o macho, sino a la energía que influye y a la forma que busca la materia para expresarse. Todo, a su vez, en todos los planos, está conformado por su aspecto masculino y por su aspecto femenino. Lo masculino está relacionado con la Jojmá.

Makaf: Uno de los signos musicales que se utilizan para leer la Torá y que encierra misterios muy profundos.

Maljut: Lit.: Reinado. Una de las diez sefirot. Si establecemos un paralelismo con el cuerpo humano, corresponde a los pies y la corona del órgano sexual. Véase pág. 38 en la Introducción del Volumen I.

Matronita: En idioma arameo: madre. En el lenguaje de los sabios cabalistas, el Mundo de Creación –Ietzirá– es denominado Matronita por tratarse del primer mundo superior que incluye entes separados y escindidos del Creador. Este mundo es considerado femenino en relación al Mundo de Emanación –Atzilut–, y por eso, cuando Adam transgredió, se considera que la consecuencia fue que la Matronita se separó de su Esposo.

Mazal: Término que comúnmente se relaciona con la suerte o el destino de la persona, aunque en realidad, y de un modo más preciso, tal vez convendría asociarlo con las tendencias personales a determinadas acciones, o a ciertas inclinaciones de personalidad, que tienen que ver con el momento del nacimiento de una persona determinada. Los sabios enseñan, por ejemplo, que una persona que nace con un mazal que lo lleva a derramar sangre, podrá elegir a través de su libre albedrío, si ser asesino, cirujano, shojet (matarife de acuerdo con las leyes rituales de la Torá) o moel (encargado de realizar la circuncisión).

Mem: Una de las veintidós letras del abecedario hebreo. Su valor numérico es 40.

Metatrón: Ángel principal, considerado como el Gran Sacerdote espiritual, el cual puede ingresar al Sanctasanctórum en lo Alto ante el Trono de Gloria divino. Es considerado el representante de los ángeles, y es el que reúne a las plegarias y las presenta ante la Presencia divina. También aparece asociado con el Mundo de

Formación, que es el Mundo de los ángeles. El valor numérico de su nombre es similar al del Nombre divino: Shakai.

Mijael: Una de las principales divisiones entre los campamentos de ángeles celestiales es en cuatro, encabezados por los cuatro ángeles más importantes: Mijael, Gabriel, Uriel y Refael.

Modé Aní: Primera oración que pronuncia la persona al despertarse, en la que agradece al Creador que le devuelva su alma, la cual, según las enseñanzas de los sabios, asciende a los mundos superiores mientras el hombre duerme.

Mojín: Se refiere principalmente al «alma» que habita en el interior de las tres primeras sefirot, Keter, Jojmá y Biná. En algunos casos las mismas sefirot son denominadas mojín. Además, toda influencia superior es denominada mojín.

Mundo de Atzilut: Lit.: Mundo de Emanación. Véanse pág. 27 y ss. en la Introducción del Volumen I.

Mundo de Briá: Lit.: Mundo de Creación. Véanse pág. 27 y ss. en la Introducción del Volumen I.

Mundo de Ietzirá: Lit.: Mundo de Formación. Véanse pág. 27 y ss. en la Introducción del Volumen I.

Mundo de Asiá: Lit.: Mundo de Acción. Véanse pág. 27 y ss. en la Introducción del Volumen I.

Musaf: El rezo adicional, tal como su nombre indica, se agrega a los rezos diarios de shajarit en Shabat, Rosh Jodesh y las festividades. Este rezo, corresponde a las ofrendas comunitarias especiales que se ofrecían en el templo en días festivos (Números 28 y 29).

– N –

Natlá: Recipiente con el que se realiza la ablución de las manos establecida por los sabios con fines de purificación. La ablución de las manos se realiza antes de comer de modo estable, antes de rezar, tras salir del retrete, y al despertarse por la mañana.

Nefesh: Una de las cinco partes que conforman el concepto judío del Alma. En este caso, nos referimos a la parte más baja, la cual está asociada con las fuerzas vitales del cuerpo. Los sabios cabalistas la asocian también con el Maljut.

Nefilat Hapaim: Rezo conocido con el nombre de Nefilat Hapaim o Tajanun –reclinar la cabeza– y que consta del salmo 6:2-11, precedido por otros dos versículos que reflejan el mismo espíritu de contrición. La fuente bíblica de esta oración es el libro de Números 16, cuando Moisés y Aharón se postran ante Dios. Se acostumbra a pronunciar este rezo sentados con la cabeza inclinada y reposando sobre el brazo izquierdo, salvo que se lleven puestas las filacterias –tefilín–, en cuyo caso reposa la cabeza sobre el brazo derecho.

Nehar dinur: Lit.: Río de fuego. Se relaciona con la Gevurá de cada Mundo, es puramente de fuego, y también es denominado Heijal Zejut, el cual es el Infierno Superior, ya que de él fluye: de debajo del Trono de Gloria. Los ángeles que se crean cada día, de este río son creados.

Nekudot: Uno de los componentes del texto de la Torá, junto con los signos musicales –taamim–, las coronas –taguin–, y las letras –otiot–. En este caso, los nekudot son las vocales que esconden misterios muy profundos.

Neshamá: Una de las cinco partes que conforman el concepto judío del Alma. En este caso nos referimos a la parte asociada con las fuerzas mentales de la persona. Los sabios cabalistas la asocian también con la Biná.

Nesirá: Lit.: corte o escisión. Refiere al corte que realizó el Creador para separar a los aspectos masculino y femenino que se encontraban apegados, espalda contra espalda, en el momento de ser creado el Hombre.

Netzaj: Lit.: Victoria. Una de las diez sefirot. Si establecemos un paralelismo con el cuerpo humano, corresponde a la pierna derecha, el riñón y el testículo. Véanse págs. 38 y 41 en la Introducción del Volumen I.

Nidá: Mujer en estado de impureza ritual debido a su período menstrual. Existen leyes de purificación que incluyen la cuenta de días de pureza y la inmersión en el baño ritual Mikve. El Talmud reúne el análisis de estas leyes en un tratado denominado Nidá.

Nitzotz: Lit.: Chispa. Tal como las chispas que salen del fuego son denominadas así para señalar que son sólo una parte muy pequeña que se separa de la fuente principal, el fuego, de igual modo, las chispas espirituales que descendieron con las vasijas rotas, son sólo una parte de la gran Luz general del Mundo de los Puntos o Nekudim.

Noga: Los sabios cabalistas determinan que hay cuatro tipos de Klipot, tres completamente malignas, y la cuarta, Noga, a veces actúa para el bien y a veces para el mal.

Nombre de 42 letras: Véase el Apéndice que se encuentra al final del Volumen I.

Notrikón: Se refiere al método de interpretación a partir de las iniciales de una palabra determinada. Ejemplo: la palabra Elul, nombre de uno de los meses, sugiere la expresión del Cantar de los Cantares: «Yo soy de mi Amado y mi Amado es mío», ya que cada palabra del versículo comienza con una de las iniciales del nombre.

Nun: Una de las veintidós letras del abecedario hebreo. Su valor numérico es 50. Los sabios cabalistas la asocian con el signo de Escorpio, el olfato y el mes hebreo de Jeshván.

Nukva: Uno de los cinco Rostros o Partzufim, en este caso identificado con la sefirá de Maljut. Representa el aspecto netamente femenino. Véase pág. 75 en la Introducción del Volumen I.

– O –

Ofanim: De acuerdo con Maimónides (Iesodei Hatorá 2:7) la diferencia de nombres entre los ángeles está en relación con los diferentes niveles que ocupan, y según esto se los denominan: «Jaiot Hakodesh», cuyo nivel es el superior, y «Ofanim», «Erelim», «Jashmalim», «Serafim», «Malajim», «Elohim», «Benei Elohim», «Kerubim» e «Ishim». Estos últimos son los ángeles que hablan con los profetas y que son vistos por ellos en una visión.

Or Haganuz: Luz guardada y ocultada. La primera luz creada en el relato bíblico, la cual es considerada de un altísimo nivel espiritual, y que permitía al Primer Hombre «ver desde un extremo al otro del mundo». Los sabios nos enseñan que la misma fue guardada y reservada para los hombres justos, para el Mundo Venidero. La luz que nosotros conocemos es la luz creada durante el cuarto día, a diferencia del Or Haganuz.

Oraita: En idioma arameo se refiere a la Torá, e incluye en su raíz la palabra luz –or– lo cual señala en particular a la Luz de la divinidad oculta en ella.

– P –

Pargod: Cortina celestial que señala la separación de los mundos inferiores con los mundos superiores. En el lenguaje de los sabios cabalistas, atravesar esta cortina o escuchar lo que sucede del otro lado del Pargod, representa el poder acceder a niveles espirituales y a secretos muy elevados.

Pardés: Lit.: Prado. De acuerdo con la enseñanza de los sabios cabalistas las iniciales de esta palabra señalan cuatro niveles o perspectivas a través de las cuales comprendemos la Torá. La primera inicial, la letra Pei, indica el nivel de Pshat, lo simple, el relato literal de la Torá. La segunda inicial, la letra Reish, alude al Remez –insinuación– que le da una dimensión más profunda al relato bíblico. La tercera inicial, la letra Dalet, nos indica el Drash que proviene del verbo exigir. Esta lectura encierra una búsqueda en la cual el hombre exige el significado interior que el texto quiere transmitir. La última inicial de la palabra, la letra Samej, indica el Sod, literalmente el secreto y el misterio.

Parsá: Medida de longitud equivalente a 4,6 metros.

Partzufim: Lit.: Rostros. Se refiere a los Cinco Rostros, cada uno compuesto por diez sefirot. Véase pág. 75 en la Introducción del Volumen I.

Pataj: Uno de los signos de puntuación o vocales. Los sabios cabalistas lo asocian con el Nombre divino Iud Hei, la sefirá de Jojmá, la letra Mem, y el Kaporet del Tabernáculo.

Pei: Una de las veintidós letras del abecedario hebreo. Su valor numérico es 80.

Pesaj: Fiesta que conmemora la salida de Egipto y la liberación del pueblo de Israel. Pesaj comienza el 15 del mes de Nisán y se celebra en Israel durante siete días. El precepto principal de esta festividad consiste en no comer levadura o productos que la contengan.

Pidión Habén: Ceremonia que se realiza a los 30 días del nacimiento del hijo varón primogénito por parte de la madre. De acuerdo con la Ley de la Torá, en un principio el primogénito pertenecía a El Eterno, lo cual significaba que debía servir como sacerdote –kohen–, mas una vez que toda la tribu de Leví fue consagrada a este fin, los primogénitos son rescatados del sacerdote a través de cinco monedas –selaim.

– R –

Rajel: Lit.: Raquel, la matriarca, una de las esposas de Jacob. En el lenguaje de los sabios cabalistas se refiere a una de las partes en las que se divide el Rostro femenino denominado Nukva. Se refiere a la parte que va desde el pecho hacia abajo y es considerado «el mundo revelado» o «alma deitgalia».

Refael: Una de las principales divisiones entre los campamentos de ángeles celestiales es en cuatro, encabezados por los cuatro ángeles más importantes: Mijael, Gabriel, Uriel y Refael.

Reish: Una de las veintidós letras del abecedario hebreo. Su valor numérico es 200.

Remisión: En hebreo: Shemitá. Refiere al séptimo año, en el cual no se trabaja la tierra y en el que todas las deudas quedan anuladas. Cuando transcurren siete años de Shemitá llega el año del Jubileo (Tratado de Moed Katán 2b y ss.)

Reshimo: Lit.: Marca o huella. Se refiere a la Luz divina que, tras realizarse el tzimtzum o la contracción, quedó en el jalal o espacio. En ningún caso podemos decir que este espacio quedó vacío de Luz de la divinidad, sino que a esta Luz que quedó la consideramos la marca o la huella de la anterior.

Resurrección de los muertos: Los sabios nos enseñan que existen dos etapas en la resurrección de los muertos: la primera sucederá al comienzo de la época mesiánica en la que Moisés, Aharón, sus hijos y todos los justos de Israel resucitarán para guiar al pueblo. Acerca de la segunda etapa de la resurrección, la general, existen distintas enseñanzas al respecto: hay entre los sabios quienes mantienen que sucederá al final del sexto milenio, otros cuarenta años tras la llegada del Mesías y otros setenta años tras la llegada del mismo.

Revii: Uno de los signos musicales que se utilizan para leer la Torá y que encierra misterios muy profundos.

Rostro: En hebreo: Partzuf. Véanse pág. 75 y ss. en la Introducción del Volumen I.

Ruaj: Una de las cinco partes que conforman el concepto judío del Alma. En este caso, nos referimos a la parte asociada con las fuerzas emocionales de la persona. Los sabios cabalistas la asocian también con las seis sefirot, desde Jesed a Iesod.

– S –

Samael: Ministro espiritual de Edom, el cual actúa igualmente como el Ministro espiritual de los otros setenta ministros. Al caer Samael, todos los demás también caen. Los sabios lo citan también como «montado sobre la Serpiente».

Samej: Una de las veintidós letras del abecedario hebreo. Su valor numérico es 60. Los sabios cabalistas la asocian con el signo de Sagitario, el poder del sueño y el mes hebreo de Kislev.

Sefirot: Véanse pág. 31 y ss. en la Introducción del Volumen I.

Segol: Uno de los signos de puntuación o vocales. Los sabios cabalistas lo asocian con el Nombre divino Kel, la sefirá de Jesed, la letra Bet, y con el candelabro del Tabernáculo.

Segolta: Uno de los signos musicales que se utilizan para leer la Torá y que encierra misterios muy profundos.

Sela: Moneda de plata cuyo valor es equivalente a dos Shekalim o 4 Zuzim o Dinarim: 14,34 gramos.

Serafim: De acuerdo con Maimónides (Iesodei Hatorá 2:7) la diferencia de nombres entre los ángeles está en relación con los diferentes niveles que ocupan, y según esto se los denominan: «Jaiot Hakodesh», cuyo nivel es el superior, y «Ofanim», «Erelim», «Jashmalim», «Serafim», «Malajim», «Elohim», «Benei Elohim», «Kerubim» e «Ishim». Estos últimos son los ángeles que hablan con los profetas y que son vistos por ellos en una visión.

Shajarit: Uno de los tres rezos que se pronuncian a diario, el matutino. De acuerdo con la enseñanza de los sabios fue establecido por el patriarca Abraham.

Shakai: Uno de los Nombres divinos que aparece en la Torá, el cual está asociado con la sefirá de Iesod, Fundamento, la conducción divina que combina el Netzaj y el Hod, el órgano sexual y la letra Tav.

Shakai Kel Jai: Nombre divino relacionado con la sefirá de Iesod. Es uno de los diez Nombres divinos sobre los que recae la prohibición de ser borrado.

Shalshelet: Uno de los signos musicales que se utilizan para leer la Torá y que encierra misterios muy profundos.

Shavuot: Una de las tres fiestas de peregrinaje bíblicas, en la cual se celebra la recepción de la Torá en el Monte Sinaí. No posee una fecha propia sino que se conmemora a los 50 días de la salida de Egipto.

Shedim: Lit.: Demonios. El nombre hebreo está relacionado con el hecho de que engañan –shodedim– las mentes de los hombres o porque habitan en sitios destruidos o deshabitados –shadud. De acuerdo con los sabios sus almas fueron creadas el sexto día, antes de que entrara el Shabat, pero no alcanzó a crear sus cuerpos. Éstos habitan principalmente en sitios descampados y destruidos, y el objetivo de su creación fue generar sufrimiento y amonestar a los hombres alejados del camino de la verdad.

Shejiná: Presencia divina. La raíz hebrea de esta palabra –shin, kaf, nun– señala el acto de habitar, morar, residir. La Shejiná, de acuerdo con los actos de los hombres, se aleja del mundo o se aproxima, y el objetivo final de toda la Creación es que la Presencia divina se revele concretamente en el mundo.

Shemá Israel: Oración pronunciada dos veces cada día, por la mañana y por la noche. Está compuesta por tres secciones bíblicas: (Deuteronomio 6:4-9; 11:13-21; Números 15: 37-41).

Shin: Una de las veintidós letras del abecedario hebreo. Su valor numérico es 300.

Shevarim: Tres voces entrecortadas que se soplan del shofar en Rosh Hashaná, largas, como las de un quejido, y desde el principio al fin se prolongan como las nueve teruot.

Shofar: a) Cuerno de animal, de preferencia carnero, con el que se cumple el precepto de escuchar la voz del shofar en la festividad de Rosh Hashaná. También se lo hace sonar con el fin de despertar espiritualmente a la comunidad durante el mes de Elul, mes de arrepentimiento, y al finalizar el Iom Kipur. En la Torá el shofar aparece relacionado con otros acontecimientos, tales como la entrega de la Torá, el año del Jubileo y la llegada del Mesías. b) Uno de los signos musicales que se utilizan para leer la Torá y que encierran profundos misterios.

Shuruk: Vocal relacionada por los sabios cabalistas con la sefirá de Hod, el muslo y pie izquierdos, y la letra Pei.

Shvá: Uno de los signos de puntuación o vocales. Los sabios cabalistas lo asocian con el Nombre divino Elohim, la sefirá de Gevurá, la letra Guimel, y la mesa del Tabernáculo.

Shvirat hakelim: Lit.: Ruptura de vasijas. Se refiere al momento del proceso de creación en que una Luz demasiado potente entró en las vasijas que simplemente no podían contenerla y se rompieron. En el ámbito de las sefirot, se considera que la ruptura afectó a las siete inferiores. De acuerdo con los sabios cabalistas la ruptura de las vasijas permite el surgimiento y la existencia del Mal. También esta ruptura es la raíz del libre albedrío. Véase pág. 67 en la Introducción del Volumen I.

Sitra Ajra: En arameo: el Otro Lado. Así como El Eterno creó los Mundos de Creación, Formación y Acción, para que sirvieran de base para la realización del Bien y la Santidad, de igual modo creó el lado opuesto, es decir, los encargados del Mal. El conjunto de estas criaturas encargadas del Mal en el mundo se denomina las «fuerzas del Otro Lado». El Mal, tal como es entendido por los sabios cabalistas, es sólo un medio para lograr y generar finalmente el máximo Bien, objetivo último de la creación del mundo.

Sucot: Fiesta que conmemora la protección divina de la que goza Israel durante su paso por el desierto, al salir de Egipto. La misma comienza el 15 del mes de Tishrei y se celebra en Israel durante siete días. El precepto principal de esta festividad es habitar en la suká, una cabaña, durante toda la festividad, y balancear las cuatro especies durante el rezo matutino.

Suká: Cabaña que se construye especialmente para la fiesta de Sucot, en la que se debe habitar durante los días de la festividad tal como se habita en la casa durante el resto de los días del año.

– T –

Taamim: Uno de los componentes del texto de la Torá, junto con las coronas –taguin–, las letras –otiot– y las vocales –nekudot–. En este caso, los taamim son los signos musicales que esconden misterios muy profundos.

Tagin: Uno de los componentes del texto de la Torá, junto con los signos musicales –taamim–, las vocales –nekudot–, y las letras –otiot–. En este caso, los tagin son las coronas o dibujos lineares que aparecen por encima de algunas letras de la Torá y que esconden misterios muy profundos.

Talit: Prenda superior, ancha, con la que las personas solían cubrirse todo el día. Cuando reúne las condiciones de poseer cuatro esquinas, el talit llevaba los tzitzit. En la actualidad el talit es utilizado para los rezos y para asistir a la sinagoga, aunque existe también el talit pequeño, que es utilizado permanentemente.

Tav: Una de las veintidós letras del abecedario hebreo. Su valor numérico es 400.

Tefilín: Filacterias, dos cajitas de cuero negro que contienen cuatro pergaminos con pasajes de la Torá: (Deuteronomio 6:4-9), (Deuteronomio 11:13-21), (Éxodo 13:1-10), (Éxodo 13:11-16). Se fijan en la frente y en el brazo izquierdo mediante unas correas de cuero negro que penden de las cajitas durante la oración matutina –shajarit– de cada día, a excepción de los días festivos y el Shabat.

Teshuvá: Término que expresa el retorno a la conexión espiritual con El Creador, tras haberse alejado de Él. Su raíz incluye la acepción de regreso –lashuv– y también la misma palabra puede, de modo sugerente, ser dividida en dos: teshu-va, es decir, volver o retornar a Dios.

Tet: Novena letra del abecedario hebreo. Su valor numérico es 9. Los sabios cabalistas la asocian con el signo de Leo, la fuerza de la audición y el mes hebreo de Av.

Tetragrama: El Nombre de las cuatro letras: Iud, Hei, Vav, Hei, el cual está asociado con la sefirá de Tiferet, con la vocal jolam, el cuerpo o el torso de persona, la letra Dalet, y con el altar de oro del Tabernáculo.

Tiferet: Lit.: Belleza o Armonía. Una de las diez sefirot. Si establecemos un paralelismo con el cuerpo humano, se corresponde con el torso. Véanse pág. 38 y ss. en la Introducción del Volumen I.

Tikún: Lit.: Rectificación. Se refiere al estadio en el que determinado ente o persona alcanza el objetivo divino y el sentido de su creación. Por ejemplo, el Mundo del Tikún es el estadio en el que la Presencia divina debe ya revelarse concretamente en la realidad, lo cual es considerado la rectificación o tikún del mundo.

Torá: Pentateuco o los Cinco libros de Moisés: Génesis, Éxodo, Levítico, Números y Deuteronomio. También es considerada la sabiduría escrita o Torá Escrita, en oposición a lo que se denomina Torá Oral. Los textos cabalísticos enseñan que la Torá representa el plano de todo lo creado: «Dios miró la Torá y creó el mundo».

Tikún Jatzót: Rezo que se pronuncia a medianoche, cuando es costumbre enunciar de modo individual o en una habitación secundaria de la sinagoga, sentándose en el suelo y llorando. Como de acuerdo con los sabios cabalistas la Shejiná incluye dos aspectos, uno denominado Rajel y el otro Lea, este rezo también está compuesto por dos tikunim o rectificaciones: Tikun Rajel, en el que se llora debido al exilio de la Shejiná, y Tikun Lea, basado en el estudio de la Torá.

Trece medidas de misericordia: También son denominadas «atributos» de misericordia. Aparecen en dos secciones bíblicas: en el libro del Éxodo (34:6-7) y Malaquías (7:18-20). En el Talmud, Tratado de Rosh Hashaná (17b) se enseña que El Eterno le reveló a Moisés esta súplica, la cual se considera que en todos los casos es respondida.

Treinta y dos senderos de sabiduría: La Jojmá –por ser el primer destello de revelación– incluye a todos los posteriores modos de conducción divina, incluyendo a los 32 senderos. Éstos son mencionados al comienzo del Sefer Ietzirá, y están conformados por las diez sefirot y las 22 letras del abecedario hebreo.

Treinta y nueve prohibiciones: Lo que la Torá prohibió fue la realización en Shabat de actos que impliquen una actividad creativa, actividades que surgen del precepto de construir el Tabernáculo (Mishkán) en el desierto del Sinaí (Éxodo 31:1-11), (Éxodo 35:1-3). Las actividades necesarias para la construcción del Tabernáculo eran treinta y nueve en total. Éstas se denominan Actividades Principales (Avot Melajot) que incluyen en sí mismas a todas las demás prohibiciones de Shabat que reciben el nombre de Actividades Derivadas (Toladot). Las actividades 1 al 11 están relacionadas con la preparación de los diversos tipos de alimento del ser humano: arar, plantar, cosechar, engavillar, trillar, aventar granos, seleccionar, tamizar, moler, amasar y hornear. Las actividades 12 a la 24 están ligadas con la preparación de la indumentaria del ser humano: esquilar, blanquear o lavar, cardar, teñir, hilar, introducir hilo en el ojal, actividad preparatoria para el tejido, tejer, deshebrar, anudar, desanudar, coser y desgarrar. Las actividades 25 a la 33 están relacionadas con la escritura o con la preparación de los materiales para la escritura: cazar, degollar, desollar, curtir, raspar, rayar, cortar, escribir y borrar. Las actividades 34 y 35 están ligadas con la construcción de la vivienda del ser humano, y son: construir y demoler. Las actividades 36 y 37 están ligadas al fuego, y son: encender y apagar el fuego. La actividad número 38 es la que completa una determinada actividad. La actividad número 39 es el transporte de objetos del dominio privado al público y viceversa.

Truá: Nueve voces entrecortadas que se soplan del shofar en Rosh Hashaná, cortas, como las de un hombre que solloza, y desde el principio al fin se prolongan como tres shevarim.

Tzadik: Una de las veintidós letras del abecedario hebreo. Su valor numérico es 90. Los sabios cabalistas la asocian con el signo de Acuario, el gusto y el mes hebreo de Shevat.

Tzimtzum: Lit.: Contracción. Se refiere a la contracción de la Luz inicial del Ein Sof, para dar lugar a otra existencia además de la Divinidad. La contracción también generó el Jalal y el Roshem. Véase pág. 58 en la Introducción del Volumen I.

– U –

Uriel: Una de las principales divisiones entre los campamentos de ángeles celestiales es en cuatro, encabezados por los cuatro ángeles más importantes: Mijael, Gabriel, Uriel y Refael.

– V –

Vav: Sexta letra del abecedario hebreo. Su valor numérico es 6. Los sabios cabalistas la asocian con el signo de Tauro, la fuerza de la meditación y el mes hebreo de Iyar.

– Z –

Zain: Séptima letra del abecedario hebreo. Su valor numérico es 7. Los sabios cabalistas la asocian con el signo de Géminis, la fuerza del movimiento y el mes hebreo de Siván.

Zarka: Uno de los signos musicales que se utilizan para leer la Torá y que encierran misterios muy profundos.

Zeir Anpin: Uno de los cinco Rostros o Partzufim, en este caso identificado con las sefirot de Jesed, Gevurá, Tiferet, Netzaj, Hod y Iesod. Véase pág. 75 en la Introducción del Volumen I.

Zun: Palabra compuesta por las iniciales de los nombres de dos Rostros –Zein Anpín y Nukva–, y que generalmente señala la relación entre ambos.

TABLA DE EQUIVALENCIA
DE LIBROS BÍBLICOS

Génesis	Bereshit	Miqueas	Mijá
Éxodo	Shemot	Nahúm	Najúm
Levítico	Vaikrá	Habacuc	Jabakuk
Números	Bamidbar	Sofonías	Tzfaniá
Deuteronomio	Devarim	Hageo	Jagai
		Zacarías	Zejariá
Josué	Ieoshúa	Malaquías	Malají
Jueces	Shoftim		
Samuel	Shmuel	Salmos	Tehilim
Reyes	Melajim	Proverbios	Mishlei
		Job	Iov
Isaías	Ishaiahu	Cantar de los Cantares	Shir Hashirim
Jeremías	Irmiahu	Rut	Rut
Ezequiel	Iejezquel	Lamentaciones	Eijá
		Eclesiastés	Kohelet
Oseas	Hoshea	Ester	Ester
Joel	Ioel	Daniel	Daniel
Amós	Amós	Esdras	Ezrá
Abdías	Ovadiá	Nehemías	Nejemiá
Jonás	Ioná	Crónicas	Divrei Haiamim

ÍNDICE
DE CITAS BÍBLICAS

ÍNDICE

Estimado lector

Considerando que los volúmenes de *El Zohar* se publicarán de modo progresivo en varios años, Ediciones Obelisco se compromete, para su facilidad, a comunicarle la aparición de cada nuevo volumen publicado para que usted pueda adquirirlo en cualquier librería de su país. Para ello le agradeceríamos nos enviara sus datos por e-mail o por carta a:

EDICIONES OBELISCO

Pere IV 78, 3º 5ª
08005 Barcelona (ESPAÑA)
Tel. (34) 93-309-85-25
Fax: (34) 93-309-85-23
e-mail: comercial@edicionesobelisco.com